Theologica

Theologica

Publicações de Teologia, sob a responsabilidade
do Departamento de Teologia
FAJE – Faculdade Jesuíta de Filosofia e Teologia
Av. Dr. Cristiano Guimarães, 2127 – Planalto
31720-300 Belo Horizonte, MG
Telefone 55 31 3115 7000 / Fax 55 31 3115 7086
www.faculdadejesuita.edu.br

MAURO
PESCE

O CRISTIANISMO, JESUS E A MODERNIDADE

Uma relação complexa

Tradução
Enio Paulo Giachini

Edições Loyola

Título original:
Il cristianesimo, Gesù e la modernità – Una relazione complessa
© 2018 by Carocci editore, Roma
Viale di Villa Massimo, 47 – 00161 Rome – Italy
ISBN 978-88-430-9299-4

Dados Internacionais de Catalogação na Publicação (CIP)
(Câmara Brasileira do Livro, SP, Brasil)

Pesce, Mauro
O cristianismo, Jesus e a modernidade : uma relação complexa / Mauro Pesce ; tradução Enio Paulo Giachini. -- 1. ed. -- São Paulo : Edições Loyola, 2023. -- (Coleção Theologica)

Título original: Il cristianesimo, Gesù e la modernità. Una relazione complessa
Bibliografia.
ISBN 978-65-5504-243-6

1. Civilização moderna 2. Cristandade 3. Jesus Cristo - Historicidade 4. Modernidade I. Título II. Série.

22-139593   CDD-261.1

Índices para catálogo sistemático:
1. Participação da Igreja cristã na sociedade : Cristianismo   261.1
Aline Graziele Benitez - Bibliotecária - CRB-1/3129

Conselho Editorial
Álvaro Mendonça Pimentel (UFMG, Belo Horizonte)
Danilo Mondoni (PUG, Roma)
Élio Gasda (Univ. Comillas, Madrid)
Gabriel Frade (FAU-USP, São Paulo)
Geraldo Luiz De Mori (Centre Sèvres, Paris)
Lúcia Pedrosa-Pádua (PUC-Rio, Rio de Janeiro)
Raniéri Araújo Gonçalves (Loyola University Chicago)

Preparação: Ellen Barros
Capa: Ronaldo Hideo Inoue
    (execução a partir do projeto gráfico
    original de Mauro C. Naxara)
Diagramação: Sowai Tam
Revisão: Rita Lopes

Edições Loyola Jesuítas
Rua 1822 nº 341 — Ipiranga
04216-000 São Paulo, SP
T 55 11 3385 8500/8501, 2063 4275
editorial@loyola.com.br
vendas@loyola.com.br
www.loyola.com.br

Todos os direitos reservados. Nenhuma parte desta obra pode ser reproduzida ou transmitida por qualquer forma e/ou quaisquer meios (eletrônico ou mecânico, incluindo fotocópia e gravação) ou arquivada em qualquer sistema ou banco de dados sem permissão escrita da Editora.

ISBN 978-65-5504-243-6

© EDIÇÕES LOYOLA, São Paulo, Brasil, 2023

Sumário

Prefácio 9

Capítulo 1   A modernidade construiu um sistema simbólico alternativo ao sistema cristão antigo? 17

1.1. A questão 17

1.2. Como se formou o sistema simbólico cristão e por que não produziu ciência, limitando-se a utilizá-la 20
    1.2.1. A ação criativa: as bases do novo sistema simbólico 20
    1.2.2. Ação substitutiva 24
    1.2.3. Ação destrutiva 26
    1.2.4. Adoção e ressignificação 27

1.3. As condições para o nascimento de um novo sistema simbólico moderno 28
    1.3.1. A criação de uma nova base epistemológica 29
    1.3.2. Uma mutação na organização do viver associado. O nascimento do Estado moderno e a declaração dos direitos humanos 33
    1.3.3. O encontro com outras culturas 36
    1.3.4. Uma presença hebraica como fator relevante na cultura europeia 38

1.4. A modernidade como dualidade, oposição dialética e erosão do sistema simbólico cristão 40

      1.4.1. A luta pela interpretação da Bíblia, base do sistema simbólico antigo 42
      1.4.2. A manutenção de uma iconografia que necessita de confronto e polêmica com o universo simbólico cristão 44

  1.5. Um modelo explicativo? 47

Capítulo 2   A transformação da Bíblia hebraica no cristianismo. A criação de um Antigo Testamento 49

Capítulo 3   Nascimento e crise do conceito de heresia 75

  3.1. No início está a pluralidade 76

  3.2. O surgimento do conceito de heresia 79

  3.3. Como interpretar historicamente as diversidades dos grupos cristãos 82

  3.4. A crítica ao conceito de heresia a partir do século XVI 86

  3.5. Conclusões 92

Capítulo 4   A ciência, o cristianismo e a Bíblia na Idade Moderna   95

  4.1. O exemplo da recepção da hermenêutica bíblica galileana formulada na *Carta a Cristina* 95
      4.1.1. A formação da *Carta* e seu gênero literário 98

  4.2. A recepção da *Carta a Cristina* através da história das edições 108

  4.3. O debate sobre relações entre Escritura e ciência nos dois decênios que sucederam o ano de 1633 123
      4.3.1. Os diversos tipos de intervenção 123
      4.3.2. As fases do debate 127

Capítulo 5   Cristianismo e tolerância, das origens à primeira Idade Moderna 147

  5.1. Os monoteísmos podem ser tolerantes 148
      5.1.1. Os limites dessa pesquisa 148
      5.1.2. Uma questão sobre a legitimidade da pluralidade no monoteísmo 149

  5.2. Flávio Josefo e a pluralidade das religiões 153

  5.3. Cassiodoro e os judeus: provisões políticas e reflexão teológica. Das *Variae* ao *Comentário aos salmos* 166
      5.3.1. "Não podemos impor uma religião, porque ninguém está obrigado a crer contra sua vontade" 166

5.3.2. *"Cum divinitas patiatur diversas religiones esse, nos unam non audemus imponere"*	176
5.3.3. À busca de uma justificação bíblica	177
5.3.4. Os judeus no *Comentário aos salmos*	183
5.3.5. Os judeus e o direito romano segundo Cassiodoro	184
5.4. Origem não cristã da tolerância entre religiões	187
5.5. Tolerância religiosa no primeiro cristianismo?	193
5.5.1. Observações conclusivas	199

Capítulo 6 As grandes religiões diante dos problemas da sociedade contemporânea 201

6.1. A situação inicial: coincidência entre religião e sociedade	201
6.2. Os temas do confronto	204
6.3. Liberdade religiosa e laicidade do Estado: o sistema americano e o francês	209
6.4. O renascimento do religioso	210
6.5. A resposta do judaísmo aos desafios da Idade Contemporânea	213
6.6. A resposta do cristianismo católico aos desafios da Idade Contemporânea	216
6.7. As respostas do cristianismo protestante aos desafios da Idade Contemporânea	219
6.8. As respostas do cristianismo ortodoxo aos desafios da Idade Contemporânea	221
6.9. As respostas do islã aos desafios da Idade Contemporânea	222

Capítulo 7 Quais são os paradigmas para se compreenderem as redefinições de Jesus e do cristianismo na Idade Moderna? 225

7.1. Os hereges, os socinianos e a reforma radical	243
7.2. Uma reflexão final	261
Índice onomástico	263

Prefácio

Este livro toma como base a percepção de uma unidade sistêmica da história cristã. Os diversos capítulos convergem para aclarar o que parece ser o problema central do cristianismo, ou ao menos uma das questões mais relevantes para quem se interroga hoje sobre o significado dessa longa experiência histórica. Trata-se de três realidades diferentes e, no entanto, profundamente interligadas: a figura histórica de Jesus, o nascimento do cristianismo e a modernidade. Três polos problemáticos em uma relação sistêmica necessária. Um não acontece sem o outro. A descoberta da figura histórica e da hebraicidade de Jesus e a consequente percepção dos processos de descontinuidade e continuidade entre cristianismo e judaísmo são precisamente um dos resultados do impacto da modernidade sobre o cristianismo. As pesquisas históricas têm esclarecido, quase que completamente, a hebraicidade total de Jesus[1]. Todas as suas aspirações, seu modo de agir e de pensar estão situados no seio da cultura hebraica. Daqui surge uma questão histórica de importância extraordinária. O cristianismo, pois, como nos é conhecido desde o início do século III, pretende estar legitimamente ligado a Jesus, e se considera o resultado desejado pelo próprio Jesus. Todavia, essa é claramente uma religião autônoma, distante

---

1. DESTRO, A.; PESCE, M., *L'uomo Gesú. Luoghi, giorni, incontri di una vita*, Milano, Mondadori, 2008; PESCE, M., La riscoperta dell'ebraicità di Gesú. Un compito non finito, in: *Qol*, 165 (2014) 11-14; ID., Gesù alla ricerca di certeza e le forme di mediazione della divinità nel giudaismo di età ellenistico-romana, in: *Ricerche storico-bibliche*, 29 (2017) 57-107.

do judaísmo, e até mesmo em forte oposição a ele. Se se deve considerar Jesus intimamente ligado ao judaísmo, por que e quando nasce o cristianismo, ele se torna uma religião diferente e até polêmica com o judaísmo? A interpretação proposta para essa questão de séculos consiste na afirmação de que Jesus teria criticado de modo radical o judaísmo de sua época, em seus fundamentos teológicos e éticos, criando assim uma nova instituição, a Igreja, de onde surge o cristianismo sob a orientação dos primeiros e mais próximos discípulos de Jesus. Atualmente, essa explicação mostra ser historicamente inaceitável. Jesus jamais criticou o judaísmo em sua teologia nem em sua visão ética. E os primeiros seguidores de Jesus fomentaram uma múltipla diversidade de tendências, as quais no início e por longo tempo se mantiveram no coração do judaísmo e das agregações hebraicas da Terra de Israel e da diáspora hebraica antiga. Começa a ficar claro que o cristianismo não nasce com Jesus e, quando assume uma forma definida, mostra ser uma religião diferente do judaísmo[2]. A extraordinária criação cultural cristã começa a se expandir sobretudo a partir do século IV em muitas regiões do Mediterrâneo e do Antigo Oriente Médio, abarcando, em seguida, também as populações eslavas e do Norte da Europa. Os elementos culturais não hebraicos que contribuem para a formação diversificada dos múltiplos cristianismos da Antiguidade tardia e da Alta Idade Média foram objeto de uma pesquisa secular extremamente atenta e analítica, considerada evidente neste estudo. No fundo, a questão complexa apresentada pela diferença entre o Jesus judeu e as Igrejas cristãs, com seu audaz antijudaísmo e sua natureza cultural não hebraica, é objeto de uma atenção constante que se faz presente em todos os ensaios contidos neste livro.

A segunda grande questão é a do impacto da modernidade no cristianismo da Antiguidade tardia e, cristianismo medieval e nos sistemas culturais produzidos por esses cristianismos. Uma série de fenômenos históricos e culturais novos provocam processos de redefinição e transformação dos cristianismos da Idade Média tardia. O surgimento de novas formas de agregação societária e política, de novas bases epistemológicas independentes das culturas tradicionais, o conhecimento de populações e culturas estranhas ao cristianismo, o surgimento na cena pública europeia de teólogos, pensadores e filósofos judeus, o surgimento das ciências históricas

---

2. Destro, A.; Pesce, M., *From Jesus to the first groups of his followers. Anthropological and historical perspectives*, Leiden, 2017; Pesche, M., *Da Gesù al cristianesimo*, Brescia, Morcelliana, 2011.

e os primeiros acenos de uma história das religiões, tudo isso coloca em discussão a formação cultural cristã criada na Antiguidade tardia. Esses diversos fatores, que se apresentam na cena histórica em períodos sucessivos e diversos, se desenvolvem durante os séculos XVI e XVII no contexto da implacável luta teológica e militar entre as várias Igrejas cristãs, em um clima que favorece o surgimento de críticas radicais e novas do próprio cristianismo enquanto tal.

O quanto contribuiu o cristianismo para a formação do mundo moderno é uma questão que tem ocupado o coração dos debates intelectuais europeus por décadas, sobretudo no começo dos anos de 1900. Bastaria pensar em Ernst Troeltsch e Max Weber. Mas a intenção deste livro não é esta. Interessa-me particularmente dois processos, de certo modo opostos, mas estreitamente conexos entre si. De um lado, o impacto da modernidade sobre os cristianismos da Idade Média tardia exprime-se com uma crítica e uma erosão demolidora; de outro, são os próprios cristãos, que à luz de suas práticas modernas de viver, redescobrem um cristianismo originário que de algum modo fora abandonado e até ocultado pelo cristianismo anti-hebraico da Antiguidade tardia. A atenção central deste livro está, portanto, na crítica do cristianismo e na redescoberta de Jesus e de um cristianismo originário.

O primeiro capítulo busca representar de modo global e bastante sintético a construção do sistema simbólico cristão da Antiguidade tardia e o impacto da modernidade sobre ele. Quero sugerir nestas páginas que se considere a história da teologia como função da construção de um novo sistema simbólico, de modo a substituir o sistema antigo. Normalmente, porém, compreende-se a história da teologia cristã como um processo autônomo de partenogênese doutrinal. Mas as ideias nascem como funções de práticas sociais, como instrumentos de transformação das relações de poder entre grupos. Assim, as doutrinas teológicas não são vistas como simples produtos doutrinais. Estão profundamente ligadas às culturas de sua época, e não podem ser separadas delas. Uma história do cristianismo que não leve em consideração, em qualquer uma de suas fases, a relação com os sistemas culturais, com os sistemas de poder político, com as ciências da natureza e com o judaísmo acaba reduzindo tudo a ideias teológicas, permanecendo no âmbito de uma visão confessional e apologética. O modo como geralmente se estuda a história da teologia cristã é um exemplo de uma consciência imperfeita do processo de formação do cristianismo. O fato é que a história do cristianismo alcança muito lentamente o estatuto de disciplina autônoma, lutando para alcançar um estatuto epistemológico verdadeiro e próprio, independentemente da teologia[3]. O que se diz aqui sobre a história do cristianismo também tem sido discutido a respeito da história das religiões por Guy G. Stroumsa, ao sustentar que também ela tem dificuldade de alcançar um estatuto epistemológico claro, independente das teologias[4].

O segundo capítulo sobre a natureza hebraica das Sagradas Escrituras enfoca o fato de que o cristianismo, a partir de um certo momento e seguramente não com Jesus, desvirtua a Bíblia hebraica, cristologizando-a e subtraindo-a aos judeus. A Bíblia desjudaizada e cristianizada constitui uma das principais bases do cristianismo antigo e da Idade Média tardia. É só na Idade Moderna, com a filologia humanista e a contribuição de pesquisadores judeus (e uma multiplicidade de outros fatores), que se acaba descobrindo a natureza hebraica daquilo que a teologia cristã chama de Antigo Testamento. Na verdade, essa redescoberta retira o solo que serve de base para o cristianismo fundamentar sua legitimidade. A necessidade de uma anticrítica do antijudaísmo teológico, que algumas correntes cristãs, mesmo que não todas, perceberam depois da Segunda Guerra Mundial, encontrou um ponto de referência significativo exatamente sobre essas questões. O teólogo católico Erich Zenger sugerira que se adotassem novos conceitos e novos termos: Primeiro Testamento para a Bíblia hebraica, Segundo Testamento para o Novo Testamento. Depois de sua morte, em 2010, alguns teólogos italianos manifestaram a preocupação de um retorno a se falar em Antigo Testamento, com base no fato de que a teologia cristã não poderia renunciar à concepção de unidade dos dois Testamentos. Não poderia renunciar à ideia de uma ação e revelação progressiva de Deus na

---

3. Pesce, M., *La storia delle origini cristiane come disciplina pienamente storica. Un processo dialettico*, in: Parrinello, R. (ed.), Omagio a Giovanni Filoramo, in: *Humanitas*, 72, 5-6 (2017) 694-711. No livro, em específico nos três primeiros capítulos, recomendo a leitura de Norelli, E., *La nascita del cristianesimo*, Bologna, Il Mulino, 2010; Simonetti, M., *Il Vangelo e la storia. Il cristianesimo antico (secoli I-IV)*, Roma, Carocci, 2010. Para a literatura cristã antiga, remeto ao primeiro volume de Norelli, E. (ed.), *Manuale della letteratura Cristiana antica greca e latina*, na nova edição publicada pela Morcelliana, Brescia, 2018, e Prinzivalli, E.; Simonetti, M., *Storia della letteratura Cristiana antica*, Bologna, EDB, 2010. Para uma história do cristianismo em todos os seus períodos, remeto a Prinzivalli, E. (ed.), *Storia del cristianesimo*, 4 vol. Roma, Carocci, 2015, e ao manual que o precedeu Filoramo, G.; Menozzi D. (ed.), *Storia del cristianesimo*, 4 vol. Roma-Bari, Laterza, 2015. Para uma história num único volume, cf. antes Potestà, G.; Vian, G., *Storia del crisianesimo*, Bologna, Il Mulino, 2014.

4. Stroumsa, G. G., *Le parcous d'un flâneur*, in: Rauwl, A.; Salvadori, P. (ed.), *Faiseurs d'histoire. Manifeste pour une histoire indisciplinée*, Paris, PUF, 2016.

história humana, que culminaria na única verdadeira religião, a religião cristã. É justo aqui que se diferenciam a teologia e as ciências humanas pelo estatuto epistemológico e em vista de finalidades civis. A teologia tem a função de difundir o cristianismo na sociedade, enquanto a história, reconhecendo a natureza hebraica da Bíblia, tende à formação de uma consciência crítica e de uma sociedade civil na qual nenhum grupo detenha mais direito baseado em uma legitimação sobrenatural presumidamente maior. A teoria teológica cristã da unidade dos dois Testamentos nega, por sua natureza, a autonomia da religião hebraica, relegando-a à fase religiosa provisória de uma revelação universal, de modo parecido com a religião islâmica que nega ao judaísmo e ao cristianismo a dignidade de revelação completa e definitiva. Um outro efeito da consideração apologética e confessional da teologia cristiana é o conceito de heresia, ao qual dedicamos o capítulo 3. Ao considerar hereges muitos grupos cristãos que se afastam das presumidas ortodoxias respectivas exclui das reconstruções históricas do cristianismo e das teologias cristãs grupos sociais completos e grandes personalidades do pensamento cristão. Acontece então que, nas histórias da teologia, tanto católica quanto protestante, são silenciadas personalidades de grande relevância, como Pietro Pomponazzi, Giordano Bruno, Fausto Sozzini e Thomas Hobbes, pensadores exegéticos e teológicos da reforma radical/figuras de destaque como Jean LeClerc e Pierre Bayle, e muitos outros que constituem, por seu turno, um dos pilares do mundo contemporâneo e do próprio cristianismo de hoje.

Se o segundo e o terceiro capítulos mostram a ação crítica exercida pelas ciências históricas modernas nas duas concepções teológicas cristãs, o quarto busca mostrar o impacto da ciência moderna sobre todo o sistema teológico cristão. Sempre e necessariamente, o cristianismo se viu ligado a visões cosmológicas e sistemas gnosiológicos científicos da natureza, de tempo em tempo distintos, à parte dos momentos históricos e das culturas onde viviam seus membros. Esse capítulo estuda apenas o caso da astronomia, mostrando como a evolução da ciência moderna provoca uma redefinição radical do cristianismo, porque coloca em crise irreversível todo o complexo de concepções relativas à natureza, sobre o que se fundamentavam milenarmente as culturas antigas e medievais. Com o passar dos séculos, o cristianismo havia se pautado por concepções científicas antigas, e foi inevitavelmente arrastado no desmoronar-se daquelas culturas sob a ação epistemológica e tecnológica da nova ciência.

A relação dos grupos cristãos com as formas de organização política da população já teve inúmeras abordagens, sobretudo na primeira Idade

Moderna e, depois, na época das grandes revoluções do século XVIII, mas seria um equívoco pensar que se trata de uma relação instaurada pelos diversos cristianismos com uma dimensão estranha a eles. Na realidade, a dimensão política é essencial ao cristianismo, na medida em que ele se apropriou da concepção hebraica do reino de Deus. Vamos abordar essa questão no quinto capítulo para a Idade Antiga e no sexto para Idade Contemporânea. Como em todo o volume, procuro uma perspectiva que seja tanto significativa quanto limitada. Trata-se de encontrar uma visão que seja estrutural, mas ao mesmo tempo parcial e passível de ser analisada sinteticamente em poucas páginas. Para a Idade Antiga, escolhe a questão da convivência entre cristianismo e as demais religiões, ou seja, a questão da tolerância no mundo antigo. As práticas políticas e as concepções jurídicas e filosóficas que asseguram uma tolerância inter-religiosa no mundo antigo parecem provir da experiência dos grandes impérios, do direito romano e da filosofia medioplatônica. Muitas vezes, são as minorias, como o caso dos judeus, que elaboram teorias de tolerância, exigindo práxis jurídicas que asseguram o respeito da própria diversidade nas cidades e nas regiões de maioria não hebraica. E são os expoentes da aristocracia pagã que, sentindo-se minoria num império sempre mais cristianizado, apelam para concepções filosófico-religiosas de tolerância. O cristianismo antigo mostra ser indulgente toda vez que adota práticas e concepções tolerantes das diversas culturas antigas. Mas a sua teologia, ao contrário, impinge-o a práticas e teorias de intolerância. A controvérsia de Cassiodoro, que se dá na primeira metade do século VI, é um caso paradigmático dessa dialética entre tolerância e intolerância, e entre as culturas jurídicas antigas e as práticas cristãs intolerantes que provêm das concepções teológicas antijudaicas.

O sexto capítulo quer mostrar que as organizações políticas que se baseiam na declaração dos direitos humanos (que surgiram da prática e da teoria do Iluminismo) tiveram um impacto transformador não só nas diversas formas de cristianismo, mas também no judaísmo e no islamismo. Essas religiões reagem de maneira parecida frente à modernidade política, diferenciando-se internamente com um espectro de posicionamentos que vão da aceitação à refutação. Por outro lado, a elaboração iluminista dos direitos naturais do indivíduo não é algo externo ao cristianismo, mas fruto de algumas correntes cristãs fundamentais, como demonstram claramente as declarações da Virgínia e da Pensilvânia. O que mostra esse capítulo é que os diversos modos atuais de considerar as relações entre cristianismo e modernidade são resultado da reação diversa do cristianismo frente ao impacto da modernidade. Trata-se de um impacto que produziu uma multiplicidade de correntes, donde surgiram muitos modos atuais de pensar teologicamente a modernidade. A variedade das reações e das correntes cristãs é uma manifestação da complexidade cultural das formações cristãs. Nessas, os fatores usualmente vistos como mais propriamente fundamentados (a figura de Jesus, a Bíblia cristã, o conjunto dos dogmas, a estrutura institucional) estão antes estreitamente envoltos em estratificações culturais, tradições e temáticas sociais, à parte das classes, dos interesses e das áreas geográfico-culturais. De modo que as teologias, além de serem expressão do suposto núcleo fundante dos respectivos cristianismos, são muitas vezes o resultado de um conjunto de interesses e posicionamentos sociais, de tradições culturais, de visões científico-culturais, de costumes socioculturais.

O último capítulo lança alguma luz sobre a complexa redescoberta da imagem histórica de Jesus a partir da primeira Idade Moderna. Escrevi diversas vezes tratar-se de um equívoco historiográfico sério que hoje nos encontremos diante de uma terceira ou quarta fase da chamada pesquisa sobre o Jesus histórico, que teria sido iniciada com Hermann Samuel Reimarus. Essa simplificação se deve a uma consideração negativa e polêmica ante o Iluminismo, visto como um fenômeno cultural radicalmente anticristão do qual a pesquisa histórica sobre Jesus teria surgido e da qual só se poderia salvar uma visão substancialmente teológica e confessional das origens cristãs, e que só poderiam ser compreendidas quando lidas à luz de uma teologia eclesiástica[5]. Esse capítulo mostra a multiplicidade dos fatores que na Idade Moderna levam a uma redescoberta da figura histórica de Jesus, mostrando também que diversos temas exegéticos e históricos de hoje nasceram já no período que vai do século XV ao século XVII. A suspensão da pesquisa histórica moderna sobre Jesus não se deve a uma postura anticristã, mas às correntes cristãs múltiplas e diversificadas, que vão assumindo no decorrer da história fatores culturais da modernidade

---

5. PESCE, M., Per una ricerca storica su Gesú nei secoli XVI-XVIII. Prima di Hermann S. Reimarus, in: *Annali di storia dell'esegesi*, 28, 1 (2011) 433-464; ID., The beginning of the historical research on Jesus in modern age, in: JOHNSON HODGE, C. et al., *The one who sows bountifully, Essays in honor of Stanley K. Stowers*, Atlanta (GA), Society of biblical literature, (2013) 77-88. Fernando Bermejo é um dos pesquisadores que mais têm criticado a teoria das três fases das pesquisas, cf. seu ensaio Historiografía, exégesis e ideología. La ficción contemporánea de las "tres búsquedas" del Jesús histórico (1ª parte), in: *Revista catalana de teología*, 30 (2006) 349-406; Historiografía, exégesis e ideología. La ficción contemporánea de las "tres búsquedas" del Jesús histórico (2ª parte), in: *Revista catalana de teología*, 31 (2006) 53-106; The fiction of the "Three quests". An argument for dismantling a dubious historiographical paradigm, in: *Journal for the study of the historical Jesus*, 7 (2009) 211-253.

(humanismo, Reforma Protestante, novas bases epistemológicas, retorno a diversas tradições da cultura grega e helenística e do próprio cristianismo antigo, confronto com as religiões dos novos mundos recém-descobertos, que antes eram desconhecidas na Europa). Nesse último capítulo, espero que fique clara também a necessidade de uma certa desconstrução do conceito de modernidade. Essa exigência está hoje bastante difundida e se faz notar numa notável quantidade de estudos que discutiram, criticaram, transformaram e muitas vezes substituíram ou integraram esse conceito historiográfico. Mas renunciei deliberadamente de apresentar uma discussão teórica e historiográfica explícita do conceito. Na verdade, meu modo de analisar as questões que são abordadas pelo livro implica uma desconstrução substancial da ideia estática e unitária do que se poderia definir como moderno. Indiquei uma série de fenômenos, de enfoques culturais que se verificam numa sucessão temporal bastante ampla: o Humanismo em certas páreas europeias, sobretudo a partir do início do século XIV (apesar de termos conhecimento da renovação de períodos precedentes assim chamados medievais), a Reforma no início do século XVI, a nova ciência no início do século XVII e muitos outros momentos e fenômenos que não são mencionados aqui. Mas esses fenômenos se limitam a certas classes e ambientes particulares, sem alcançar a maior parte da população. É só a Reforma Protestante, talvez, e certas formas de organização estatal que atingem maior profundidade social.

Esses ensaios não passam de uma sondagem rápida sobre uma série incompleta de questões fundamentais. A história da formação e evolução do cristianismo não pode ser descrita como se fosse uma questão determinada de uma elaboração progressiva de ideias, que se difundem entre a população pela própria força de convicção. As religiões são sistemas coletivos e culturais complexos baseados em grupos sociais e em práticas concretas de transformação política e cultural. A história do cristianismo deveria ser parte da história das religiões, da sociologia e da antropologia cultural e, mais genericamente, das ciências humanas. Mas este livro não tem, pois, a audácia nem a capacidade de propor como isso poderá acontecer. Repito, portanto, que nada mais faz que propor uma série de questões.

CAPÍTULO 1

A modernidade construiu um sistema simbólico alternativo ao sistema cristão antigo?

1.1. A questão

Na verdade, a modernidade, primeiramente, e a grande revolução cultural do início do século XX, depois, conseguiram — nos países de antiga cultura cristã — criar um sistema simbólico novo e diferente daquele secularmente gerado pelo cristianismo? O sistema simbólico construído pela modernidade substituiu aquele elaborado pelo cristianismo na Idade Antiga e que foi sucessivamente se desenvolvendo? Quando se fala de sistema simbólico, aqui, compreende-se todo o conjunto das representações espaciais e temporais (que presidem a organização social do espaço e do tempo), textuais, figurativas, linguísticas, conceituais, científicas e míticas, capazes de organizar e determinar a vida em sociedade e as representações mentais. O objetivo do sistema simbólico é representar de algum modo unitário (sistêmico, portanto) a complexidade extrema da realidade natural, histórica e da experiência humana. A realidade é explicitada através de representações e simbolizações[1]. Essa questão surge no núcleo das

---

1. Nessas páginas pressuponho que sejam conhecidos os debates amplos existentes sobre os conceitos de que me sirvo, desde o conceito de modernidade ao de sistema simbólico, e sobre os fenômenos históricos de que vou falar continuamente. Meu objetivo é apenas identificar e propor uma questão: se modernidade substituiu o sistema simbólico que o cristianismo havia construído para suplantar o das culturas antigas que o precederam. Aqui minha perspectiva é mais histórica e antropológica que filosófica e teológica. Não me interessam tanto a especulação quanto as mudanças culturais globais e profundas que determinavam a vida das sociedades. Sobre a representação, cf. DESTRO, A., (dir.), *Rappresen-*

pesquisas sobre o cristianismo antigo e moderno das últimas décadas. Nos primeiros dois séculos, foram produzidos aqueles textos que mais tarde, talvez por volta do início do século III, foram inseridos no Novo Testamento. Essas obras, visto serem produtos culturais de quase dois mil anos atrás, e sendo escritos que surgem de culturas antigas que nos separam por barreiras culturais quase insuperáveis, são lidas e estudadas como elementos fundadores da vida de hoje, e assim o foram por todos os séculos da modernidade. Milhões de pessoas têm se confrontado continuamente até os dias de hoje com esses textos, via de regra através de uma casta de intérpretes autorizados que buscam fazer crer na atualidade dos modelos de vida, pensamento, de sentir e de comportamento frente à vida propostos por aquelas obras. Não se trata apenas de ideias abstratas, mas de fenômenos concretos que formam a vida cotidiana. Mas o histórico atual que se defronta com esses textos está continuamente imerso num fenômeno real e concreto: o fenômeno da permanência na modernidade e na contemporaneidade dos modelos de vida, modos de pensar e de sentir que provêm do cristianismo antigo e das culturas antigas. É óbvio que os membros da casta sacerdotal e os teólogos que tinham a tarefa de explicar aqueles textos às pessoas, pregando com base neles, eram pessoas que viviam dentro dos modelos de vida moderna, das organizações políticas modernas e da visão moderna do mundo produzida pela nova ciência. Mas é justo aqui que vamos encontrar o fenômeno que nos interessa. Toda sua operação consistia em abordar aqueles modelos fundantes com uma sensibilidade inevitavelmente moderna e com a intenção de reviver na modernidade, e contra a modernidade, aqueles modelos antigos. A revisitação contínua daqueles textos obrigava, e obriga, até hoje, a perguntar-se até que ponto aqueles modelos seriam (e serão) ainda válidos e até que ponto a modernidade, em todos os seus aspectos, seria válida ou deveria ser criticada e

---

tare. Questioni di antropologia, cinema e narrativa, Bologna, CLUEB, 2012. Em todo caso, falo de sistema simbólico em que cada cultura elabora um conjunto de interpretações da realidade individual, social natural e cósmica, que é formado por símbolos, compreendidos como representações que aludem à realidade e buscam explicá-la (cf. GEERTZ, C., La religione come sistema culturale, in: ID. *Interpretazione di culture*, Bologna, Il Mulino, 1987, 141). As representações (e, por isso, os símbolos e também os sistemas teológicos e as filosofias), mesmo quando buscam ganhar autonomia da realidade que as gerou adotando uma realidade própria, nada mais são que alusões à vida dos povos e suas interpretações, às quais são reconduzidas para poderem adquirir algum sentido. Concepções, representações, símbolos não existem por si, não constituem uma realidade dupla, metafisicamente subsistente em relação à realidade. São projeções do real em função das exigências culturais de uma sociedade.

modificada. Abria-se todo um espectro de possibilidades e de caminhos, e continua a se abrir todo um espectro de correntes, grupos, propostas éticas, políticas e filosóficas; todo esse espectro, partindo da condenação total da modernidade, aceitava totalmente os valores antigos, sempre em nome dos modelos cristãos fundantes, passando por toda uma série de soluções intermediárias, em que modernidade e antiguidade cristã eram várias e reciprocamente reinterpretadas, mediadas e reconstruídas. No fundo, no trabalho de análise histórica da prática de vida de Jesus, de suas ideias, de sua história, e no estudo dos evangelhos e de inúmeros textos protocristãos, apócrifos ou canônicos, encontramo-nos cotidianamente ante a questão da continuidade ou descontinuidade entre o sistema simbólico moderno e contemporâneo e o sistema simbólico cristão antigo. Trata-se uma questão que não tem uma fundamentação abstrata e intelectual, mas que surge dia após dia na experiência das Igrejas, dos cristãos, dos não crentes, e que encontra múltiplas expressões nos jornais, na política, nas refigurações artísticas e no cinema. Paolo Prodi tem nos convocado continuamente a considerar a necessidade de não estudar apenas ideias e textos teóricos, e nos recordou disso também em seu prefácio à sua coleção de ensaios sobre *Cristianesimo e potere* (*Cristianismo e poder*), repropondo uma sensibilidade histórica "que não parte da leitura de textos de grandes teólogos e filósofos, mas da leitura de fontes históricas concretas"[2]. Estou convencido de que a modernidade produziu um hiato cultural de enormes dimensões, uma guinada que representa uma impossibilidade de retorno da história evolutiva dos seres humanos, comparada à assim chamada Revolução Neolítica. Há quem buscou compreender essa mudança como momento da evolução da espécie humana, entre os quais Merlin Donald[3]. Sobre o que seja a modernidade e o que significa a descontinuidade que ela representa, parecem-me úteis as reflexões apresentadas por Tullio Gregory, a partir do ponto de vista da história da filosofia e das ideias, em seu livro *Speculum naturale*. O ponto fundamental é que as descontinuidades coexistem num mesmo tempo e lugar, não se sucedem mutuamente como a dizer que o novo que nasce substitua o velho que assim desaparece. A modernidade define assim uma guinada fundamental no modo de pensar, mas não a característica de uma época concebida temporalmente. Na realidade, o modo de pensar

---

2. PRODI, P., *Cristianesimo e potere*, Bologna, Il Mulino, 2013, 17.
3. DONALD, M., *A mind so rare. The evolution of the human consciousness*, New York, Norton & Company, 2001 (trad. it. *Evoluzione della mente. Per una teoria darwiniana della cocienza*, Milano, Garzanti, 2006).

moderno coexiste com os modos de pensar precedentes que, no desdobramento dos séculos, não só permanecem (cada vez mais de modo diverso, obviamente), mas podem prevalecer também sobre o que definimos como moderno. Como escreve Gregory, "não é possível haver cisões nítidas". E, todavia, esse reconhecimento não implica anular a percepção da diversidade, da distância e da descontinuidade. Realmente, "seria enganoso querer preencher com infinitas páginas a distância que separa as expressões do pensamento medieval das várias formas do pensamento moderno, *que construiu a consciência da modernidade justo a partir dessa distância*"[4].

1.2. Como se formou o sistema simbólico cristão e por que não produziu ciência, limitando-se a utilizá-la

A minha pergunta é se a teologia cristã antiga se formou na sequência de um grandioso projeto cultural que se propunha criar um sistema simbólico global de toda a sociedade antiga[5].

1.2.1. A ação criativa: as bases do novo sistema simbólico

Uma visão histórica universal

O novo sistema simbólico produzido pelo cristianismo[6] baseou-se essencialmente em dois pilares: de um lado, sobre a cristologia e a teoria

---

4. GREGORY, T., *Speculum naturale*, Firenze, Olschki, 2007, 176, grifos meus. Nessa reflexão de Gregory me parece fundamental que a modernidade não seja "uma época concebida temporalmente", pois num mesmo momento podem coexistir dialeticamente posições também contrárias. Mas, em seu livro, Gregory se limita a uma perspectiva de história das ideias e por isso vê a modernidade do ponto de vista do "modo de pensar". Mas, para mim, a modernidade é um conjunto de fatores que determinam a vida associada e não apenas a especulação. Também a ciência moderna me interessa como prática, como modo de imaginar e ver o mundo, como um conjunto de mecanismos que transformam a vida social. Sobre o conceito de modernidade, cf. PRODI, P., *Storia moderna o genesi della modernitá?* Bologna, Il Mulino, 2012.

5. Para uma sólida representação da história da teologia cristã antiga, remeto a PRINZIVALLI, E.; SIMONETTI, M., *La teologia degli antichi cristiani (secoli I-V)*, Brescia, Morcelliana, 2012.

6. Os atuais estudos sobre o cristianismo antigo deram visibilidade tanto à pluralidade das correntes que surgiram imediatamente depois da morte de Jesus quanto à multiplicidade de cristianismos que se formaram sucessivamente ao distanciamento dos grupos judaicos. O fenômeno que pretendo abordar aqui abarca todas as formas de cristianismo que se constituíram depois da separação dos judeus. Apenas os seguidores de Jesus que

trinitária; de outro, sobre a Bíblia cristã (composta de Antigo e Novo Testamentos). Mas a metáfora dos dois pilares pode nos induzir a equívocos, pois, mais que dois elementos separados e distintos, a teologia cristã e a Bíblia cristã são as fibras profundamente interconectadas de um tecido que elabora uma representação globalizante. O Deus único cristão era o criador do universo e, assim, posicionava-se no início da história. Nos dois primeiros capítulos de Gênesis, a Bíblia descreve uma história universal que estabelece um início, abraçando a história dos povos da terra, todos descendentes dos três filhos de Noé. Como se sabe, na Antiguidade o princípio de legitimação deveria ser buscado do passado. O que era antigo era considerado fundante e legitimador, como exprime sinteticamente a fórmula "o que é mais antigo é melhor" (*"proteron kreitton"*)[7]. Os primeiros capítulos do livro do Gênesis colocam o Deus único no início de tudo. É ele que cria e forja o mundo, e não uma multiplicidade de deuses. Muito provavelmente não se trata de uma criação *ex nihilo*, mas antes de estabelecer uma ordem num caos primitivo, forjando o universo mediante uma obra progressiva de separação de elementos que se imagina não deverem ser misturados. De qualquer modo, não há nenhuma outra potência divina paralela ao Deus criador único. Segundo a imaginação dos teólogos que criaram os dois primeiros capítulos do Gênesis, o politeísmo não é antigo, mas uma degeneração daquilo que nós, com a linguagem moderna criada pelos platônicos de Cambridge no século XVII, chamamos de monoteísmo. Os primeiros homens adoravam um único Deus. Eram monoteístas. Os judeus do mundo antigo pretendiam ser descendentes de uma forma de culto pura, a mais antiga do mundo[8]. Eles eram os representantes da forma de culto com maior autoridade, do ponto de vista das credenciais de antiguidade, diferentemente dos povos em cujo seio viviam, que, ademais, constituíam a maioria. Os cristãos herdam esse

---

continuaram sendo judeus não adotaram o novo sistema simbólico que andava substituindo o antigo.

7. Agradeço a Romano Penna por me lembrar do livro de PILHOFER, P., *Presbyteron Kreitton. Der Alterbeweis der jüdischen und christlichen Apologeten und seine Vorgeschichte*, Tübingen, Mohr Siebeck, 1990. Sobre o tema da nobreza do que é antigo e sobre a contribuição de Pilhofer, cf. DESTRO, A.; PESCE, M., Paul's Speeches at Pisidian Antioch and Lystra: "mise en histoire" and social memory, in: DREW-BERA, T.; TASLIALAN, M; THOMAS, C. M., (ed.), *Actes du Ier Congres International sur Antioche de Pisidie*, "Collection d'Archéologie et d'histoire de l'antiquité de l'université Lumière", 2, Paris, de Boccard, 2002, 26-34.

8. SIMONETTI, M., Eusebio tra ebrei e giudei, in: *Analli di storia dell'exegesi*, 14, 1 (1997) 121-134.

relato mitológico hebraico antigo presente nos dois primeiros capítulos do livro do Gênesis. Em seu sistema simbólico, a história de toda a humanidade tem origem no Deus monoteísta, e Jesus Cristo vem restaurar a perfeição originária perdida com o pecado. O cristianismo vem combater e substituir o politeísmo que, a partir do ato criador antigo, foram a traição e a degeneração. Mas, em sua visão global e grandiosa, o cristianismo estabelece também o ponto final da história universal. Cristo é realmente o ponto ômega, a letra final do alfabeto da história universal. Mas é também o alfa, o início da história, aquele que a coloca em movimento direcionando-a rumo a um objetivo final. De modo que os cristãos estão em condições de fornecer uma interpretação da história universal, como se fosse resgatada do Deus do próprio grupo, que é considerado o Deus de toda a humanidade e de todo o universo. A teologia cristã, forjando o dogma cristológico da única pessoa de Jesus, em sua dupla natureza humana e divina de filho de Deus, permite uma visão harmônica da relação entre o alto e a perfeição do divino e o baixo e a imperfeição da natureza. A teoria da trindade permite ao cristianismo falar de um Deus que cria o universo e o rege, que intervém na história dos seres humanos e que a eles se revela, que em certo ponto intervém para salvar a humanidade e para corrigir seu rumo na direção da meta final, sob a direção de uma casta de sacerdotes. Esses têm poder de aceder à fonte do sagrado e comunicá-lo aos seres humanos, que necessitam do sagrado para redimir-se e para reconquistar sua humanidade plena. Mas o Deus cristão detém igualmente o poder político. Deus é o rei do universo, mas também rei da história, que provém dele através de uma série de domínios imperiais que ele, direta ou indiretamente, determina a cada vez a certos povos e a seus soberanos, numa sucessão de impérios que culminará com seu domínio final: o reino de Deus. A concepção judaica e jesuana do reino de Deus, tão carregada de valores políticos além dos morais e cósmicos, é o que caracteriza politicamente o Deus cristão.

O poder político da Igreja

A teologia cristã considera o Filho de Deus também rei (Cristo rei, segundo uma feliz expressão): Cristo é o *pantocrator*, tanto em sentido cósmico quanto político, e o imperador no Oriente e a Igreja no Ocidente detêm parte de seu poder político sacro. Essa distinção entre cristianismo oriental bizantino e cristianismo latino ocidental é um *topos* clássico que reaparece continuamente de Karl Jaspers a Prodi até Giovanni

Filoramo[9]. Gaetano Lettieri foi quem enfocou a cristologia política, por exemplo, a cristologia de Ambrósio.

> O coração da visão trinitária ambrosiana pode, sim, ser identificado com a afirmação de que o Filho não é visto tanto como *Verbum* ou *Sapientia*, mas mais como *Potentia, potestas, virtus*, ato de domínio eterno e voluntário, plenamente unitário, imperialmente codividido com o Pai e o Espírito, não podendo admitir uma divisão subordinada de natureza, poder, ato, vontade divinos. [...] Segue-se, por conseguinte, a desvalorização ambrosiana da dimensão lógico-filosófica (e grega!) da pesquisa teológica, sempre potencialmente sediciosa e herege, justo por ser "inquisidora" do mistério e relutante à referida submissão. [...] Não é de se admirar, portanto — continua Lettieri —, se a recomendação de "bona caritas et mansuetudo" (II,15,133) na submissão humilde à absoluta *potestas* da Trindade, adorada por uma *fides* puramente receptiva, subtraída à impiedade da razão herege dialética (cf. II, 132-134), acabe culminando numa invocação insistente, impressionante à guerra santa, à guerra nicena, à guerra em nome da *potestas* trinitária, empreendida pelo imperador Graziano. "Mas não devo reter-te por mais tempo, ó imperador, pois estás dedicado a pensar na guerra e estás meditando como alcançar troféus vitoriosos entre os bárbaros. Avança de braços abertos, protegido pelo escudo da fé, empunhando a espada do Espírito, avança rumo à vitória já prometida nos tempos passados e profetizada pelos oráculos de Deus. Pois Ezequiel já profetizou em sua época que teríamos uma devastação e que haveria guerras contra os godos (cf. Ez 39,10-12). [...] Esse Gog é o godo"[10].

A conclusão de Lettieri, porém, conserva a dualidade entre função política e função espiritual da Igreja no cristianismo ocidental:

> É só a teologia política inovadora e neoapocalíptica de Agostinho que irá mostrar (petersonianamente!) como a dialética entre onipotência e gratuidade, transcendência/escatologia e doação/*kenosis* irá determinar o questionamento radical de toda e qualquer grandeza secular, a desmitologização e desconstrução não só de um poder absoluto teológico-político terreno, mas inclusive da cristandade triunfante, tanto aquela do poder imperial

---

9. FILORAMO, G., *La croce e il potere. I cristiani da martiri a persecutori*, Roma-Bari, Laterza, 2011, 394-397.
10. LETTIERI, G., Omnipotentia e subiectio: una teologia trinitária imperiale. Aspetti della polemica anti-ariana nel "De fide" di Ambrogio, in: PASSARELLA, R. (ed.), *Ambrogio e l'arianesimo*, Roma, Bulzoni, 2004, 54.

constantiniano quanto aquela do poder monocrático eclesiástico, daquele *appettitus unitatis et omnipotentiae* soberbo, que o papa de Roma, herdeiro poderoso de uma lógica romana e ambrosiana do primado teológico-político, começava a desenvolver com previdência extraordinária. O que significa que, dentro da tradição teológico-política latina, deve-se começar a pensar um conflito que pode ser resumido na seguinte fórmula: *Agostinismo político autêntico contra ambrosianismo político*[11].

Uma vasta reserva simbólica

Mas a Bíblia transmite também uma enorme quantidade de símbolos que irão se tornar essenciais para as culturas cristãs e para a sociedade dominante dos cristãos: desde o mito da criação, à lenda do dilúvio, da arca de Noé e da divisão da humanidade em três troncos, até a Torre de Babel, à epopeia dos patriarcas (basta pensar nas lendas sobre Abraão), o ciclo de Moisés, as pragas do Egito, a travessia do Mar Vermelho, a travessia do deserto, a conquista da terra prometida. E depois as evocativas figuras de Jó, Jonas, Ester, Judite, e as figuras dos profetas, Elias e Eliseu, até Isaías e Jeremias. E o elenco poderia continuar.

1.2.2. *Ação substitutiva*

Todo esse universo simbólico busca substituir o sistema simbólico greco-romano precedente, que se apresentava como expressão e explicação de toda a sociedade. Aquele sistema simbólico antigo estava baseado na mitologia e nos poemas homéricos, sobre as práticas religiosas dos templos, sobre os sistemas iconográficos da arte e na transmissão cultural do teatro antigo. Estava baseado num conjunto de práticas e ideologias políticas, mas tinha em seu bojo também um outro elemento fundamental, crítico e dialético, constituído da filosofia (que compreendia também a ciência da natureza e a astronomia) e da ciência médica.

O cristianismo, na medida em que rumava para conquistar toda a sociedade antiga, pretendia cristianizá-la inteiramente, estabelecendo os fundamentos da vida em sociedade. Para isso, propunha um sistema simbólico que seria expressão cristã de todo e qualquer aspecto singular da vida social e de todo o conjunto da estrutura cultural. Se o cristianismo era a base fundamental da cultura, todo o sistema simbólico, que explicitava e

---

11. Ibid., 78-79.

exprimia a sociedade, tinha de ser cristão. A criação do complexo sistema teológico cristão se estendeu por alguns séculos[12] e acabou culminando nas formulações teológicas de Agostinho (para o mundo latino) e na teologia bizantina (para o mundo grego), nos *corpora* de leis de Teodósio e de Justiniano, na elaboração de uma iconografia pública e na organização cristã do espaço e do tempo. O significado derradeiro dessa criação reside na intenção de elaborar um sistema simbólico global que viesse substituir o sistema simbólico da mitologia grega e romana. Agora, a Bíblia assume o lugar da *Ilíada*, da *Odisseia* e da *Eneida*, a teologia assume o posto da mitologia, a iconografia cristã assume o lugar do imaginário da arte clássica, o sistema jurídico cristão regulamenta as relações sociais, o tempo é regulamentado por um calendário cristão que segue um ano litúrgico, cadenciando o tempo segundo a visão cristã da história, a semana é cristianizada, o espaço gira ao redor da igreja, as cidades são estruturadas segundo um sistema de símbolos cristãos[13]. Repetindo: o significado derradeiro da criação da teologia cristã reside na tentativa de estabelecer-se como sistema

---

12. A principal mudança de rumo depois da guinada crucial dos primórdios (que caminha de Jesus para as primeiras igrejas) é a tentativa de substituir a multiplicidade dos grupos e das correntes pós-jesuanas com um projeto unitário cristão. Cf. PESCE, M., *Da Gesù al cristianesimo*, Brescia, Morcelliana, 2011; DESTRO, A; PESCE, M., *From Jesus to the first groups of his followers*, Leiden, Brill, 2017. Sobre a formação do conceito de ortodoxia e do relativo conceito de heresia, cf. o capítulo 3. Cf. também URCIUOLI, E. R. *Un'archeologia del "noi" Cristiano. Le "comunità immaginate" dei seguaci di Gesù tra utopie e territorializzazioni (I-II sec. e.v.)*, Milão, Ledizioni, 2013; REVILLARD, E., *Les chrétiens de l'antiquité tardive et leurs identités multiples (Afrique du Nord, 200-450 après J.-C.)*, Paris, Les Belles Lettres, 2014.

13. Nessas páginas, não fiz referência à guinada constantiniana, sobre o que debati em outro lugar; cf. CHENU, M. D., *La fine dell'era costantiniana. Con un saggio di M. Pesce*, Brescia, Morcelliana, 2013. Sobre o tema, cf. ZAMAGNI, G., *Fine dell'era costantiniana. Retrospettiva genealogica di un concetto critico*, Bologna, Il Mulino, 2012; MARKSCHIES, C., Wann endet das "konstantinische Zeitalter"? Eine jenaer Antrittsvorlesung, in: WYRWA, D. (ed.), *Die Weltlichkeit des Glaubens in der Alten Kirche. Festschrift für Ulrich Wickert zum siebzigsten Geburtstag*, Berlin, de Gruyter, 1997, 157-188. O fenômeno que abordo é mais amplo que a guinada constantiniana; considero alguns dos fatores que pertencem àquela guinada de um ponto de vista distinto. O fenômeno que quero examinar não é a transformação em sentido político dos grupos de seguidores de Jesus num determinado momento histórico, nem sua responsabilização numa realidade social em que se estabelecem para ocupar posições de poder, adotando a cultura do tempo. Não me ocupo primaria e diretamente da formação da assim chamada teologia política. Meu propósito aqui não é sequer mostrar a diferença existente entre Jesus e os primeiros grupos de seus seguidores e as Igrejas dos séculos IV-VI. É claro que, para mim, a descontinuidade é fundamental: seja aquela entre Jesus e os primeiros grupos de seus seguidores (sob esse aspecto, cf. DESTRO, A.; PESCE, M., *La morte di Gesù*, Milano, Rizzoli, 2014), seja aquela entre as primeiras Igrejas e os cristianismos dos séculos IV-VI. Mas, aqui, a descontinuidade é abordada do ponto de vista dos sistemas simbólicos.

simbólico coletivo da sociedade substituindo o sistema simbólico clássico que se desenvolvera em torno da mitologia, da filosofia e da arte figurativa clássica. Estudar a história da teologia cristã sem se dar conta de sua função cultural, social e política é perder de vista o objetivo principal para o qual fora elaborada. Os cristãos não desenvolveram uma teologia tão completa e ampla porque amavam as ideias mais que a realidade da vida cotidiana, não foi por uma vocação filosófica e teórica baseada na religião cristã (a religião da assim chamada verdade), mas porque queriam substituir o sistema simbólico das outras religiões por um novo[14]. O desenvolvimento da teologia cristã é estudado também e sobretudo como processo de construção de um sistema simbólico alternativo ao antigo.

1.2.3. Ação destrutiva

A formação da teologia cristã como sistema simbólico substitutivo do greco-romano não consistia apenas na criação da teologia cristã e na formação da Bíblia, de modo a poder produzir um universo simbólico de grandeza pelo menos comparado ao da mitologia dos poemas homéricos, da tragédia e da arte grega. Tinha necessidade também de uma obra de "destruição", que pressupusesse a posse de um poder político. Para criar um sistema simbólico, era necessário, antes de tudo, destruir tanto os lugares de transmissão do velho sistema simbólico quanto o poder político que impostos à população. E a possibilidade de realização dessa destruição podia ser assegurada apenas pelo fato de deter um poder. Um sistema simbólico não pode ser firmado em toda uma sociedade sem uma ação sistemática de destruição. Era necessário, portanto, destruir aquilo que assegurava a difusão do sistema simbólico precedente e concorrente. Daí, a destruição dos teatros, a destruição dos templos ou sua transformação em igrejas e santuários cristãos. Templos e teatros eram pois locais de transmissão do universo simbólico antigo graças aos ritos e às representações[15]. Era preciso destruir também os altares que tinham significado político.

Jesus pertencia ao sistema simbólico hebraico. Sucessivamente, os seguidores de Jesus adotaram os sistemas simbólicos das culturas em que se inseriram.

14. Talvez a Itália seja o país que detenha a mais elevada tradição acadêmica de estudo da história da teologia cristã graças ao professor Manlio Simonetti e à sua escola. Uma síntese extraordinária dessa escola pode ser conferida em PRINZIVALLI, SIMONETTI, *La teologia degli antichi cristiani (secoli I-V)*, op. cit.

15. Cf. LUGARESI, L., *Il teatro degli spetacoli nel cristianesimo antico (II-IV secolo)*, Brescia, Morcelliana, 2008, que estuda, porém, o fenômeno a partir de um outro ponto de vista.

Foi emblemático para isso o fechamento do altar da Vitória frente à cúria senatorial. O dramático debate entre Símaco e Ambrósio é testemunho desse evento[16]. Era preciso destruir as escolas filosóficas, como ocorreu no final do século V, mas era preciso cristianizar também o direito, interpretar cristologicamente a Bíblia hebraica para subtraí-la completamente à posse cultural dos judeus. A interpretação cristológica e alegórica teve um objetivo primariamente destrutivo: eliminar a possibilidade de que a Bíblia fosse um veículo de transmissão do judaísmo. Além do poder político, o cristianismo acionou uma série de instrumentos rituais poderosos, de modo que através do culto radicado territorialmente se podia transmitir de forma capilar o novo sistema simbólico. O ritual cristão complexo não tem força apenas espiritual e moral, não serve apenas para comunicar os bens da salvação, mas também para a transmissão, difusão e conservação de um sistema simbólico que seja útil para determinar a prática de vida, o modo de pensar e de sentir da população. Trata-se basicamente da criação de ritos coletivos fundantes para a memória coletiva[17].

1.2.4. Adoção e ressignificação

Existem pelo menos outros dois fatores que, ao invés de simplificar, complicam e tornam extremamente intrincadas as culturas cristãs. Antes, a adoção do elemento crítico da tradição antiga: a filosofia e a ciência (que levará a teologia cristã a uma oscilação contínua entre platonismo e aristotelismo). Em segundo lugar, não em ordem de importância, a ressignificação dos símbolos antigos (iconografia adotada e ressignificada, como Ísis, o orante, o bom pastor etc.); uma desjudaização e despaganização do cosmo sacro e da astronomia antiga, que são ressignificados em sentido cristão[18]. Nos primeiros séculos de existência do cristianismo, os cristãos não sentiram necessidade de dar continuidade à ciência antiga. Sendo uma minoria que bem lentamente conquistou o poder político, impondo sua maioria

---

16. Cf. PESCE, M., I monoteismi e quello che le donne e gli uomini decidono di farne, in: *Annali di storia dell'esegesi*, 25, 1 (2008) 147-152. Cf. também FILORAMO, La croce e il potere, op. cit.; TESTA LIZZI, R., Costantino, le sinagoghe e i templi, in: DESTEPHEN, S.; DUMÉZIL, B.; INGLEBERT, H. (ed.), *Le prince chrétien de Constantin aux royautés barbares*, Paris, ACHCB.

17. CONNERTON, P., *How societies remember*, Cambridge, Cambridge University Press, 1989.

18. Giorgio Otranto dedicou muitos estudos a esse aspecto. Cf., por exemplo, OTRANTO, G., Alle origini dell'arte Cristiana precostantiniana. Interpretazione simbólica o storica?, in: *Annali di storia dell'exegesi*, 7,2 (1990) 437-454.

aos outros, nos primeiros séculos esses se limitaram a elaborar uma visão própria do mundo que respondesse aos problemas fundamentais da sociedade da época. Alguns exemplos claros são o *De principiis*, de Orígenes, e o *De doctrina christiana*, de Agostinho. Como fizera já anteriormente o judaísmo helenístico, o cristianismo se servia da e se acomodava na filosofia antiga, que sempre exercitara uma função crítica com relação à mitologia tradicional. Com a ideia do *logos spermatikos* e da revelação primigênia, o cristianismo podia então assumir a herança da filosofia grega, usando seus critérios para autoavaliação, e continuando assim seu processo de verdade. Aqui já não estava mais em questão o problema da substituição, mas de adoção e desenvolvimento de um elemento da cultura antiga lançado contra os demais. Também a modernidade irá continuar — às vezes, não sempre — essa estratégia nos confrontos da tradição cristã precedente. Não se tratava de propor o projeto destrutivo e amplamente inviável de negar a teologia cristã, mas de encontrar em seu seio elementos adotáveis pela modernidade contra outros elementos que já não podiam ser mantidos.

1.3. As condições para o nascimento de um novo sistema simbólico moderno

Há quatro fatores, introduzidos pela modernidade, que servem para a abordagem de nosso problema. Antes de tudo, a criação de uma nova base epistemológica que tem valor universal e não se limita a uma única cultura. Em segundo lugar, uma modificação na convivência humana, representada na criação do Estado moderno, ou seja, na prática e na teoria da política. Com ela se pode ver uma mudança profunda na concepção do sagrado e de suas relações com a política. Ademais, a modernidade representa para a Europa o encontro com outras culturas a partir das grandes descobertas do fim do século V (mas igualmente a reconquista das culturas antigas) rumo a um confronto ou globalização cultural planetária. Globalização e nascimento de uma ciência das religiões comparadas são dois fatores interligados[19]. Não se trata de ideias abstratas, mas de experiências coletivas concretas: pela primeira vez, os cristãos encontram de modo intenso e contínuo outros países com outros povos, culturas e religiões. Algumas dessas são extremamente complexas e muito mais antigas que a cultura

---

19. Cf. Stroumsa, G., *A new Science. The discovery of religion in the age of reason*, Cambridge (MA), Harvard University Press, 2010.

cristã. Enfim, um quinto aspecto se vê espelhado na presença de um componente hebraico que, pela vez primeira, constitui um fator cultural autônomo que coloca em discussão sempre maior uma das bases principais do sistema simbólico cristão, fundado na cristianização da Bíblia hebraica e do judaísmo. Via de regra, esse aspecto é negligenciado, embora constitua um elemento de modificação estrutural extremamente importante.

1.3.1. A criação de uma nova base epistemológica

Creio que o sinal, talvez o principal, da distância e da descontinuidade que marca a modernidade, em relação às épocas e aos modos de conhecer e organizar a vida antiga, seja o surgimento da ciência moderna e seu método de análise científico da natureza. Emblema dessa passagem é o método científico desenvolvido e praticado por Galileu Galilei[20]. O ponto em que me concentro é a criação de uma nova base epistemológica graças ao método científico, não baseado na cultura tradicional, mas no estudo científico da natureza.

Posso concordar com aquilo que escreveu Karl Jaspers diversos anos atrás: a ciência "produziu uma profunda fratura no curso da história humana". Jaspers, porém, tinha consciência de que a ciência produz, sim, uma mudança epocal e radical que não atinge todo o conjunto da massa humana, a não ser com a produção técnica que dela deriva: "há poucas pessoas que têm plena consciência" dessa guinada epocal, "enquanto a grande maioria das pessoas continua a viver nas formas de pensamento pré-científico, embora lançando mão dos produtos da ciência"[21] (a frase que é usada na sequência por Jaspers para exemplificar os povos que ele define como "selvagens" é tão ofensiva e violenta que não posso sequer pronunciá-la e me é totalmente estranha). Também Galileu tinha consciência, no princípio do segundo decênio do século XVII, como se depreende da dedicatória que se encontra no *Diálogo dos sistemas máximos do mundo*:

> Por maior que seja a diferença que existe entre os homens e os animais, quem afirmasse que poderia ser minimamente dessemelhante entre os

---

20. PESCE, M., *L'ermeneutica biblica di Galileo e le due strade della teollogia cristiana*, Roma, Edizioni di storia e letteratura, 2005. Cf. também PESCE, M., Galileo's Letter to Christine and the cultural certainty of the Bible, in: MCCARTHY, J. P.; LUPIERI, E. F. (ed.), *Where are the heavens gone? Galileo's letter to the Grand Duchess Christina*, Eugene (OR), Wipf and Stock, 2017.

21. JASPERS, K., *La fede filosofica*, Milano, Raffaello Cortina Editore, 2005, 221.

próprios homens, talvez não falasse sem razão. Que proporção existe entre um e mil? E, no entanto, há um provérbio vulgar que diz que um único homem vale por mil, onde mil não valem por um único. Isso se deve à habilidade diversa dos intelectos, e que eu reduzo a ser ou não ser filósofo; visto que, como alimento próprio dos que podem dela se nutrir, a filosofia separa-o do ser comum do vulgo, em grau de menor ou maior dignidade, dependendo da qualidade de tal nutrimento[22].

A ciência coexiste com o sistema simbólico da sociedade difuso entre o vulgo. Aqui temos o ponto fundamental de onde nasce uma série de questões. As grandes massas e também grande parte da classe dirigente da sociedade moderna continua a utilizar uma explicação da realidade que tem sua base na representação fornecida pelo sistema simbólico tradicional forjado substancialmente pelo cristianismo na idade antiga e medieval.

São diversas as perguntas que me faço aqui. Em que medida a modernidade conseguiu produzir um sistema simbólico alternativo ao "vulgar"? Até quando permanecerá vigorando o sistema simbólico e até quando continuará a determinar os modos de viver, pensar e sentir das pessoas? Em que medida a modernidade conseguiu substituir o sistema simbólico antigo? Substituir um sistema simbólico por outro é algo bem diferente do que produzir um novo sistema simbólico. Para que um novo sistema simbólico possa substituir o precedente, requer-se necessariamente o exercício de um poder político que esteja em condições de impor a toda uma sociedade aquele novo sistema simbólico. Assim, escrevia Jaspers:

> A ciência progride metodicamente, e por seu caráter apodítico e válido universalmente obtém um consenso efetivamente unânime, é criticamente ciente de seus procedimentos e sistematicamente segura dos âmbitos que vai conquistando pouco a pouco: jamais está terminada, vive continuamente num progresso que a leva ao imprevisível. Tudo que surge no mundo se torna objeto de suas pesquisas; descobre o que jamais imaginara existir; torna nossa consciência do ente mais aguda e mais clara, fornecendo as premissas necessárias à ação prática e à produção que se efetua no mundo em vista de finalidades que não são colocadas por ela, mas que transforma em objeto de sua própria busca. A ciência é condição indispensável para a pesquisa filosófica. Mas foi precisamente da ciência que nasceu uma situação espiritual que levou hoje a filosofia a

---

22. GALILEI, G., *Dialogo sopra i due massimi sistemi del mondo*, Sosio, L. (ed.), Torino, Einaudi, 1979, 3-5.

exigências de clareza e de dificuldades completamente desconhecidas em épocas precedentes[23].

É precisamente aqui que são lançadas luzes sobre a diversidade sistêmica da modernidade. A base do sistema simbólico não é tradicional. Ou melhor, não nasce como, e não consiste em, um momento dialético com relação aos saberes tradicionais, mas como ato fundador baseado em procedimentos analíticos de porções da natureza mensurável e analisável com instrumentos científicos (e não com os puros sentidos). Estamos diante de uma criação cognitiva, seja em seu objeto, seja em seu método de análise, em condições de construir todo um edifício cultural, sem tomar como base os dados tradicionais. O copernicanismo propunha à teologia cristã (e não sempre apenas à teologia católica) uma série muito ampla de questões que têm, no mínimo, três aspectos diversos: a) qual é a natureza da verdade da Bíblia e da revelação cristã; b) qual é a ligação do credo cristão com a astronomia antiga; c) qual é a relação entre cristianismo e cultura.

No final do século XVI, como já se deu ademais muito tempo antes, a adesão à visão ptolomaica do universo significava igualmente a adesão a uma visão cosmológica na qual todas as concepções bíblico-cristãs haviam sido inseridas de forma coerente. Essa visão cosmológica não era primariamente apenas uma teoria científica, mas uma visão sacra e coerente do cosmo, na qual o cristianismo se manifestava organicamente, assumindo, assim, a função de ser uma visão completa do universo. Dessa síntese global, que enquadra os temas existenciais, históricos e cristãos do homem no bojo de um cosmo que levava do inferno ao paraíso, Dante representava uma expressão poética sublime que logo se tornava objeto de reflexão e de comentário. *A divina comédia* é uma das representações mais influentes do sistema simbólico cristão antigo.

Assim, o copernicanismo teve um impacto em concepções profundamente radicadas não primordialmente no cristianismo, mas no próprio mundo antigo. Desde sua origem, o cristianismo se apropriara daquelas concepções. A ciência moderna tem, assim, uma consequência secundária enorme. Ela evidencia que o cristianismo pertence a uma cultura antiga bem mais do que se tinha ciência: é um fenômeno do mundo antigo. A ciência moderna ajuda a construir visões da história humana com outras periodizações, incluindo nela fenômenos como o cristianismo, que de

---

23. Jaspers, *La fede filosofica*, op. cit., 222.

outro modo pareceriam representar guinadas culturais que na verdade não as representam.

O fundamental é que na Idade Moderna são criadas instituições de pesquisa autônomas com relação às faculdades teológicas, sobretudo as academias, mais que as universidades, nas quais a influência eclesiástica continuou a ser muito forte. Basta pensar, entre os diversos exemplos possíveis, à Royal Society ou à Academia dos Linces, ambas criadas no século XVII. O que não significa que nessas academias não se fizessem presentes também teólogos e perspectivas confessionais e apologéticas[24]. Mas o fato de que, desde sua origem, o cristianismo tenha se apropriado de concepções antigas que foram inutilizadas pela modernidade teve consequências também para a sobrevivência daquelas concepções antigas. Até que o cristianismo se manteve ligado a uma concepção pré-científica, essa visão pré-científica continua a ser transmitida à sociedade. E do mesmo modo que na modernidade as instituições cristãs continuam sendo fortes, capilares e potentes, mesmo na perspectiva política, eis que a visão pré-científica do mundo continua por todos os séculos da modernidade, permeando todos os aspectos da vida individual e coletiva. E isso continuará até quando houver instituições científicas, mas também instituições eclesiásticas, e até que continuem a coexistir práticas de pesquisa científica sobre a natureza com práticas de exegese dos textos bíblicos.

Justo por isso, pergunto se a história da ciência moderna e de seus contrastes com a teologia — recolocada inúmeras vezes desde o nascimento do copernicanismo até o evolucionismo — não poderia ser repensada também como história da construção progressiva de elementos de um sistema simbólico novo por parte da modernidade. Penso, sobretudo, na história da terra, que elabora uma imagem da extensão temporal extremamente mais ampla do que a da Bíblia, que permite reconstruir apenas os cerca de 6 mil anos de história. Penso, em seguida, na imagem do corpo humano, produzida pela nova anatomia e a teoria da circulação do sangue. Que sempre constituem uma crítica mais ou menos direta ao sistema simbólico cristão.

Pergunto-me se uma das primeiras produções poderosas de representações simbólicas globais da modernidade não seria a imagem do cosmo,

---

24. Trata-se de um processo muito longo. Basta pensar que só nos anos de 1960 vamos ter departamento de estudos religiosos distintos das faculdades teológicas, tanto nos Estados Unidos quanto na Europa.

produzida pelo copernicanismo. Mas até que essa representação simbólica se tornasse em patrimônio comum a muitos, passaram-se séculos de batalhas contínuas para tentar impedir sua difusão.

1.3.2. Uma mutação na organização do viver associado. O nascimento do Estado moderno e a declaração dos direitos humanos

O segundo elemento criativo de um novo sistema simbólico moderno é o de ordem política. Também nesse caso devemos ter em conta que o processo de transformação implicava não somente percursos criativos complexos, mas também de destruição e substituição dos precedentes e, assim, de exercício e poder político. É essencial tomar consciência do fato de que sem a eliminação ou pelo menos uma limitação e neutralização do poder político das Igrejas não teria sido possível difundir um novo sistema simbólico no conjunto da sociedade.

A questão do sacro e do espaço político de Édipo e John Locke

A cena inicial de *Édipo Rei*, de Sófocles, mostra a praça defronte ao palácio real de Édipo. Uma multidão de pessoas, com ramos envoltos em pano de lã, se lamenta. Quando Édipo aparece na sacada do palácio, pede: "Por que, vindo à soleira de meu palácio, estende os ramos suplicantes? Toda a cidade está cheia de incensos, de louvores e de prantos". O sacerdote lhe explica que "destruídos os frutos da terra [...]: destruídos os bois dos rebanhos, e os partos das mulheres, que não conseguem mais dar à luz: e o deus que o fogo vibra, a peste maligna, paira sobre Tebas". No desdobrar-se da tragédia, o oráculo irá explicar que a carestia e o cessar da fertilidade da terra, dos animais e das mulheres se deve a uma culpa muito grave do rei. O esquema cultural que sustenta a tragédia é bem claro. No rei existe uma força sacra e divina que lhe permite assegurar ao seu território a fertilidade da terra, dos animais e das mulheres, o bem-estar e a salvação do povo. Se o rei não cumpre bem sua incumbência, essa força sagrada lhe é tirada e seu território e seu povo se precipitam na carestia e na destruição.

Quando nos voltamos para a Bíblia hebraica, vamos encontrar a mesma concepção cultural. No livro do Gênesis, alguns textos (Gn 12,1-3; 12,5-7; 13,14-18; 15,18-19; 17,1-6) associam a obediência e o culto a Deus com o tomar de um território e com o domínio sobre povos que o habitam. Menciono apenas duas passagens. A primeira é Gênesis 15,18[25], em que Abraão recebe a promessa de um imenso território desde o Nilo até o Eufrates. A segunda é Gênesis 17,8 (cf. também 12,6-7), em que a terra prometida é apenas a terra de Canaã[26]. Nessas duas passagens, a divindade promete a uma determinada pessoa ou a um líder a posse de uma terra, de um território. O pressuposto cultural desses textos parece ser que não existe um território sem um proprietário e que não poderia haver posse de um território sem proteção divina.

Muito tempo depois da redação do livro do Gênesis, essa concepção foi elaborada de forma ritual na execução da oração do *Shemà Israel*. Ali, a posse da terra, ou, então, ao contrário, o ser dela exilado é a consequência da obediência e do culto ao único e verdadeiro Deus (ou, ao contrário, da desobediência às suas leis), como se pode ler numa passagem do Deuteronômio:

> E se escutares verdadeiramente meus mandamentos que hoje vos dou, amando o Senhor, vosso Deus, e servindo-o com todo o vosso coração, com todo o vosso ser, a seu tempo darei a chuva de que vossa terra precisa, a chuva do outono e a da primavera. Colherás teu trigo, teu vinho novo e teu azeite; darei erva a teus animais nos pastos, e tu comerás à saciedade. Guardai-vos de vos deixar seduzir em vosso coração, de vos desviardes, de servir aos outros deuses e de vos prosternar diante deles, pois então a cólera do Senhor se inflamaria contra vós; ele fecharia o céu e não haveria mais chuva, a terra não daria mais os seus produtos, e vós desapareceríeis rapidamente da boa terra que o Senhor vos dá (Dt 11,13-17).

A relação entre os seres humanos e a divindade é concebida como um *do ut des*. A exigência humana primária é a possibilidade de ocupar um território para poder alimentar as pessoas e os animais. A posse e a fertilidade do território são asseguradas por uma "bênção" divina "berakhah" (Gn 12,2-3), ou seja, pela transmissão de um poder divino ou de uma força sobrenatural a um líder particular numa terra particular. O poder sobrenatural é dado pela divindade apenas ao líder do povo, não a pessoas individuais. Nesse sentido, um deus, um soberano e um território

---

25. "Naquele dia, o Senhor fez uma aliança com Abraão dizendo: 'aos teus descendentes eu dou essa terra desde o rio do Egito até o grande rio, o rio Eufrates'."

26. Os dois tipos de extensão territorial poderiam corresponder a duas fases históricas na redação do livro do Gênesis (Gn 17,8 e 12,6-7).

constituem uma espécie de unidade sistêmica. A posse e a fertilidade de uma terra estão em perigo quando o soberano não se mantém fiel aos deveres e à moralidade tradicional. O poder do soberano é um poder de tipo sagrado. A divindade ou a força sagrada sobrenatural é concedida a um povo e ao seu território só diante do soberano, investido da força sagrada. Não se dá poder político sem a incorporação do sagrado no soberano, o qual comunica a força sagrada ao seu povo em seu hábitat, no território que possui. O poder do sagrado não está separado do poder político e o poder político não pode ser separado da fertilidade e da salvação da população em uma terra específica. Também o culto à divindade (o que hoje chamamos de religião com um termo contemporâneo) não pode ser separado de uma dimensão territorial específica. Qualquer um dos três elementos desse sistema (um deus, um soberano e um território) está coligado aos dois outros. O sagrado, com um soberano que detém o poder político e com a terra na qual vive o povo sobre a qual ele exerce seu domínio. O soberano, por seu turno, não pode ser separado do poder sagrado nele incorporado, nem da fertilidade de sua terra e de seu povo. A terra não pode ser separada do povo que a habita e da força sagrada a ela comunicada pelo soberano. E também a força do sagrado não age independentemente da figura do soberano e de seu manifestar-se como força vivificante a um povo que habita o próprio território.

Minha hipótese é que foi só no século XVII que começou a se desfazer essa relação sistêmica entre sagrado, poder do soberano e território. Assim, a verdadeira detentora do sagrado na terra, que na concepção cristã é a Igreja, tende a ser reduzida a uma associação voluntária privada de poder político e de domínio territorial. O poder do soberano é desvinculado da sacralização que lhe conferia a Igreja. A fertilidade da terra e do povo é desvinculada do poder do soberano e do poder eclesiástico. A *Carta sobre a tolerância*, de John Locke, elabora uma teoria da natureza das Igrejas em que essas não passam de associações livres, dentro do Estado, sem necessidade de um domínio temporal. Deus já não se mostra como uma força sagrada que exercita um domínio territorial na terra confiado a um soberano e a um povo ou a uma Igreja, que o representem no mundo. Essa mudança na concepção da relação do povo com Deus implica a eliminação da dimensão de um domínio territorial da Igreja e do sagrado e será objeto de longo debate que se inicia no século XVI e vai até o século XVIII. Mas sobre esse tema discutiremos a seguir.

As declarações dos direitos humanos como resumo simbólico da modernidade

Se a imagem mais sumária da nova visão científica moderna do mundo é a refiguração copernicana do cosmo, em nível político os símbolos sistêmicos mais representativos são as declarações dos direitos humanos. Vou tomar como exemplo a declaração de 28 de setembro de 1776, proclamada na Pensilvânia, da qual apresento aqui os dois primeiros princípios:

> I. Todos os homens nasceram igualmente livres e independentes, e detêm certos direitos naturais, inatos e inalienáveis, entre os quais estão o gozo e a defesa da vida e da liberdade, a aquisição, a posse e a proteção da propriedade, buscar e alcançar felicidade e segurança.
>
> II. Todos os homens têm um direito natural e inalienável de venerar a Deus Onipotente de acordo com os ditames de sua própria consciência e religião. Nenhum ser humano deverá ou poderá ser forçado por lei a participar de qualquer culto e a erigir e sustentar um edifício de culto ou manter um ministro contra sua vontade livre e seu consenso. Tampouco pode um homem, que afirma a existência de um Deus, ser por lei provado ou excluído de qualquer direito civil como cidadão, por causa de seus sentimentos religiosos ou por causa do modo específico de sua religião. Nenhuma autoridade pode ou deve ser conferida ou recebida por qualquer poder para interferir ou de algum modo controlar o direito de consciência no livre exercício do culto.

Quase se pode afirmar que o poder, hoje em dia, tende a estar mais no indivíduo particular do que no soberano. Por natureza e por nascimento, a força divina é concedida por Deus a toda e qualquer pessoa, independentemente de sexo, censo, religião ou etnia. É claro que, do ponto de vista político, a modernidade mostra ser plural. Caracteriza já na metade do século XVI pela dilaceração da unidade do império cristão e, também, pela divisão política e territorial entre catolicismo e Reforma. Mas se podemos falar de modernidade "plural", do ponto de vista político isso não se dá por causa de outros fatores, os quais afetam transversalmente os Estados e as Igrejas.

1.3.3. O encontro com outras culturas

O encontro com outras culturas, que já se dera por diversas vezes na Europa medieval, a partir do século XV, vai se transformar em um fenômeno qualitativa e quantitativamente diferente, imponente e novo.

Novamente não nos interessa aqui os aspectos teórico e filosófico do contato com outras culturas, mas as mudanças globais, sociais e culturais de longo prazo nele implicados. Os diversos cristianismos (tanto o católico quanto o da Reforma) foram obrigados a tomar ciência, pela primeira vez de maneira intensa e contínua, da existência de civilizações antiquíssimas que se desenvolveram na América e na Ásia sem qualquer influxo direto do cristianismo. A conquista colonial — comercial, econômica e política — das Américas, da Ásia e da África caminhou a par de uma tentativa de conquista missionária, de conversão ao cristianismo de populações pertencentes a culturas muito distintas, e assim também a uma tentativa sistemática de introdução do sistema simbólico cristão, substituindo aquele sistema das diversas populações convertidas.

É sabido também que a expansão missionária (que acompanhava a expansão comercial e política, ou que a precedia, lhe era paralela ou independente) deu lugar aos primeiros grandes intentos de compreensão etnográfica das culturas não europeias. Nos séculos XVI, XVII e XVIII, os missionários — não só os jesuítas — estudaram sistematicamente as línguas, as culturas e os sistemas religiosos das populações a que se dedicavam. Pode-se discutir amplamente se os estudos linguísticos e etnográficos dos missionários cristãos são verdadeiramente os primeiros frutos das ciências antropológicas modernas e das religiões[27]. Em todo caso, fica registrado que constituem o primeiro empenho para conhecimento europeu daquelas culturas. Foi só mais tarde, porém, que nasceram a antropologia cultural e a ciência das religiões, quando se percebeu a diferença da autonomia das culturas e religiões estudadas e quando a religião cristã foi submetida aos mesmos métodos de análise, sem o pressuposto de uma superioridade cristã e abandonando uma visão evolucionístico-teleológica da história das religiões e das culturas que culminariam no cristianismo. Aqui é a novidade representada por essas duas ciências modernas, quando surgiram no século XIX: as culturas e religiões das Américas, da África e da Ásia, diferentes do cristianismo, eram vistas como independentes e autônomas, como sistemas culturais irredutíveis entre si. Começou a desmoronar a ideia de uma derivação unitária de todas as religiões e culturas de uma única vertente, como continuava a crer, por seu lado, a teologia cristã baseada nos dois primeiros capítulos do livro bíblico do Gênesis ou nas visões teológicas pelas quais uma revelação divina primordial teria sido concedida em

---

27. Cf. o já citado livro de Stroumsa (cf. acima, nota 19) que avalia como positiva a contribuição dos missionários cristãos para a formação de uma futura ciência das religiões.

tempos remotos a diversos povos, fazendo-os convergir posteriormente à plenitude da verdade do cristianismo. A ideia de um desdobramento unitário era substituída paulatinamente por um novo paradigma, de uma multiplicidade de nascimentos e evoluções ou desdobramentos independentes, sem subordinações hierárquicas. Uma nova visão global do gênero humano, de suas culturas e de suas religiões nascia de modo independente do cristianismo e por mérito da pesquisa etnológica e religiosa.

1.3.4. Uma presença hebraica como fator relevante na cultura europeia

Já ao final do século XVI, um exemplo da fundamental presença hebraica moderna é Isaac de Troki, um judeu caraíta, autor do *Rafforzamento dela fede* (1593)[28]. Com base exegética, a obra refuta a interpretação cristã, cristológica da Bíblia hebraica (que os cristãos chamam de Antigo Testamento). Depois, na segunda parte, mostra como as interpretações fornecidas pelo Novo Testamento de passagens da Bíblia hebraica são equivocadas. Isaac defende que Jesus não queria fundar uma nova lei, mas ater-se àquela de Moisés. Em suma, esse judeu caraíta quer restituir aos judeus o próprio texto sagrado, mostrando a falta de plausibilidade da interpretação cristã. Essa interpretação cristã, dando aos textos um sentido alegórico e cristológico, subtraía de fato a Bíblia aos judeus, retirando-lhe sua base legitimadora e tomando-a para si. Aqui não se trata simplesmente de uma operação exegética, mas uma operação que tem um significado e um objetivo cultural em sentido amplo. Busca legitimar a presença hebraica e restituir aos judeus sua identidade e seu texto sagrado. Tende a redefinir também a identidade cristã atribuindo-lhe apenas uma função "regional" e não universal na Europa. A própria figura de Jesus não legitima o atual quadro cristão. O desafio é radical: exige da parte cristã uma redefinição do próprio fundamento, uma recompreensão a partir de bases históricas e filológicas, tanto do texto fundamental da Bíblia cristã (Antigo e Novo Testamento) quanto da própria figura de Jesus e da relação das Igrejas com essa figura. Na realidade, as Igrejas cristãs e suas teologias não conseguirão fazer essa redefinição a não ser depois da Shoah, e só parcial-

---

28. TROKI, I. BEM ABRAHAM, *Faith strengthened*, introduction by T. Weiss-Rosmarin, translated by M. Mocatta, New York, Ktav, 1970. Cf. então BENFATTO, M., *Gesù nella letteratura polemica ebraica anticristiana. Studi sul Sefer Hizzuq Emunah di Yiṣḥaq ben Avraham troqi*, Tese de doutoramento, Universidade de Bologna, 2018.

mente[29]. No século XVII seria um equívoco pensar apenas em Baruch de Espinosa. Como escreveu Gianni Paganini,

> Sua história bastante peculiar ameaça obscurecer a contribuição de personalidades menos importantes do ponto de vista filosófico e, no entanto, muito relevantes para a circulação clandestina das ideias no espectro que vai dos anos de 1680 até 1750 e que foi eficazmente descrito por Jonathan Israel como *Radical Enlightenment*[30].

Entre esses, vamos encontrar também Isaac Orobio com suas *Prevenciones divinas contra la vana idolatría de las gentes*, de 1670, ou a *Philosophia libera*, de Isaac Cardoso, de 1673[31]. A obra de Orobio é importante porque apresenta uma visão confessional hebraica das origens cristãs. É claro que a obra é bastante polêmica, mas testifica como a pluralidade das interpretações da base do sistema simbólico europeu se lança num conflito de posicionamentos entre os quais entra em cena uma nova presença importante. Pelo menos a partir do século XVI a hebraicidade de Jesus irá se transformar num dos pontos de referência para reconstruir sua figura histórica. Mas o ponto decisivo é outro. Pela primeira vez, apesar da grande dificuldade e começando através de uma comunicação bem clandestina, os judeus começavam a alcançar um lugar autônomo próprio na cultura europeia. Para que esse processo se realize, será necessário esperar a fundação do Estado de Israel no ano de 1948 (reconhecido, porém, pela Igreja católica apenas no ano de 1993) e os anos de 1960, quando começam a surgir instituições acadêmicas não confessionais nas quais docentes judeus estão na mesma altura dos docentes de outras instituições. Na situação que está se delineando na Idade Moderna, os judeus podem repropor aos cristãos o dado realmente inicial da história cristã, ou seja, que o cristianismo não é o *Verus Israel*, porque esse é representado apenas pelos judeus. A Bíblia hebraica é um fato hebraico e não cristão, Jesus é

---

29. E também hoje certos setores da teologia voltam a defender a teoria da unidade dos dois testamentos e a interpretação cristológica da Bíblia hebraica, pretendendo negar o nome de Bíblia hebraica ao cristianizar o texto base da religião hebraica com o nome de *Antigo Testamento*. Sobre isso, cf. o capítulo 2.

30. PAGANINI, G., Orobio e i suoi lettori dall'ebraismo all'illuminismo, in: OROBIO DE CASTRO, I., *Prevenciones divinas contra la vana idolatría de las gentes*, vol. I, SILVERA, M. (ed.), Olschki, Firenze, 2013, VIII. Cf. também ISRAEL, J., *A revolution of the mind. Radical enlightenment and the intellectual origins of modern democracy*, Princeton (NJ), Princeton University Press, 2010.

31. YERUSHALMI, Y. H., *Dalla corte al thetto. La vita, le opera, le peregrinazzioni del marrano Cardoso nell'Europa del seicento*, Milano Garzanti, 1991.

um judeu e não um cristão. Mas isso se torna possível apenas por um fato político, porque vão surgindo instituições estatais baseadas em um dos pilares sistêmicos da modernidade: as declarações dos direitos naturais dos indivíduos, instituições estatais que permitem aos judeus a expressão livre. Agora se revela a natureza essencialmente política do sistema simbólico cristão antigo, baseado na expropriação política e cultural dos fundamentos da existência dos judeus como povo. A teologia cristã, que deverá viver uma nova situação epistemológica, política e cultural, dificilmente conseguirá compreender essa mudança radical que teria sido obrigada a compreender, de não poder mais basear-se na expropriação política e cultural do povo hebraico. O antigo sistema teológico cristão (e o conjunto simbólico formado sobre ele), em sua natureza de ser a expressão do enquadramento do império romano cristão antigo e do regime antigo, mostra ser mais que expressão do envolvimento de Jesus com seu ambiente judaico no contexto helenístico-romano.

1.4. A modernidade como dualidade, oposição dialética e erosão do sistema simbólico cristão

Em seu surgimento, a modernidade encontrava-se diante de sociedades cristãs, na Europa, cuja organização urbanística girava ao sabor de símbolos da religião cristã. Na estrutura urbana, a centralidade física da igreja catedral e a disposição espacial das igrejas principais, e dos edifícios onde se exerce o poder, exprimiam urbanisticamente uma organização hierárquica da sociedade, em que a religião sancionava simbolicamente todos os aspectos do viver. Os ritmos do tempo de cada dia, semana, mês, estação e ano eram determinados por uma organização cultural complexa, tendo na religião cristã sua representação simbólica. A representação do cosmo tinha uma estrutura físico-sacral que abraçava todo o universo, desde a profundidade do inferno até as alturas do paraíso. A estrutura do cosmo, fundamentalmente ptolomaica, estava de tal modo fundida com a representação sagrada que quase não se poderia distingui-la. Cultura e cristianismo estavam profundamente intrincados de modo a quase serem indistinguíveis. Nos longos séculos precedentes, o cristianismo, ou melhor os cristãos, e sua organização eclesiástica, como vimos, conseguiram construir um sistema simbólico que determinava a vida de toda a sociedade.

Como espero demonstrar a seguir, a modernidade se instaura como erosão progressiva e sistemática desse sistema simbólico cristão que dominava a sociedade. Na Idade Moderna, todavia, são os próprios cristãos que praticam e promovem a ciência, e as instituições acadêmicas científicas autônomas, embora não fazendo parte de faculdades de teologia, não se pautam fora da visão cristã. Os pesquisadores que criam o novo método científico e descobrem inúmeras leis da natureza oscilam na continuação de uma visão religiosa e uma visão científica do mundo, de modo que fica difícil distinguir entre as duas em suas abordagens, como se dá no caso de Galileu Galilei, de Johannes Kepler ou de Isaac Newton. Em geral são instituições científicas declaradamente confessionais que promovem a ciência, como no caso dos jesuítas nos séculos XVI e XVII. Apesar disso, fica evidente e certo que o desenvolvimento das novas ciências provocava uma crítica radical dos saberes tradicionais e da visão religiosa do mundo. Uma prova indubitável é que a nova astronomia produzia uma nova cosmologia (colocando em crise a cosmologia tradicional e o cosmo sagrado cristão medieval, essencialmente aristotélico e ptolomaico. E a ciência da terra e a descoberta da evolução produziam uma nova visão da história universal). E é igualmente certo que a descoberta da circulação do sangue produzia uma visão da fisiologia do corpo humano que colocava em crise a concepção tradicional da distinção entre corpo e alma[32].

A dualidade dessas abordagens se verifica não apenas no plano epistemológico e científico, mas também nos planos político e iconográfico-artístico. A razão desse dualismo e dessa dialética incessante entre modernidade e antigo sistema simbólico, como já foi dito, encontra-se no fato de que foram os próprios cristãos que elaboraram uma nova prática e teoria política e novas práticas e teorias científicas. Mas reside também no fato de que as instituições cristãs (desde as paróquias às dioceses até as múltiplas formas institucionais cristãs) continuam a existir, a determinar e motivar profundamente os comportamentos, as formas de vida social, o modo de pensar e de sentir das pessoas. Em outras palavras, a modernidade criou um sistema simbólico novo, mas não teve à disposição o poder político suficiente para destruir e substituir o anterior e assim teve de criar uma dialética contínua e incessante entre sistema simbólico antigo e novo. Mas a modernidade jamais conseguirá eliminar o poder político das Igrejas. A própria multiplicação na Idade Moderna dos modelos teóricos das relações entre poder político e poder eclesiástico (de Roberto Bellarmino a Ugo Grozio, a Thomas Hobbes, e muitos outros) e de diversas soluções concretas nos diversos territórios europeus indicam que a modernidade

---

32. Cf. Rossi, P., *I segni del tempo. Storia della Terra e storia delle nazioni da Hooke a Vico*, Milano, Feltrinelli, 1979.

vive continuadamente numa espécie de dualidade dialética que agora, de algum modo, vou procurar esclarecer.

1.4.1. A luta pela interpretação da Bíblia, base do sistema simbólico antigo

A natureza escatológica do conceito de reino de Deus que é próprio de Jesus e a negação do poder político da Igreja são os dois temas principais em torno dos quais se desdobra a discussão político-teológica sobre a Bíblia. Os capítulos fundamentais dessa discussão são, por exemplo, o *Leviatã*, de Thomas Hobbes, e os escritos de John Toland e Thomas Chubb[33]. A razão por que é necessária uma interpretação da Bíblia para a construção de uma doutrina do Estado é mostrada no *Leviatã* de Hobbes. Nesse livro, as duas primeiras partes são um tratado de filosofia e de filosofia política, em que a autoridade do Estado se funda em bases racionais e humanas. E isso já bastaria. Mas a obra continua na terceira e quarta partes com uma análise acurada da Bíblia e da Igreja, em que se defende que a Bíblia — que é a palavra revelada de Deus — pode se transformar em lei apenas através da autoridade do soberano porque a Igreja não possui nenhum poder político, e o reino de Deus é somente escatológico. Deus irá reinar apenas no final dos tempos. A Igreja não se identifica com o reino de Deus e deve seguir o exemplo de Jesus que não se manifestou como rei, mas como conselheiro, exortador, consolador. É só no final que o Cristo terá com Deus uma função régia. Assim, a dualidade entre poder eclesiástico e poder político estaria eliminada, segundo Hobbes. Deveria existir um único poder, o do soberano que se exerce também sobre a religião. Mas o poder do soberano não é sagrado e não depende da Igreja.

Vamos encontrar a mesma dialética também em John Locke, mas com base em outra perspectiva. Que sentido teria, do contrário, o fato de que além dos tratados filosóficos e políticos, Locke tenha escrito também a *Racionabilidade do cristianismo* (uma obra de teologia e de análise histórica dos textos neotestamentários), tendo-se dedicado a uma exegese filológico-histórica paciente e sistemática, frase por frase, das cartas de Paulo? A razão se encontra no fato de que uma pura teorização política e

---

33. Pesce, M., Per una ricerca storica su Gesù nei secoli XVI-XVIII. Prima di Hermann S. Reimarus, in: *Annali di storia dell'exegesi*, 28,1 (2011) 433-464; Id., The beginning of the historical research on Jesus in modern age, in: Hodge et al. (ed.), *The one who sows bountifully*, op. cit., 77-88.

filosófica não é suficiente; é preciso demonstrar também que a interpretação eclesiástica da Bíblia está equivocada, porque nela se baseia o sistema simbólico antigo-cristão, que concede poder político às Igrejas. Parece-me que também a interpretação que a modernidade deu à figura de Jesus acaba confirmando essa linha de leitura. A pergunta que faço é se uma das vias trilhadas pela modernidade para derrubar o sistema simbólico cristão antigo — que não podia ser eliminado e com o qual se deveria haver dia após dia — não fosse a de reinterpretar radicalmente uma das suas bases centrais — a figura de Jesus — para demonstrar que a interpretação eclesiástica estava na realidade privada de legitimidade na medida em que se baseava numa interpretação distorcida da sua autêntica figura. A recuperação da figura de Jesus poderia servir para ilustrar o desvio político da Igreja sucessiva. Os instrumentos de análise eram a filologia, o método histórico, mas também o confronto cultural e histórico das religiões, que permitiam a recuperação da fisionomia hebraica de Jesus.

Assim, na Idade Moderna, a figura de Jesus se vê focada num enredo de diversos fatores (o humanismo, com a recuperação dos textos bíblicos originais e a produção de uma historiografia autônoma, a Reforma Protestante, com o princípio de descontinuidade entre palavra de Deus e Igreja; o surgimento de pesquisadores judeus que se reapropriam da figura de Jesus). Muito importante é a redefinição da pessoa e do ensino de Jesus no *Leviatã* de Hobbes e no *Tratado teológico-político* de Espinosa, mas o tema é retomado num sentido diferente nas críticas ao poder da Igreja e na recuperação da função não política de Jesus nas reflexões inglesas como em Locke, Toland e Chubb. Assim, nos séculos XVI e XVII, alcançamos também visões certamente críticas do cristianismo e do próprio Jesus, como vem testificado no *Tratado dos três impostores*[34], e na *História crítica*, de Paul-Henri Thiry, barão de Holbach[35]. Mas considerar essas reinterpretações da figura de Jesus como o efeito de uma oposição "muro contra muro"[36] da modernidade e do cristianismo, acerca dos fenômenos

---

34. Sobre *Trattato dei tre impostori* e sua possível datação entre os séculos XVI e XVII, cf. capítulo 7, nota 53.

35. D'Holbach, P. H. T. baron, *Histoire critique de Jésus Christi ou analyse raisonnée des Evangiles*, Hunwick, A. (ed.) Genève, Droz, 1997; Id., *Oeuvres philosophiques completes. Essai sur les préjugés. Système de la nature*, Paris, Éditions Alive, 1999, t. II (*L'histoire critique* se encontra nas páginas 644-815).

36. Filoramo, *La croce e il potere*, op. cit., 369: "Deu-se assim um processo à primeira vista singular, mas que é explicável se o confronto entre Igreja e modernidade for interpre-

religiosos, seria um grave equívoco. Todas as reconsiderações da pessoa de Jesus que surgem com motivações de caráter mais ou menos político não resultam na negação da Igreja nem na negação da importância da figura de Jesus. Também Hobbes não nega a Igreja, mas pretende que ela, não podendo ser o reino de Deus sobre a terra, se limite a imitar a função absolutamente não política de Jesus, de conselho, de ensinamento, de consolação. São apenas alguns posicionamentos extremos que resultam numa crítica demolidora das Igrejas e do próprio Jesus; trata-se, porém, de posicionamentos bastante isolados, embora sintomáticos, de um clima que vai se instaurando. Nenhuma das posições de revisão da figura de Jesus que elenquei rapidamente encontra uma oposição permanente da parte de outros estudiosos, e seria um absurdo elidir da história aqueles que criticaram Hobbes e Espinosa ou os adversários eclesiásticos de Locke, Toland e Chubb. Em oposição à interpretação de Jesus de César Barônio a Blaise Pascal, de Jacques-Bénigne Bossuet a Agostinho Calmet, temos a interpretação de Jesus protestante e católica. A modernidade parece ser, portanto, um conflito de interpretações da pessoa de Jesus e quase ninguém se atreve a eliminá-lo de um posicionamento fundamental no universo simbólico das sociedades modernas. A modernidade, a partir dessa perspectiva, não produz uma substituição do sistema simbólico cristão, mas elabora parcialmente um sistema próprio, que está em constante conflito com o modelo simbólico tradicional cristão.

1.4.2. A manutenção de uma iconografia que necessita de confronto e polêmica com o universo simbólico cristão

Vou abordar três casos bastante distanciados entre si em áreas geográficas e temporais: *João Batista Jovem*, de Caravaggio; *Ia Orana Maria*, de Paul Gauguin; e *Barge*, de Robert Rauschenberg.

A pintura de Caravaggio é um exemplo extraordinário da profunda interconexão entre modernidade e sistema simbólico cristão antigo. Esse artista debruçou-se diversas vezes sobre a figura de João Batista quando jovem. A infância do batista nos é relatada, de modo extremamente sintético, apenas no evangelho de Lucas, em que se afirma: "Quanto ao menino, ele crescia e o seu espírito se fortalecia; e esteve nos desertos até o dia da sua manifestação a Israel" (Lc 1,80). Lucas não especifica a partir de quando

---

tado como uma relação complexa de inter-relações recíprocas e não como um conflito sem possibilidade de diálogo".

João começou a levar uma vida "em regiões desertas" ("en tais eremois"), de modo que se poderia pensar que tivesse iniciado uma vida nesse estilo estranho desde criança. A palavra *eremos* é vaga, e pode indicar zonas desabitadas, selvagens e, portanto, difíceis. Uma iconografia corrente o apresentava como jovem pastor. O evangelho de Marcos escrevera sobre suas vestes: "João vestia-se de pelo de camelo, com um cinto de couro à volta dos rins" (Mc 1,6). Isso induzia a iconografia a ilustrar um corpo nu recoberto de uma pele de animal. Em uma de suas pinturas, *João Batista Jovem* (de 1602)[37], Caravaggio respeita plenamente a ideia de um jovem menino em lugares desertos e pastoris, acentuando enormemente a nudez, transformando-o num efebo sedutor e embaraçoso que exala cumplicidade e erotismo. O naturalismo explode na iconografia cristã, sem alterá-la e sem contestá-la, como que a ressignificar, porém, o sentido global da figura do Batista. Caravaggio acena, induz a pensar, mas não declara. A transformação e, portanto, o duplo registro cristão e naturalista eversivo coexistem numa ambiguidade profunda e inextrincável. Mas o texto sagrado é interpretado por um artista nutrido por uma sensibilidade profana que atinge o novo conceito de natureza renascentista e às evocações da iconografia antiga, com sua religiosidade dionisíaca e pânica. Ressurge a antiguidade, o confronto com as religiões antigas se impõe, e a figura do batista parece projetada sobre um outro fundo histórico-religioso, enquanto o conceito de natureza oferece a chave hermenêutica que lhe serve de fundo.

O efeito de ruptura do confronto de culturas e de religiões vai explodir na cultura ocidental no final do século XIX. Paul Gauguin é um exemplo claro disso. Entre os três manuscritos de Gauguin que perfazem o espectro de aproximadamente dez anos, de 1892 a 1901, *Ancien Culte Mahorie* (1892-1893), no qual descreve a descoberta da religião maori, *Noa Noa Voyage de Tehiti* (1901), e *Diverses choses* (1894-1901), a religião maori é tomada como fonte de inspiração e de renovação. Torna-se o valor positivo, enquanto a religião cristã é vista como um conjunto de valores negativos. Os símbolos tradicionais cristãos são invertidos e os símbolos maori substituem polemicamente os cristãos. Isso não acontecera de modo tão claro e sistemático na Idade Moderna por causa da função também institucional do cristianismo. Até a divisão do mundo entre missão católica e missão protestante carregava consigo também o sentido da superioridade cultural ocidental; isso não poderia ocorrer. Mas a novidade do final

---

37. Óleo sobre tela, conhecido em duas versões, uma nos Museus Capitolinos e a outra no Museu Doria Panphilj de Roma.

do século XIX está precisamente no desenvolvimento da história das religiões comparadas e da antropologia, como sinal, no começo tímido, de um igualmente tímido sentimento de revalorização de outras culturas e de seus valores. Basta pensarmos na célebre *la Orana Maria*, de 1891[38], em que a simbologia cristã não só é ressignificada, mas de certo modo alterada para revertê-la, substituindo-a por alguma outra coisa, a religião maori, a qual não é a manifestação da única e múltipla revelação do Deus bíblico em todas as culturas da humanidade, como procuravam teorizar os jesuítas do século XVII, para levar à unidade, sob a revelação bíblica, a multiplicidade das culturas e das religiões. Aqui, a religião maori é algo diferente que confronta a religião cristã e a crítica. Então, deve-se revisitá-la e substituir sua iconografia. A criação, Eva, Cristo, a crucificação, Maria são os símbolos dessa reformulação da escrita polêmica da iconografia cristã, que se radica no desejo de uma nova visão do mundo, de uma nova visão da mulher e da sexualidade, de uma nova visão do sagrado e da natureza. Mas nesse modo polêmico e substitutivo se vê igualmente como a autonomização do universo simbólico cristão é extremamente difícil. E é por isso sintomático desse dualismo insolúvel que o quadro de Pierre Girieud, de 1906, *Hommage à Gauguin*, represente o artista como Cristo à mesa com seus discípulos (os pintores da época, segundo o modelo iconográfico da última ceia). Gauguin é o novo Cristo. Através da criação de um novo universo simbólico parece necessário destruir e/ou ressignificar a antiga iconografia e o antigo cenário simbólico.

Essa dificuldade de abandonar a polêmica iconográfica parece resistir até os dias atuais. Basta pensar na grandiosa representação de *Barge*, do artista Rauschenberg, de 1966[39]. No centro, aparece a imagem de uma pequena nave espacial que repete, porém, a iconografia da crucifixão. A composição parece representar os elementos dificilmente componíveis da megalópole atual, concebida simbolicamente como representação do viver contemporâneo. No centro, encontra essa pequena nave espacial que parece um Cristo sobre as duas hastes da cruz. Permanece a estrutura gráfica da cruz, mas o conteúdo é absolutamente não religioso. O que recorda o Cristo crucificado é só a estrutura iconológica. Trata-se de uma organização mental irreal, provocada intencionalmente em quem contempla, forçando a reencontrar no próprio imaginário mental o esquema da cruz que na realidade não existe na composição artística. O Jesus crucificado é

---

38. A pintura faz parte das coleções do Metropolitan Museum of Art, de Nova Iorque.
39. A obra pertence ao Museu Guggenheim de Bilbao.

substituído pelos instrumentos da busca espacial. A cruz é sugerida para indicar que foi substituída e, no entanto, permanece ainda a necessidade de sugerir a substituição ocorrida. Uma polêmica necessidade de substituição que indica uma autonomia não plena.

1.5. Um modelo explicativo?

Como conclusão, podemos nos perguntar se é oportuno considerar a modernidade um conjunto sistêmico (mais que uma idade ou um mero período cronológico) que se propõe a substituir o sistema simbólico cristão por um novo sistema simbólico, a partir das novas bases epistemológicas e políticas modernas, ou se, ao contrário, a modernidade só conseguiu criar um momento dialético, uma crítica interna à cultura cristã, e se também as formulações mais radicais do Iluminismo não passam de um movimento de crítica radical, mas que continua a se movimentar dentro do sistema simbólico cristão. Então, devemos pensar que é apenas com a ciência contemporânea (desde o evolucionismo até a astronomia), com as ciências humanas (em particular a psicologia e a psicanálise e os estudos epistemológicos) e com determinadas correntes da arte contemporânea e com a globalização de todo o sistema cultural planetário, poderia delinear-se hoje um sistema simbólico alternativo e substitutivo ao sistema cristão? A modernidade se caracteriza por uma guinada radical na história humana, mas também pela constante dualidade com os sistemas simbólicos religiosos que não chega a substituir. O cristianismo absorve a modernidade e é por ela absorvido. Um conflito constante e insolúvel?

CAPÍTULO 2

A transformação da Bíblia hebraica no cristianismo. A criação de um Antigo Testamento

Um dos aspectos em que se pode ver mais claramente o afastamento do Jesus judeu da parte das Igrejas cristãs e a formação de uma religião, o cristianismo, que se contrapõe polemicamente ao judaísmo, é o nascimento do conceito de Antigo Testamento, usado para definir as sagradas escrituras hebraicas. Por outro lado, é com o início da Idade Moderna que nascem estudos — que alcançam até os nossos dias — nos quais se ilumina com clareza extrema a natureza hebraica, não cristã, das sagradas escrituras judaicas, graças ao desenvolvimento da filologia e do método histórico, mas também graças à presença, aceita na sociedade civil, de pesquisadores hebraicos (um fenômeno que se inicia, de algum modo, já desde o final do século XVI, mas que se torna realidade normal apenas na metade do século XX).

1. Qual seja a natureza histórica e cultural do *corpus* das Sagradas Escrituras judaicas é uma questão que já foi determinada há um bom tempo pela historiografia, pela história das religiões e pelas ciências sociais: trata-se de um *corpus* de escritos produzidos no âmbito judaico, compreendidos segundo as categorias judaicas que precederam sua criação e que são as categorias próprias das culturas judaicas da época. O pesquisador ou a pesquisadora de hoje procura reconstruir aquele significado histórico e cultural judaico com base nos conhecimentos que as ciências da antiguidade permitem e com os limites que sempre estão necessariamente nelas implicados. Desse ponto de vista, que é o único que interessa às ciências históricas e às ciências humanas em geral, o *corpus* das sagradas escrituras judaicas não apresenta

problemas diferentes daqueles que apresentam os *corpora* dos escritos dos Nag Hammadi, ou de Qumran, ou dos textos da Grotta 17 de Dunhuang, ou dos escritos de Platão ou de Aristóteles. Trata-se de ter à disposição edições críticas dos textos, conhecimentos aprofundados das línguas em que foram escritos e do contexto histórico e cultural em que foram produzidos. Para nenhum desses textos se coloca o problema se seu significado histórico e cultural deva ser revivido nas ideias de pessoas que viveram séculos depois. O princípio geral do conhecimento humano, segundo o qual não se pode julgar a ação ou as ideias de um indivíduo com base na ação e nas ideias de pessoas que viveram muito tempo depois e que fazem parte de culturas diferentes, se aplica também para o conhecimento histórico. Nenhum historiador interpreta as ideias de Camillo Benso, conde de Cavour, com base naquelas ideias de Giovanni Giolitti. E um historiador da filosofia jamais pensará em interpretar as ideias de Immanuel Kant tomando como base as ideias de Søren Kierkegaard ou de Karl Marx, que viveram depois dele. Por outro lado, se lemos os comentários aos escritos contidos na Bíblia hebraica, que são publicados nas coleções científicas mais bem credenciadas do mundo acadêmico internacional, nos defrontamos com comentários que nos remetem ao sentido dos textos em seu ambiente cultural médio-oriental e judaico antigo, no contexto das respectivas épocas, sem a pretensão de encontrar naqueles textos antigos um significado cristão, uma vez que — na época de sua composição — o cristianismo nem sequer existia[1].

Em Flávio Josefo pode-se ver claramente quais eram o sentido e a definição das sagradas escrituras hebraicas aos olhos de um judeu da segunda metade do século I. As sagradas escrituras judaicas pertencem ao povo judeu e não a outros povos (são "livros nossos", "êmôn biblioi", *Ant.* VIII, 159); são de propriedade exclusiva deles, de tal modo que se distinguem das obras dos não judeus, como vem escrito no *Contra Apionem* (*Ap.* 6,41), aos quais são expostas, explicadas e esclarecidas em seu sentido. Flávio Josefo chama-as, por exemplo, de "escrituras hebraicas" ("ebraika gramata", *Ant.* 1,5) ou "livros sacros" (*Ap.* 1,290). A expressão "nos livros sagrados" ("en tais hierais biblois") é bastante frequente (*Ap.* 1,26,82,139; III,81,105 etc.).

---

1. Em parte abordei alguns dos temas tratados em Pesce, M., *Il cristianesimo e la sua racide hebraica. Con una raccolta di testi sul dialogo ebraico-cristiano*, Bologna, Edizioni Dehoniane, 1994; Destro, A.; Pesce, M., La normatività del Levitico. Interpretazioni ebraiche e proto cristiane, in: *Annali di storia dell'exgesi*, 13,1 (1996) 15-37; Pesce, M., Può la teologia cristiana respettare la natura ebraica della Bibbia? In: Riva, E.; Rosso, S.; Turco, E. (ed.), *Ebrei e cristiani alle origini delle divisioni*, Torino, Amicizia ebraico cristiana di Torino, 2001, 85-111.

Às vezes aparece também a expressão "ta biblia" (*Ap*. IV,194). "Escritos sagrados" é uma terminologia que aparece também em Fílon de Alexandria. Fílon e Josefo jamais falam em testamento ("diathêkê") para referir-se ao *corpus* das sagradas escrituras judaicas e, obviamente, muito menos ainda de Antigo Testamento ("palaia diathêkê"). É claro que o termo "diathêkê", como é conhecido, é usado na Septuaginta para traduzir o termo "berît", mas não para indicar o *corpus* global das sagradas escrituras judaicas. Também em Paulo, "palaia diathêkê", em 2 Coríntios 3,14 (cf. as duas "diathêkai" de Gl 2,14; ou a "prôtê d." de Hb 9,15), não indica globalmente um *corpus* de escritos, mas o ato ou o fato da aliança.

2. Testamento e Antigo Testamento, como termos usados para definir o *corpus* de escritos que constituem as sagradas escrituras judaicas (e não a aliança ou as alianças de Deus com os seres humanos), são elaborados pelos cristãos e sua criação se dá depois que se verificaram dois fatos históricos de grande importância: a existência de um *corpus* de escritos definido como Novo Testamento e a existência de grupos de seguidores de Jesus, que já não se consideravam parte da religião judaica, mas apenas da cristã. O termo *Antigo Testamento* não é um mero nome, mas simboliza uma concepção das sagradas escrituras judaicas que transforma radicalmente sua natureza histórica e cultural, pois as define em relação a outro corpo de escrituras sagradas que — como *corpus* canônico — não pertence à religião judaica, interpretando-as em função deste último, transformando-o em escritura sagrada de grupos de pessoas que pertencem a povos distintos daquele hebraico (que produziu aqueles textos) e que aderem a uma religião diversa daquela a que dão expressão as sagradas escrituras judaicas.

Na literatura judaica antiga não há nenhuma afirmação de que as sagradas escrituras judaicas devessem ser interpretadas à luz de um corpo diferente de sagradas escrituras, produzido por uma religião diferente. Por isso também a ideia da unidade dos dois testamentos ser totalmente estranha aos textos contidos nas sagradas escrituras judaicas. Do ponto de vista histórico, o exegeta deve reconhecer que essa ideia não pertence à natureza histórica e cultural das sagradas escrituras judaicas e dos textos nelas contidos, sendo-lhe posterior, criada por uma religião diferente da judaica (na qual foram produzidos esses textos), e que por isso não pode ser aplicada a essas, sem desvirtuar a especificidade, a natureza cultural e o significado histórico delas[2].

---

2. Sobre tudo isso, cf. Fitzmeyer, J. A., *The commission's document "The interpretation of the Bible in the church". Text and commentary*, Roma, Editrice Pontificio Instituto Biblico,

3. Muitas vezes, foi observado que Jesus e aqueles que, depois dele, nele inspirados, liam as sagradas escrituras judaicas segundo um mecanismo amplamente utilizado entre os grupos judaicos do tempo do judaísmo da idade helenístico-romana. Segundo esse mecanismo hermenêutico, frase ou partes das sagradas escrituras judaicas são interpretadas em referência a fatos e pessoas do tempo do intérprete. Assim faziam, por exemplo, os autores dos textos de Qumran, defendendo que certa passagem bíblica deveria ser referida a certos eventos de seu grupo ou da pessoa do Mestre de Justiça[3]. Esse fato, que é bem conhecido, é utilizado muitas vezes para defender a tese segundo a qual a interpretação cristológica ou cristã das

---

1994 (Subsidia biblica). Fitzmyer afirma ser necessário conservar um valor autônomo a todos os momentos da Bíblia hebraica: assim, o Antigo Testamento não é interpretado como se já estivesse orientado para o Cristo. "Existe o cânon hebraico que consiste naquilo que em geral se chamam escrituras hebraicas", o qual é por definição diferente do Antigo Testamento das Igrejas cristãs, que necessita do complemento do Novo Testamento. Mas existe também uma pluralidade de cânones dentro do próprio cristianismo. "Infelizmente, a comissão fala somente da 'Igreja cristã' e não discute a diferença de cânones usados pelos diversos cristãos" (id., 70). "O cristão deve ficar atento para não ler o Antigo Testamento simplesmente como *praeparatio evangelica*. O modo como Deus revelou a si mesmo falando com Moisés e os profetas é ainda parte da revelação de Deus também aos cristãos, e os cristãos devem aprender a escutar melhor a palavra de Deus desse modo" (id., 73). O único caminho para se compreenderem os textos hebraicos é a exegese histórica, e não a interpretação cristológica cristã: "Seria possível para judeus e cristãos entrarem em acordo sobre o significado basilar de textos do Antigo Testamento. Usando corretamente o método histórico-crítico para consertar o significado textual, contextual e relacional, por exemplo, do livro de *Jeremias*, eles teriam condições de encontrar um ponto de encontro sobre seu significado religioso e espiritual para leitores tanto judeus quanto cristãos. Para os últimos, esse poderá ser também um significado cristológico ou uma validade acrescida pelo Novo Testamento por meio de uma releitura das passagens de Jeremias (por exemplo, enquanto Jr 31,33-34 é usado em Hb 8,8-12 ou enquanto Jr 22,23 é usado em 1Cor 1,31). Mas, visto que o significado religioso e espiritual basilar do Antigo Testamento tinha como objetivo nutrir a vida religiosa do povo hebraico, o que esse povo encontrava ali como embasamento religioso próprio é algo que pode e deve nutrir espiritualmente também os cristãos — mesmo sem levar em consideração qualquer razão cristológica ou de qualquer teor acrescido a partir de ensinamentos do Novo Testamento. Em outras palavras, o significado canônico hebraico do Antigo Testamento tem importância para os leitores cristãos da primeira parte da palavra de Deus escrita" (id., 73-74).

3. Sobre o método do assim chamado *pesher* em Jesus e na comunidade de Qumran, cf. a síntese de uma opinião comumente difundida em CHARLESWORTH, J. A., I manoscritti del Mar Morto e il Gesù storico, in: ID (ed.), *Gesù e la comunità di Qumran*, Casale Monferrato (AL), Piemme, 1999, 51. Cf., em geral, HENZE, M. (ed.), *A companion to biblical interpretation in early judaism*, Grand Rapids (MI), Eerdmans, 2012; FISHBANE, M., *Biblical interpretation in Ancient Israel*, Oxford, Clarendon Press, 1988.

sagradas escrituras judaicas é plenamente coerente com a cultura judaica da época, todo grupo judaico tendia a interpretar aquelas sagradas escrituras em função do próprio grupo e/ou de eventos verificados em sua história. Não se poderia, portanto, opor uma interpretação cristã a uma judaica, porque também a judaica usa do mesmo mecanismo hermenêutico. Esse raciocínio, na verdade, desconsidera o fato de que Jesus e seus primeiros seguidores são partes das comunidades judaicas, assim como a interpretação que eles dão das sagradas escrituras judaicas se dá no bojo do horizonte do judaísmo: é uma interpretação judaica. Tanto Jesus quanto seus seguidores, imediatamente depois de sua morte, interpretam as sagradas escrituras judaicas em função do próprio Jesus e dos eventos que se dão no bojo de seus grupos, mas continuam a considerá-las judaicas e não um Antigo Testamento. Pensar que Jesus e seus primeiros seguidores considerassem as sagradas escrituras judaicas como Antigo Testamento seria um anacronismo grave. Para eles existia um único *corpus* de sagradas escrituras, as judaicas, as de seu povo. E elas de modo algum eram um *corpus* antigo. Eram as suas sagradas escrituras, nas quais encontravam a confirmação da verdade da própria mensagem e da vontade divina que se manifestava enquanto acontecia a eles[4]. Mas depois, quando os seguidores de Jesus já não formavam parte da religião judaica, mas da cristã, a interpretação já não será judaica, tendendo a deslegitimar as instituições, as crenças e as práticas judaicas.

4. A grande guinada que irá levar à formação da ideia cristã de Antigo Testamento, e depois a seu pleno desenvolvimento e afirmação, se dá por uma multiplicidade de fatores convergentes. O primeiro consiste no fato de que a maioria dos seguidores de Jesus, de certo momento em diante, já não é mais judaica. Um testemunho vivo dessa situação temos, por exemplo, com Justino, que no *Diálogo com Trifon*, no parágrafo 47, demonstra não ter sequer um nome para designar aqueles judeus que continuam a observar a lei de Moisés, apesar de serem seguidores de Jesus e acreditem nele como Messias. Justino chama de cristãos ("christianoi") apenas os seguidores de Jesus não judeus, mas aos judeus não os chama assim, muito embora reconhecendo serem verdadeiros discípulos de Jesus que irão salvar-se

---

4. Dodd, C. H., *Secondo le Scritture. Struttura fondamentale della teologia del Nuovo Testamento*, Brescia, Paideia, 2000 (ed. or. 1952). Cf. também Evans, C. E.; Zacharias, H. D. (ed.), *What does the Scriptura say? Studies in the function of Scripture in early Judaism and Christianity*, vol. I: The synoptic gospels; vol. 2: The letters and liturgical traditions, London-New York, T&T Clark, 2012.

como os demais[5]. É de Justino que recebemos a informação de um segundo fato extremamente importante, a saber, que os cristãos, ou seja, os seguidores não judeus de Jesus, não querem falar nem comer ("mêde koinonein omilias ê estias") com os seguidores de Jesus que são judeus. A diferença étnico-cultural é grave e dirimente[6]. Temos um segundo fator quando, na própria terra de Israel, a maioria da população já não é judaica[7]. O terceiro fator é a formação de uma estrutura institucional, organizativa e doutrinal do judaísmo chamado rabínico na era tanaítica e depois talmúdica. Tudo isso se dá a partir do início do século III até o final do IV. Os problemas fundamentais com que os seguidores de Jesus se defrontam são, antes de tudo, o fato de que há tempo em sua maioria eles já quase não seguem a prática religiosa judaica prescrita na Bíblia. É claro que a prática judaica na Antiguidade Tardia se compõe de um conjunto religioso que não se reduz apenas à normativa bíblica, mas o que constitui o problema teológico para os cristãos é precisamente a normativa bíblica, uma vez que o cristianismo, já existente e organizado, considera as sagradas escrituras judaicas um *corpus* próprio de escritos que contém a revelação de Deus. O que está em questão então é conciliar, de um lado, a aceitação das escrituras judaicas como revelação divina e, de outro, o fato de que boa parte daquilo que está nelas contido não é considerado aceitável. Os modos como se tentou resolver a questão foram diversos. Mas todos eles requerem critérios cristãos de interpretação do texto bíblico, uma hermenêutica cristã. É dessa dialética entre a necessidade de aceitar as escrituras judaicas como próprias e de refutar parte delas que nasce necessariamente o conceito de Antigo Testamento, que postula em si, por definição, uma interpretação cristológica e cristã do texto da religião judaica. Os primeiros a tentar sistematicamente uma solução foram, como se sabe, os gnósticos[8], uma solução que não foi aceita pelo restante da teologia cristã.

Henri de Lubac defendeu que a interpretação espiritual da Sagrada Escritura, sistematizada depois nos "quatro sentidos" que encontraram tanta

---

5. Justino disse que se trata de judeus que: a) creem em Cristo, b) observam a lei de Moisés, c) "escolhem viver [*syzên*] com os cristãos [*christianoi*] e com os fieis [*pistoi*]", d) mas sem induzi-los a observar a lei de Moisés.

6. Sobre isso, cf. Pesce, M., *Da Gesù al cristianesimo*, Brescia, Morcelliana, 2011, 202-205.

7. Cf. a importante contribuição de Skarsaune, O., The History of Jewish Believers in the Early Centuries. Perspectives and Framework, in: Skarsaune, O.; Hvalvik, R. (ed.), *Jewish believers in Jesus*, Peabody (MA), Hendrickson, 2007, 745-781, sobretudo as páginas sobre os efeitos da revolução constantiniana na Terra de Israel.

8. Sobre isso cf. Orbe, A., *La teologia dei secoli II e III. Il confronto della grande chiesa con lo gnosticismo*, Roma, Piemme Teologica-Editrice Pontificia Università Gregoriana, 1995.

ressonância na teologia cristã até a soleira do humanismo e da Reforma, foi o que permitiu a mesma formação de uma teologia cristã. Orígenes, a quem ele dedicou um livro que talvez se encontre no início daquela enorme massa de estudos dedicada em cinquenta anos o grande alexandrino, é o teólogo em que mais claramente se vê esse processo de interpretação cristã do texto fundamental da religião judaica. É bem verdade que a interpretação cristã fora amplamente desenvolvida bem antes dele por um judeu, Fílon de Alexandria, o qual "desse modo, considerava a Bíblia um texto mais conveniente à exigente mentalidade helenista"[9]. É verdade também que Orígenes segue uma exegese alegórica da escritura, porque está convencido de que Deus tenha tido um duplo registro ao inspirá-la, introduzindo-lhe um sentido literal e um significado mais profundo. Desse modo, a exegese alegórica, a seu ver, respeita o sentido do texto e da revelação divina nele contido. Mas isso se deve à sua formação platônica.

Orígenes pensa que o sentido literal das normas bíblicas indica que elas são observadas, exatamente como pensava Fílon, mas sente-se desvinculado delas por ser cristão[10]. É a existência do cristianismo como religião separada e autônoma com relação ao judaísmo que postula uma interpretação não judaica das sagradas escrituras judaicas. No parágrafo 8 do prefácio ao *De principiis*, Orígenes expõe alguns pontos teóricos fundamentais: "1. O caráter inspirado do texto sagrado; 2. Seu significado não redutível ao que é imediatamente manifesto; e 3. A dificuldade para o leitor de apreender tal significado superior à 'letra'"[11]. Mas a afirmação de Orígenes: "é estabelecido ainda que as Escrituras foram compostas por obra do Espírito de Deus (2Tm 3,16)" (*Prin. Praef.* 8) pressupõe a distinção e separação entre cristianismo e judaísmo. Orígenes irá escrever: "é preciso reconhecer que o caráter divino dos escritos proféticos e o significado espiritual da lei de Moisés foram revelados com a vinda de Cristo". Foi só com Jesus que se retirou o véu que estava sobre a lei de Moisés "e logo foi possível saber

---

9. Pizzolato, L. F., Senso e valore dell'esegesi patristica, in: Naldini, M. (ed.), *La tradizione patristica. Alle fonti della cultura europea*, Firenze, Nardini, 1995, 9-30, aqui 22; Nardi, C., Introduzione, in: Alessandrino, C., *Estratti profetici. Eclogae propheticae*, Nardi, C. (ed.), Pisa, Nardini, 1985, 7-35; Castagno, A. Monaci, Origine e Ambrogio, in: Perrone, L. (ed.), *Origeniana Octava*, Leuven, BETL, 2003.

10. Castagno, A. Monaci (ed.), *Origene. Dizionario, la cultura, il pensiero, le opere*, Roma, Città Nuova, 2000; Cocchini, F., Note su *I Principi IV* di Origene, in: Id. *Origene. Teologo esegeta per un'identità Cristiana*, Bologna, EDB, 2006, 15-31; Id., La "lettera", il "velo" e l'"ombra". Pressupposti scritturistici della polemica antigiudaica di Origene, in: Id., 81-97.

11. Cocchini, *Note*, op. cit., 16.

dos bens cuja expressão era sombreada pela letra" (*Prin.* IV,1,6)[12]. Afirma-se o princípio da assim chamada unidade dos dois testamentos, devido ao fato de que foram ambos escritos pela mão do Espírito de Deus. O nascimento do Antigo Testamento está estreitamente ligado com o nascimento do cristianismo como religião não só distinta, mas também contraposta ao judaísmo. Os judeus que não veem razões para encontrar um significado cristológico e cristão nas próprias escrituras são acusados de serem incapazes de compreender espiritualmente, são acusados de serem "carnais"[13].

O delicado equilíbrio da exegese de Orígenes entre sentido literal e espiritual, com base numa atenção filológica sistemática (basta pensarmos nos *Exapla*) e numa hermenêutica complexa, não poderia perpetuar-se. O motivo não é só que a fineza dos grandes intérpretes não se repete, mas sobretudo porque, depois de um século, acabou se modificando a relação do cristianismo com o poder político. Com a conquista do poder, os cristãos modificam sua relação com os judeus. A norma do Codice Teodosiano sobre os judeus é, desse ponto de vista, sintomática e emblemática. Pouco importa saber em que medida essa norma foi elaborada, pois interessa aqui esclarecer a formação de uma ideia teológica. Essa guinada implica também uma mudança na relação com a Bíblia hebraica. Os cristãos sentem que as profecias bíblicas se realizaram agora também politicamente, ao menos em parte. Forma-se uma teoria das relações religiosas e políticas da Igreja com os judeus, que tem sua base teológica na interpretação cristológica e cristã do Antigo testamento. Essa é uma novidade fundamental com relação à exegese espiritual de Orígenes, que vivia numa época em que os cristãos ainda eram minoria.

5. Para ver o que significa essa interpretação cristológica e cristã, anti-hebraica, da Bíblia hebraica, que acaba se tornando a essência da teoria cristã do Antigo Testamento, talvez seja útil refletir sobre um texto específico que nos remete ao clima criado depois do advento dos cristãos ao poder político. Examina-se então o *Comentário aos salmos* de Cassiodoro[14], redigido nas primeiras décadas do século VI. Cassiodoro é um grande teólogo, mas também é membro da classe dirigente imperial cristã, homem de

---

12. Cocchini, *Note*, op. cit. 18-19.
13. Sobre a acusação de carnalidade e a importância secular, cf. o importante estudo de Bori, P. C., *Il vitelo d'oro*, Torino, Boringhieri, 1983.
14. Cassiodorus Magnus Aurelius, *Expositio Psalmorum I-LXX*, Adrien, M. (ed.) "CCSL", 97, Turnhout, Brepols, 1958; Cassiodorus Magnus Aurelius, *Expositio Psalmorum LXXI-CL*, Adrien, M. (ed.) "CCSL", 98, Turnhout, Brepols, 1958; todas as citações seguintes são extraídas dessas edições. As traduções vernaculares são do autor.

governo situado nas dependências do rei godo Teodorico. Situa-se emblematicamente numa época em que os cristãos detêm o poder político já há um bom tempo, no início do domínio de Justiniano e menos de um século antes do advento do islã. Esse exemplo, porém, nos permite compreender internamente o mecanismo da leitura cristã da Bíblia como Antigo Testamento, que irá caracterizar toda a religião cristã por inúmeros séculos.

A partir do *Comentário aos Salmos* de Cassiodoro fica bem claro o que significa o Antigo Testamento para os cristãos latinos do século I e como ele é interpretado. A interpretação cristológica e a postura antijudaica são os temas principais e correlativos entre si. A centralidade do tema antijudaico vem sublinhada no prefácio. A lista dos temas fundamentais traz, em terceiro lugar, depois da vida carnal do Senhor e da natureza de sua divindade, os diversos grupos que tentaram aniquilá-lo e, em quarto lugar, a tese segundo a qual os judeus de hoje "deveriam abandonar seus maus caminhos". O tema da paixão e ressurreição de Cristo, ademais, é central, e aparece em quinto lugar. A morte de Cristo pelos judeus e sua incredulidade atual torna-se, assim, tema central. Antes da leitura do *Comentário*, temos de lembrar que a preocupação fundamental é interpretar o saltério referindo-o não apenas a Cristo, mas também à Igreja. Essa preocupação credencia-se num mecanismo hermenêutico constante: quando o salmo se refere ao povo, Cassiodoro não o interpreta como povo de Israel, como é realmente a intenção do texto, mas supõe que esteja falando da Igreja. O Antigo Testamento cristão, em suma, pressupõe não só a interpretação cristológica, mas também a separação e a oposição de duas religiões: judaísmo e cristianismo.

Cassiodoro pressupõe ininterruptamente a continuidade dos judeus do seu tempo com aqueles dos diversos períodos bíblicos. As características dos judeus derivam, todas elas, do fato de não terem crido no Cristo, e de tê-lo matado. A morte de Cristo é imputada, como por óbvio, a todos os judeus. Eles permanecem em sua negação e incredulidade. Continuam a interpretar "carnalmente" aquilo que a Escritura queria referir de forma espiritual a Cristo e à Igreja. Assim, os judeus são obstinados: "E ainda hoje o judeu faz de conta não saber daquilo sobre o que todo o mundo já conhece"[15]. A responsabilidade da totalidade dos judeus na morte de Cristo e sua sucessiva obstinação em converter-se proporciona

---

15. "Et adhuc Iudaeus simulat se nescire quod totus mundus agnovit" (108,506-507). ADRIAEN, A. (ed.), *Magni Aurelii Cassiodori Expositio Psalmorum*, "CCSL", 97-98, Turnhout, Brepols, 1958, 1005. De agora em diante, as citações do *Comentário aos salmos* serão feitas

uma mudança profunda em sua identidade e em seu destino histórico. No que se refere à identidade, Cassiodoro defende que eles já não têm mais o direito de chamar-se judeus, pois, refutando Cristo que é descendente de Judá, tornaram-se estranhos à estirpe de Judá "a Iudae genere", enquanto a denominação *judeus*, "iudaei", só pode ser aplicada com justiça a quem proclama a fé cristã, os "confidentes", ou seja, os cristãos. A Igreja católica torna-se, então, a verdadeira Judeia, e os judeus não têm direito a ela. Basta confrontar, por exemplo, o comentário ao Salmo 76. Da afirmação do salmo, Cassiodoro deduz: "A verdadeira Judeia é a Igreja"[16], e, na realidade, falando com propriedade, não se podem chamar judeus os que se tornaram estranhos a Cristo, isto é, à estirpe de Judá. Por isso lhe é imposto o nome [de judeus][17]. E conclui: "Visto que os que proclamam a fé são chamados com o termo latino 'iudaei', como será possível chamar desse modo a vocês que são assim tão obstinados?"[18].

Assim, cada vez que os termos "Judá", "Judeia" e "judeu" têm um significado religioso positivo, não são referidos aos judeus dos tempos de Cassiodoro, mas alegoricamente são atribuídos à Igreja ou ao verdadeiro crente cristão. Ao contrário, toda vez que surge um comportamento incorreto dos judeus dos tempos bíblicos, ele é considerado em continuidade com os judeus dos tempos de Cassiodoro e não com os cristãos de seu tempo. Assim, os comportamentos maus denunciados pelo texto bíblico são referidos aos judeus, mesmo quando esses não são explicitamente mencionados. O pressuposto do raciocínio de Cassiodoro é duplo. Antes de tudo, Jesus é o legítimo descendente de Judá e herdeiro das promessas messiânicas feitas a Judá. Em segundo lugar, o fato de ter refutado Cristo torna os judeus como estrangeiros à própria tribo e aos próprios antepassados, no sentido de que esses já quase estariam deserdados. A herança é de Cristo e de todos os que o seguem. Quem não adere a ele fica sem herança. Isso pressupõe uma concepção que considera a pertença à tribo de Judá um fato indiscutivelmente religioso e étnico. A herança de Judá é uma realidade político-religiosa bem precisa. Primeiro, era o povo de Israel. Agora, é a Igreja. Para Cassiodoro, é impensável haver judeus apenas do

---

a partir da edição de Adriaen: o primeiro número indica o número do salmo, os números depois da vírgula indicam as linhas da edição de Adriaen.

16. "Quapropter Iudaeam veram Christi constat esse eclesiam" (75,25-26).

17. "Nam illi iudaei proprie non dicuntur, qui se a Christo, id est a iudae genere exstraneos reddiderunt, unde eis nomen constat impositum" (75,28,30).

18. "Nam dum confitentes latino sermone dicantur iudaei, quemadmodum sic appellari potestis tam graviter obstinati?" (75,253-255).

ponto de vista puramente étnico. Por isso, ele não consegue encontrar um conceito adequado para definir os judeus de seu tempo. Para ele, o termo "judeus" não é aplicável a eles, enquanto "Judá" e "Judeia" são realidades — ao mesmo tempo sociais, políticas e religiosas — que foram herdadas, ou seja, são concretamente existentes, em Cristo e na Igreja. Como já vimos, são chamados de judeus apenas os "confidentes", isto é, os que creem, que aderem a Cristo. Essa teoria tem como consequência necessária a impossibilidade de se reconhecer um *status* político ao *ethnos* judaico, pois esse perdeu definitivamente sua identidade, e não pode adquirir nenhuma outra identidade a não ser aderindo à Igreja. É estranha para Cassiodoro a distinção ressaltada em Eusébio por Manlio Simonetti, que diferencia os judeus (isto é, os patriarcas), de quem os cristãos seriam herdeiros, dos judeus (ou seja, o povo hebraico de Moisés em diante), de quem seriam herdeiros, ao contrário, os judeus de seu tempo[19].

Parece-me que vale a pena refletir sobre os pressupostos dessa impostação. Na revisão da teologia anti-hebraica cristã, que se deu sucessivamente na Segunda Guerra Mundial, tornou-se um lugar comum denunciar a incorreção do raciocínio teológico que culpa os judeus pelo assassinato de Jesus, os judeus de todas as épocas sucessivas, pelo simples fato de que não creem nele. Contra um tal raciocínio, repete-se com justiça que não podem ser considerados responsáveis de uma ação aqueles que não estiveram historicamente coenvoltos nela. A responsabilidade limita-se aos que cumpriram aquela ação. A responsabilidade é sempre e apenas de pessoas específicas, circunscrita às pessoas singulares ou instituições envolvidas, em âmbitos geográficos e temporais delimitados. Mas dificilmente se interroga a respeito dos pressupostos da antiga teologia cristã, que vamos encontrar também em Cassiodoro, cujo princípio fundamental é que as sagradas escrituras judaicas têm um sentido cristão e não judaico. Essa teologia foi construída inteiramente sobre a oposição judaísmo-cristianismo, na ideia de que a Bíblia hebraica seja, na verdade, um Antigo Testamento que é interpretado à luz do Novo Testamento. Uma teologia incapaz de reconhecer a natureza judaica da Bíblia e seu sentido histórico e cultural, e que se outorga o direito de apropriar-se das sagradas escrituras de um outro povo e de outra religião, negando suas especificidades.

---

19. Simonetti, M., Eusebio tra ebrei e giudei, in: *Annali di storia dell'exegesi*, 14,1 (1997), 121-134.

Mas Cassiodoro acaba sendo porta-voz também de uma concepção difusa de teologia da história, pela qual os judeus teriam sido punidos pelo assassinato de Cristo e por sua incredulidade com uma pena de caráter histórico-político: a conquista de sua terra por parte dos romanos, a devastação de Jerusalém, a sua dispersão por entre todos os povos. Esse tema é retomado em várias ocasiões:

> Digamos que os judeus merecem de forma justificada os sofrimentos sofridos, para que tomem ciência dos próprios males no mesmo modo em que decretaram que o Senhor fosse pregado na cruz com os pregos[20] [...] E tu, Judeia, uma vez que não tens sacrifícios próprios, a quem esperas, uma vez que foste enganada?[21] Em terceiro lugar, fala das coisas que sabia que teriam acontecido aos judeus obstinados por causa de seus crimes[22]. O povo judaico foi entregue à espada quando os príncipes dos romanos, Vespasiano e Tito, o devastaram com a chacina e o incêndio (62,200,202) [...]. predizendo o que teria acontecido, fala dos fatos que teriam acontecido precisamente aos judeus por toda a diáspora[23]. [...] Basta lembrar que a autoridade eclesiástica nos diz que naqueles dias Jerusalém teria sido devastada, quando a plebe cruel dos judeus crucificou o Senhor Cristo, para que não reste dúvida que sua presunção extrema fora paga por um mal temporal[24] [...]. Isso até os dias atuais, os judeus obstinados ainda não compreendem, apesar da prova de que, tanto seus sacrifícios quanto seu sacerdócio acabaram eliminados[25].

Como se vê, não se trata de uma reflexão puramente religiosa, mas de uma justificação teológica da condição política atual dos judeus. Ademais, a própria natureza dessa teoria tem caráter político-religiosa, porque

---

20. "Quod ad iudaeos non improbe dicimus pertinere, ut ita sint malis suis affixi, quemadmodum in cruce clavis dominum infigere decreverunt" (9,263-265).
21. "Et tu, iudadee, cum propria sacrificia non habeas, quem deceptus expectas?" (39,183-184).
22. "Tertio loco dicit quae obstinatis iudaeis pro suis sceleribus noverat evenire" (54,27-29).
23. "Quod erat emersurum predicens, per totam divisionem iudaeis digna factis pronuntiat esse ventura" (68,485-487), aqui Cassiodoro se refere aos versículos 23-29 do Salmo 69.
24. "Meminerimus autem quod ecclesiastica tradit auctoritas his diebus vastatam Ierusalem, quando Christum dominum crucifixit plebs crudelissima iudaeorum; ut non sit dubium quod temporis malum receperit praesumptionis excessus" (73,25-29).
25. "Quod adhuc iudaei non intellegunt obstinati, cum eorum et sacrificia et sacerdos de medio probentur ablata" (109,246-247).

assevera que a culpa religiosa dos judeus foi punida politicamente por Deus. A subordinação política torna a pena da culpa religiosa. Estamos diante de um dos pilares da teologia política cristã. É claro que não foi Cassiodoro a inventar isso, mas o acaso sucessivo e fatal dessa teoria obriga a considerar com atenção máxima quais tenham sido as aplicações na era dos ostrogodos.

> Encurtastes os dias dos tempos que lhe foram concedidos, enchendo-o de confusão. O estado daquilo que definimos como reino judaico, ao qual fora prometida a eternidade (se tivesse servido ao Senhor), se transmutou numa situação de sofrimento, pois não mereceu receber o que fora prometido a Abraão [...]. Nem sequer os judeus [se reparas no tempo presente] têm qualquer razão para se lamentarem, visto terem verdadeiramente merecido serem privados da promessa[26].

Pela vontade de Deus, a condição política atual dos judeus é de serem dispersos entre os povos:

> Chama de "inimigos" os judeus infiéis, os quais foram dispersos entre inúmeros povos pela potência de Cristo, o qual pela autoridade divina se manifesta como o braço do Pai (como dissemos muitas vezes)[27].

Uma condição na qual nem sequer podem dispor do templo de Jerusalém, não têm o direito de reivindicar qualquer forma de independência política. A condição atual de comunidades dispersas dentro de poderes estranhos é a condição que Cassiodoro considera necessária para os judeus[28]. O objetivo dessa submissão política é de impingir os judeus à conversão:

> Os judeus foram dispersos tanto para impingi-los a se converterem ou (como pensam alguns) para que a Igreja tivesse, nas contestações, testemunho contra os hereges, o testemunho da antiga lei, oferecida por seus

---

26. "Minorasti dies temporum eius, perfundisti eum confusione. Status ille quem diximus regni iudaici, cui promissa fuerit (si domino serviret) aeternitas, minoratus est utique diebus angustis: quia pollicitationem Abrahae promissam obtinere non meruit [...]. Nec habent iudaei quae iuste murmurent, qui se maluerunt a promissione verissime segregare" (88,625-632 e 640-642).

27. "Inimicos autem dicit infideles iudaeos, qui per innumeras gentes Christi domini virtute dispersi sunt, quem Patris brachium (sicut saepe diximus) auctoritas divina testatur" (88,166-168).

28. Cf. também as seguintes passagens: "Disperdat contra adunationem dicitur iudaeorum, ut passim pereant, qui in uma se pravitate collegerant" (11,51); "Secundum est quod odientes se disperdendos esse denuntiat [...] sicut de iudaeis animadvertendum est" (17,598).

inimigos, uma vez que o que é experimentado pelos adversários acaba tendo uma credibilidade insuspeita[29].

Aqui, Cassiodoro parece preferir a tese que fala que a dispersão dos judeus tem como função a sua conversão e não que eles seriam dispersos entre os cristãos para poder oferecer um sustento às argumentações da Igreja contra os hereges (os judeus, conservando o texto original da Bíblia, ofereceriam à Igreja a possibilidade de demonstrar aos hereges qual é o texto original do Antigo Testamento). O tema da conversão dos judeus é realmente recorrente em Cassiodoro. Apresenta dois aspectos: em primeiro lugar não faltam convites repetitivos aos judeus de sua época para que se convertam até que haja tempo a se arrepender, a ler na letra dos Salmos a verdade da doutrina cristã. Um convite que parece apresentado em forma puramente religiosa, mesmo que certo nos termos do prejulgamento da verdade cristã. Em segundo lugar, é bastante insistente a referência à teoria paulina da conversão futura de Israel no fim dos tempos. É tão insistente que o próprio Cassiodoro enfatiza repetidamente que ele já disse muitas vezes a mesma coisa. Mas no tema da conversão não vamos encontrar qualquer aceno a métodos para forçá-la. O que pode levar à conversão é a própria condição política de subordinação caracterizada pela dispersão e pela falta de uma identidade que justifique uma independência ou um papel político. Isso vem confirmado nos acenos reiterados à pregação do próprio Cristo aos judeus e seu perdão a eles: "Perdoa, demonstrando misericórdia também aos judeus que fazem maldades; [...], pregado na cruz pediu perdão pelo povo judeu"[30].

A consequência política prática de tal teoria parece ser de respeito do direito no que se refere às comunidades hebraicas. Essas, porém, parecem encontrar-se numa atitude de constante sedição com relação à ordem religiosa estabelecida. A obstinação de não quererem se converter é uma sedição religiosa. Permanecer na situação de dispersão tentando conquistar o máximo possível de condições jurídicas favoráveis, que é a política própria das comunidades hebraicas da diáspora, aos olhos de Cassiodoro representa uma atitude de rebelião à situação política quista por Deus como

---

29. "Dispersi ergo sunt iudaei, sive ut ad conversionis provocarentur studia; seu (sicut quidam volunt) ut inter contentiones haereticorum, ab inimicis suis veteris legis paratum testimonium haberet ecclesia; dum illud indubitanter creditur, quod adversario suffragante firmatur" (58,295-299).

30. "Iudaeis quoque delinquentibus miseratus indulgeat" (73,399-400); "In cruce posito pro iudaico populo supplicavit" (79,66-67).

punição. O que poderia servir de estímulo à revisão é visto, antes, como tentativa de assegurar-se o máximo de segurança. Talvez seja esse o sentido que se depreende da expressão "iudaica seditio": "Capita inimicorum sunt auctores iudaicae quidem seditionis" (67, 435-436).

Um melhor esclarecimento da identidade e do destino político dos judeus, segundo Cassiodoro, provém também daquela frase em que os judeus são comparados com os pagãos e os hereges[31]. Às vezes nos defrontamos com a dupla "pagãos/judeus", mais comum que "judeus/hereges", e "judeus/donatistas". Mas o mais frequente é uma série de três categorias "judeus/pagãos/hereges", em que quase sempre os judeus aparecem em primeiro lugar. Apresentam-se outras séries como "judeus/arianos/pagãos" e "pagãos/judeus/cristãos fingidos". Trata-se de categorias de pessoas que não podem pretender direitos iguais com relação aos direitos dos cristãos ortodoxos:

> Que os judeus e os donatistas desistam da pretensão de ter para si o que sabem bem ter vindo sobretudo para a generalidade das pessoas[32].

Trata-se de inimigos (26, 236: "inimicos"; 30,318: "inimicorum"; 67, 435: "capita inimicorum") que, nos confrontos da Igreja, assumem uma atitude hostil. Primeiro falou de inimigos, depois acrescentou "e aqueles que me perseguem", isto é, os pagãos e os diversos hereges que atacam a Igreja com maquinações fraudulentas[33]. Ademais, quanto aos judeus, Cassiodoro insiste também em outra passagem afirmando serem inimigos: "Esses

---

31. "Inimicos autem dicit, id est haereticos, siue iudaeos" (26,236); "prius enim dixit inimicorum, id est iudaeorum; subiungit et a persequentibus e, hoc est paganis, vel a diversis haereticis, qui ecclesiam dei fraudolentis machinationibus insequuntur" (30-318); "loquitur enim falsitatis contra veritatem, quando iudaei messiam proclamant adhuc esse venturum; quando ariani creaturam dicuntum dominum creatorem, quando pagani Saturnum, Iovem" (30,364); "qui cogitant mihi mala, sive de iudaeis sive de haereticis sive potest accipi de paganis" (34,94); "aliena effice conventicula paganorum, sive superstitiones insanissimas iudaeorum" (44,337); "superior versus respicit ad paganos, iste autem ad iudaeos et fictos pertinet christianos" (61-106); "Nam sensos iste iudaeorum persuasiones et haeriticorum prava dogmata falce veritatis abscidit" (64,144); "capita inimicorum sunt autores iudaicae quidem seditionis, sed et haereticorum sine dubitatione doctores" (67,435); "iniqui sunt evidenter haeretici, vel iudaei, quorum perversa loquacitas nescio quas sibi narrare videntur ineptias, quando relicto ordine veritatis, inventionibus probantur studere falsissimas" (118,1462).

32. "Quapropter desinant iudaei uel donatistae sibi specialiter vindicare quod ad universitatem magis prevenisse cognoscunt" (8,49-51).

33. "Prius enim dixit inimicorum, id est iudaeorum; subiungit et a persequentibus me, hoc est paganis, vel a diversis haereticis, qui ecclesiam dei fraudolentis machinationibus insequuntur" (30,318-321).

judeus obstinados são chamados de inimigos porque irão permanecer em sua obstinação"[34]. O fato de judeus, hereges e pagãos encontrarem-se sob o mesmo plano deve ter consequência política no sentido de que o comportamento a ser adotado em relação aos primeiros deve ser adotado também em relação aos outros. Do ponto de vista teológico, a comparação mais candente é a comparação com os pagãos. Estamos distantes de qualquer consideração positiva da religião hebraica. Os critérios com que Cassiodoro podia se servir para compreender a religião hebraica eram distintos. Antes de tudo, recorria à distinção entre interpretação espiritual e carnal do texto bíblico:

> Tocai a tuba no dia de vossa solenidade máxima. Entre outras coisas fora prescrito aos judeus que desde o primeiro dia do sétimo mês tocassem a tuba por sete dias, coisa que continuam a fazer carnalmente até os dias de hoje, sem compreender que isso fora ordenado para que a graça septiforme do Espírito Santo se infundisse nos batizandos em todo o mundo[35].

Ou, então, classificava de forma global as interpretações hebraicas da tradição bíblica como um conjunto de "superstições", "persuasões" ou "invenções":

> Os pequenos círculos fechados alheios dos pagãos ou as insaníssimas superstições dos judeus […]. Esse significado erradica com a gadanha da verdade as opiniões dos judeus e os dogmas equivocados dos hereges […]. "Maus" são evidentemente os hereges, ou os judeus, cuja loquacidade parece perder-se em certas ninharias, quando, uma vez tendo abandonado a ordem da verdade, vão à procura de invenções falsas[36].

No *Comentário*, a presença de frases repetidas nas quais Cassiodoro dirige-se diretamente, mesmo que idealmente, aos judeus para sublinhar sua obstinação em resistir à evidência do texto bíblico, pode ser expressão

---

34. "Isti autem iudaei pertinaces inimici nominantur, quia in sua obstinatione mansuri sunt" (71,233). Cf. também "venerat ad iudaicos populos salvandos, eos potius invenisset inimicos" (68,143). Cf. ademais 73,406.

35. "Canite initio tuba, in die insignis solemnitatis vestrae. Praeceptum fuerat inter alias iudaeis, ut a primo die septimi mensis septem diebus tubam canerent, quod hodieque carnaliter faciunt, non intelligentes ideo fuisse iussum, quoniam spiritus sancti gratia septiformis baptizandis erat toto orbe radicanda" (80,83).

36. "Aliena effice conventicula paganorum, sive superstitiones insanissimas iudaeorum" (44,338-339); "nam sensos iste iudaeorum persuasiones et haereticorum prava dogmata falce veritatis abscidit" (64,144-145); "iniqui sunt evidenter haeritici, vel iudaei, quorum perversa loquacitas nescio quas sibi narrare videtur ineptias, quando relicto ordine veritatis, inventionibus probantur studere falsissimis" (118,1462-1465).

de um *topos* teológico-literário, mas acaba demonstrando igualmente um foco muito específico. Mostra, antes de tudo, sua preocupação para a permanência inalterada de uma forma religiosa que se remete à tradição bíblica, mas a compreende de modo bem distinto que a Igreja:

> Oh, corações endurecidos dos judeus. Oh, mentes insensatas de pessoas que não acreditam em nada. Esse único salmo não seria suficiente para levá-los a crer na paixão prenunciada pela própria verdade a partir de si com palavras tão evidentes? [...] Judeu incrédulo, não escutas o profeta, que antigamente era teu, e que concorda com o nosso evangelho? E tu, judeu, que não deténs teus próprios sacrifícios estás esperando qual engano? [...] Oh, judeus, por que continuas a divagar? Por que não temes tua morte? [...] Escuta, judeus, compreende obstinados, quantas vezes esse asaph falou sobre a vinda do Senhor[37].

Os judeus são, por ora, quase que a única forma que resiste no Ocidente à difusão do cristianismo, muito embora se trate de uma minoria.

Para Cassiodoro, existe uma questão hebraica indissociável entre política e religião. À luz de tudo que se disse, talvez fique mais claro o significado das múltiplas designações negativas reincidentes no *Comentário*. Os apelativos mais frequentes ali são "pérfidos", "dementes", "carentes de inteligência", "detestáveis", "dolosos", "pecadores em diversos modos", "incitadores", "imundos", "errantes", "iníquos", "maliciosos", "soberbos". Essas características negativas são uma dedução *a priori* que se deve ao fato de terem se rebelado contra Deus rejeitando seu filho e crucificando-o, mas também, na consciência de Cassiodoro, é um fato constatável, enquanto sua obstinação contínua e presente demonstra a permanência em seus vícios: "Os males acima enumerados poderiam ter provocado a misericórdia do Senhor, se a soberba obstinada dos judeus durasse até os dias atuais"[38].

Como conclusão, o fato principal que busco esclarecer aqui é que todas essas afirmações anti-hebraicas articuladas e complexas provêm de

---

37. "O dura corda iudaeorum! O insensatae mentes nunquam omnino credentium: nonne hic solus psalmus ad passionem credendam debuisset, quam sic euidenter de se veritas ipsa praedicavit?" (21,732-736); "audis, iudaee incredule, profetam aliquando tuum nostro evangelio consonantem?" (39,241-242); "et tu, iudaee, cum propria sacrificia non habeas, quem deceptus expectas?" (39,183-184); "quid adhuc, iudaei, desipitis? Cur vestrum interitum non timetis?" (49,488-489); "audite, iudaei, intellegite, pertinaces, quanta de advento domini Asaph iste locutus est" (81,146-148). Cf. também 94-235.

38. "Potuissent mala superius enumerata misericordiam domini commovere, nisi adhuc fuisset in iudaeis obstinata superbia" (73,219-221).

uma interpretação cristológica e cristã do saltério. São produzidas por uma interpretação cristã da Bíblia hebraica. E essa interpretação depende de três fatores fundamentais: a) a separação do cristianismo do judaísmo compreendida como b) oposição e crítica ao judaísmo e c) a apropriação da Bíblia hebraica por parte dos cristãos, que a transforma em Antigo Testamento, interpretado à luz do Novo Testamento, com base na teoria da unidade dos dois testamentos.

Detive-me com mais vagar nesses temas sobre Cassiodoro porque pode-se ver ali, com clareza, que a ideia do Antigo Testamento pressupõe: 1. a separação entre cristianismo e judaísmo; 2. A oposição entre cristianismo e judaísmo, entre Igreja e Israel, uma oposição que introduz na interpretação do texto bíblico não só uma leitura cristológica, mas também cristã; 3. a tentativa de subtrair aos judeus suas sagradas escrituras, uma tentativa necessária porque a Igreja é vista como uma entidade distinta e oposta a Israel; 4. uma posição política de supremacia dos cristãos com relação aos judeus.

Fica claro, assim, que o conceito de Antigo Testamento, como foi se formando historicamente, implica também uma dimensão política: a do poder político da Igreja e da perda do poder político de parte dos judeus, por vontade divina.

6. Para compreender como essa teoria, que foi se formando no decorrer dos séculos, foi ruindo depois lentamente, devemos ter em mente algumas grandes mudanças culturais posteriores. Tenho ciência do caráter extremamente sintético das observações que se seguem, mas, por outro lado, é necessário ter uma visão geral das questões com que estamos às voltas.

O Humanismo, com sua exigência de ler os textos antigos em sua língua original grega e hebraica e com sua busca de reaproximação aos modelos antigos em todos os campos da vida intelectual e artística, é uma das primeiras instâncias da modernidade que leva a uma reconsideração da natureza cultural das escrituras hebraicas. Nasce a Filologia moderna, cujo objetivo fundamental é compreender os significados das palavras dentro da língua e da cultura a que pertencem. Para serem compreendidas em seu significado, as sagradas escrituras hebraicas são lidas na língua em que foram pensadas e escritas, num texto que seja o mais próximo possível do original. Filologia e crítica textual são fruto de uma mesma exigência de conhecimento racional. Começam a surgir estudiosos, instituições dedicadas à língua hebraica e aramaica, ensino e docentes nas faculdades teológicas de todas as confissões do século XVI até hoje. Como se sabe, trata-se de processos culturais longos e contrastantes. A seção IV do Concílio de Trento assevera para a Igreja católica a normatividade da Vulgata, ou seja, de uma tradição latina da bíblia hebraica. Desse modo, a teologia católica assumia uma linguagem e um sistema conceitual próprio, dentro de seus muros e sem condições de embasamento nos novos mecanismos gnosiológicos racionais da sociedade europeia. A *Histoire critique*, do oratoriano Richard Simon, por exemplo, será fortemente contrastada pelo cardeal Jacques Bénigne Bossuet[39]. Somente na época de Pio XII que a encíclica *Divino Afflante Spiritu* vai aceitar a natureza hebraica e antigo-oriental das sagradas escrituras hebraicas, a ser estudada e compreendida com o método histórico.

Afirmar uma exegese filológica e histórica dos textos contidos na bíblia hebraica levou a desmentir ponto por ponto as interpretações cristológicas e cristãs de inúmeras passagens, solapando todo suporte textual à tese teológica cristã segundo a qual o sentido do texto da Bíblia hebraica se encontraria numa interpretação cristológica. A encíclica *Divino Afflante Spiritu* reconhecia que o sentido da Bíblia hebraica não deveria ser buscado numa interpretação alegórica cristã. Tal interpretação só seria legítima para aquelas passagens para os quais o Novo Testamento lhe dava um suporte explícito. Em suma, a encíclica afirmava que a correta exegese dos textos da Bíblia hebraica era a histórica. Assim a interpretação neotestamentária de passagens bíblicas deveria considerar-se certa com base na teoria da inspiração divina do Novo Testamento (e não com base em uma análise exegética daquelas passagens bíblicas), e em alguns poucos casos a interpretação alegórica deveria ser mantida[40]. A encíclica oferecia uma fundamentação teológica da necessidade da exegese histórico-literária para a compreensão do Antigo Testamento. Sem este o sentido literal da escritura não poderia ser compreendido. As pesquisas atuais demonstraram nos fatos que a exegese antiga não estava em condições de resolver e explicitar os problemas levantados e resolvidos pela exegese católica moderna. Este me parece ser o significado histórico generalíssimo do documento pontifício, um documento bastante plausível. Seus elementos fundamentais são: a providencialidade da contribuição cognitiva nova e mais profunda da Bíblia, que se deu graças às descobertas arqueológicas e literárias[41]; o progresso cognitivo dos estudos exegéticos modernos sobre as eras precedentes,

---

39. Cf. uma síntese de sua contraposição no capítulo de Hazard, P., *La crisi della coscienza europea*, Torino, UTET, 2008.

40. "Claro que não se exclui *qualquer* sentido espiritual da Sagrada Escritura… uma vez que resulte realmente [*dummodo rite constet*] do que vos foi imposto por Deus." Uma tese tradicional, mas que adota um sabor nesse contexto.

41. "Tudo isso que foi concedido à nossa época, não sem o conselho de Deus, evita e de certa maneira admoesta os intérpretes das Sagradas Escrituras a lançar mão ciosamente de

inclusive a patrística[42]; a afirmação de que o objetivo principal da exegese é a determinação do sentido literal[43], que se determina porém através da crítica textual do texto original[44], a caracterização do autor e de suas intenções[45], o estudo do gênero literário empregado pelo autor[46]. Isso implicava um redimensionamento de alguns princípios firmes da seção IV do Concílio de Trento sobre a Vulgata[47], ou sobre passagens da Bíblia cujo sentido tivesse sido determinado pela autoridade eclesiástica ou pelo consenso unânime dos Padres[48]. A encíclica continha ainda outros pontos relevantes: pode-se afirmar que no Antigo Testamento existe um sentido espiritual do texto apenas onde esse sentido é revelado pelo Novo Testamento[49]; leva-se em consideração a exegese patrística e deve-se buscar fazer uma fusão entre a exegese moderna e antiga[50]; todavia, o objetivo principal hoje é o da

---

toda iluminação possível para perscrutar a fundo as páginas divinas, ilustrá-las com mais precisão e expô-las com maior clareza."

42. "Em alguns casos, alguns pontos se tornaram 'árduos' e quase inacessíveis aos próprios Padres', noutros casos, somente na Idade Moderna é que foram descobertas dificuldades antes inimagináveis, após o surgimento de um saber bem mais profundo do que aquele dos tempos antigos que, por sua vez, fez surgir novas questões, pelas quais o olhar se dirige bem mais fundo no objeto em questão".

43. Para sua determinação, é necessário "o conhecimento das línguas, do contexto, do confronto com passagens semelhantes".

44. O texto original "tem mais autoridade e um peso maior do que qualquer tradição, antiga ou moderna".

45. "A suprema norma de interpretar é reconhecer e estabelecer o que se propõe dizer o autor."

46. Este é o aspecto metodológico mais inovador da encíclica, que fala extensamente e tem repercussões essenciais sobre o modo de conceber a inspiração e a inerência da Escritura. Para determinar o sentido literal de um texto oriental como a Bíblia, é preciso determinar quais gêneros literários quiseram empregar os autores e isso não é possível sem o estudo das antigas literaturas orientais. A encíclica acena aos resultados das últimas décadas na *Formgeschichte* do Antigo Testamento. Por fim, apresenta a motivação teológica: como a humanidade de Cristo é verdadeira humanidade, assim a linguagem humana em que se exprime a palavra de Deus é "semelhante à linguagem humana em tudo. Negligenciar esse método de questionamento traria 'grandes danos à exegese católica'". Assim, é necessário dedicar-se à arqueologia e ao estudo comparado das literaturas orientais.

47. A vulgata tem uma autenticidade jurídica, não crítica.

48. "Entre as inúmeras coisas presentes nos livros sagrados [...] são poucas aquelas das quais a Igreja, com sua autoridade, declarou o sentido, tampouco existe um número grande daquelas em torno das quais se tem uma sentença unânime dos Padres."

49. "É claro que não se exclui *nenhum* sentido espiritual da Sagrada Escritura [...] de modo que se conclui ['dummodo rite constet'] que foi estabelecido por Deus".

50. Assim, realmente se fará "uma *felix et fecunda coniunctio* da *veterum doctrina* e de sua *suavitas spiritualis dicendi* com a *maior eruditio* e com a *adultior ars* dos modernos. O que trará, seguramente, novos frutos".

exegese histórico-literária que representa um progresso em relação à antiga[51]; salienta-se o trabalho da exegese histórica e do Pontifício Instituto Bíblico[52]; fundamenta-se teologicamente a ideia de que a pesquisa histórica aplicada ao texto é um ato de piedade religiosa e expressão de autêntica religiosidade[53]. A encíclica não se exime de ver o problema colocado pelos adversários da exegese histórica, qual seja, que essa não produz frutos para a vida religiosa. Afirma, ao contrário, que essa tem condições de fornecer uma interpretação teológica do texto[54], enquanto a exegese espiritual proposta à época não estava em condições de prover tais frutos[55].

---

51. "Equivocadamente, porém, alguns, desconhecendo o estado da ciência bíblica, afirma que ao exegeta católico hodierno nada resta a acrescentar ao que já produziu a antiguidade cristã; ao contrário, é preciso afirmar que a nossa época produziu inúmeras coisas, que as novas pesquisas necessitam de novo exame, e que desafiam profundamente a atividade do escriturista moderno. Quando se publicou a encíclica *Providentissimus Deus*, 'em bem poucos lugares da Palestina se havia começado a investigar [...]. Mas essas pesquisas acabaram aumentando com um método mais rigoroso e com uma arte afinada pela mesma experiência, de modo que os resultados se tornam mais copiosos e mais exatos. O tanto de *luz que se pode trazer daquelas pesquisas e quanto mais profundamente se compreendem os livros sagrados*, é um assunto que deixamos aos *experts*, e todos aqueles que se aplicam a esse tipo de estudos sabe disso'"; os grifos são meus.

52. Esse é o objetivo principal da encíclica: "Nós propomos sobretudo mostrar o que resta fazer e com que disposição o exegeta católico deve hoje dedicar-se a uma tarefa tão séria; também nos propomos a infundir nova coragem e novos estímulos aos operários que trabalham arduamente na vinha do Senhor". O exegeta jamais deve deixar "de enfrentar as questões difíceis até hoje ainda não resolvidas", "os esforços e as fadigas" dos exegetas, "valorosos operários da vinha do Senhor", devem ser avaliados "com a máxima caridade".

53. "O dever do exegeta é acolher com o máximo cuidado e tomar com veneração qualquer vértice, por menor que seja, que provenha da pena do hagiógrafo inspirado pela ação do divino Espírito a fim de penetrar a fundo e integralmente seu pensamento." O exercício da crítica textual é "não só é necessário para compreender corretamente [...] mas é exigido imperiosamente pela piedade".

54. "Uma interpretação assim, sobretudo teológica [...] será um meio eficaz para reduzir ao silêncio aqueles que, alegando não encontrar nos comentários bíblicos nada que eleve a mente a Deus, [...] propõem quase que como a única hipótese um gênero de interpretação espiritual, e chamam-na, como esses, de 'mística'. O quão pouco acertada seja essa proposta prova-se pela experiência de muitos que com a consideração repetida e a meditação da palavra de Deus santificaram suas almas e se inflamaram de amor vivo para com Deus."

55. Em torno da necessidade de uma interpretação teológica, além da histórica, do texto, vemos, nos anos que se seguem, um debate articulado que lança raízes também nas décadas precedentes. Por um lado, discute-se sobre a legitimidade ou não de uma exegese espiritual que, ante a encíclica, deve justificar a si mesma. Por outro, discute-se amplamente sobre a existência ou não de um *sensus plenior* do texto, "aquele significado adicional, mais profundo, compreendido por Deus, mas que o autor humano claramente não compreende" (R. E. Brown). Sobre esse debate, cf. Reventlow, H. G., *Hauptprobleme der biblischen Theologie*, Darmstadt, Wissenschaftliche Buchgesellschaft, 1983, 39-40.

A segunda grande novidade da Idade Moderna será o aparecimento na cultura douta europeia de uma presença hebraica colocando a exigência de se ler a Bíblia a partir da perspectiva hebraica. É o que vem confirmado claramente a partir do fim do século XVI, constituindo um polo de reflexão crítica fundamental[56]. No final do século XVI, no ano de 1593, *Il rafforzamento dela fede*, de Isaac ben Abraham de Troki (1533-1594), uma obra aparentemente gerada num clima de debates na Lituânia entre judeus e cristãos de diversas confissões, nos mostra a afirmação pública da necessidade de interpretar as sagradas escrituras hebraicas do ponto de vista hebraico, partindo da demonstração da falta de fundamentação exegética da interpretação cristã da Bíblia[57]. As interpretações cristológicas da Bíblia hebraica encontradas no Novo Testamento não têm sustentação do ponto de vista exegético, e, por outro lado, a Bíblia hebraica, chamada de Antigo Testamento pelos cristãos, quando lida corretamente, não permite as interpretações cristológicas feitas pela Igreja no correr dos séculos. Com a vantagem de ser caraíta, Isaach ben Abraham não propõe a interpretação rabínica como substituição à leitura cristã, mas move-se no plano da exegese do texto. Estamos diante de um judeu que assume os instrumentos cognitivos humanistas como instrumento de análise da Bíblia. No final do século XVI, vai surgindo, então, uma figura autônoma nos debates culturais, um polo diferente, ou seja, hebraico, não condicionado pelos pressupostos teológicos cristãos. A obra de Ben Abraham foi traduzida para o espanhol em 1621 com o título *Fortificación de la ley de Moseh*. Johann Christoph Wagenseil publica uma tradução latina em *Tela ígnea Satanae*, em 1681, em Altford, muito bem-sucedida e que foi usada por personalidades notáveis. Ademais, não faltaram respostas teológicas e exegéticas da parte dos cristãos[58]. A meu ver, não é tão importante o fato de Voltaire, ou o barão de Holbach Paul-Henri Thiry, ter-se utilizado dessa obra, mas que a perspectiva hebraica tenha sido um fator decisivo e essencial na pesquisa histórica. Isaac

---

56. Weis-Rosmarin, T., *Jewish expressions on Jesus*, New York, Ktav, 1976.

57. Troki, I. ben Abraham, *Faith strengthened*, intr. de T. Weiss-Rosmarin, trad. de M. Mocatta, New York, Ktav, 1970. Um manuscrito hebraico pode ser encontrado na Houghton Library da Universidade de Harvard.

58. Por exemplo, Gousset, Jacques (1635-1704), *Jesu Christi evangeliique veritas salutifera, demonstrata in confutatione Libri Chizzouk Emounah, a R. Isaco scripti: in qua pleraque Judaeorum adversus doctrinam Christianam argumenta, aut difficultas, plereaque in Novi Testamenti loca censurae examinantur ac diluuntur, & testimonia è veteri allegata vindicantur [...] accedunt eiusdem auctoris in epistolam ad Hebraeos, et ad Levit. XVIII. 14. Disputationes sex*, J. Borstius, 1712.

Orobio de Castro (1617-1687) irá escrever *Israel Vengé. Exposition naturelle des Prophéties Hébraïque que les Chrétiens appliquent à Jésus, leur prétendu Messie*[59], em que, depois de ter demonstrado por diversos capítulos como Jesus não tinha as características que os judeus requerem para o Messias, examina frase por frase o capítulo 53 de Isaías para demonstrar que não pode ser aplicado a Jesus. Richard Popkin mostrou a influência de *Chizzuk Emunah*, por exemplo, no tratado teológico do século XVIII, de George Bethune English, *The ground of christianity examined, by comparing the New Testament with the Old*[60]. Essa presença hebraica irá persistir, embora de maneira diminuta e com notáveis dificuldades, sem qualquer atenção de parte da teologia cristã. A participação hebraica na filologia e nas pesquisas históricas na questão bíblica irá se intensificar no final do século XIX, com pesquisadores hebraicos que, nas pesquisas científicas, abandonam o pressuposto confessional hebraico, unindo-se aos demais estudiosos que já há tempo haviam abandonado o pressuposto confessional cristão na compreensão histórica da Bíblia hebraica. Na Itália, tem-se, então, David Castelli, mas é sobretudo no movimento da *Wissenschaft des Judentums* que vai se solidificar esse fomento. Mas será preciso esperar até os anos de 1960 para que o papel dos exegetas hebraicos seja universalmente aceito como parte constitutiva das pesquisas exegéticas da Bíblia hebraica. É naqueles anos que começam a difundir-se os departamentos de estudos religiosos nas universidades americanas com um teor não confessional, diferentemente do que ocorria nas faculdades teológicas, que se abrem aos docentes judeus para a exegese daquilo que os cristãos chamam de Antigo Testamento. Um exemplo do papel decisivo hebraico na exegese bíblica contemporânea são os grandes comentários científicos dos exegetas judeus na série da *Anchor Bible*. O significado cultural decisivo de uma presença hebraica nos estudos exegéticos na Europa reside no fato de que o espaço das pesquisas científicas não provém da impostação confessional da teologia cristã, que reduz a Bíblia hebraica a Antigo Testamento, a ser interpretado cristologicamente, mas consiste num espaço público comum, em que o que importa é, unicamente, o exercício de um método filológico e histórico.

Outro elemento é a afirmação de uma ciência das religiões e de ciências antropológicas voltadas a reconhecer a autonomia das diversas culturas

---

59. Consultou a obra na edição de Londres de 1770.

60. G. B. English, *The Grounds of Christianity Examined, by Comparing the New Testament with the Old*, Printed for the Author, Boston (ma) 1813. Popkin reeditou o tratado de English in: *Disputing Christianity: The 400-Year-Old Debit over Rabbi Isaac Ben Abraham of Troki's Classic Arguments*, Humanity Books, New York 2007.

singulares e as diversas religiões singulares, buscando compreendê-las, por um lado, à luz da cultura que as produzira e, por outro, com um instrumental conceitual pautado no progresso dos métodos de pesquisa e não pelo aparato conceitual regional da teologia judaica, cristã ou islâmica. Nesse contexto disciplinar, a Bíblia hebraica já não pode ser chamada cristãmente de Antigo Testamento, mas simplesmente corpo de escrituras consideradas sagradas por certos grupos religiosos hebraicos. É sintomático que aqueles que surgem em Stroumsa como o início da história moderna das religiões residam precisamente num reconhecimento da natureza cultural da ritualidade hebraica numa obra de Simon que utiliza um ensaio de Leone Modena[61]. Isso implica, ainda, uma recondução das escrituras judaicas ao contexto cultural que as produziram[62]. O judaísmo, enquanto cultura, irá tornar-se objeto de pesquisa também da sociologia; basta recordarmos de algumas obras célebres de Weber e Shmuel Eisenstadt[63]. Nessas perspectivas histórico-religiosas ou socioantropológicas, pensar que a Bíblia hebraica deva ser compreendida em sua natureza, à luz da religião cristã do Novo Testamento ou de uma interpretação cristológica ou da teoria da unidade dos dois testamentos, é simplesmente um absurdo.

Esses três fatores, porém, não podem ser dissociados de um quarto elemento fundamental, uma mudança de caráter cultural e político: o fim do regime antigo e também do papel político da Igreja e dos antigos sistemas, protestantes e católicos, regulando as relações entre poder político e poder religioso. Foram nascendo paulatinamente instituições estatais inspiradas na América do Norte pautadas nos princípios das declarações dos direitos naturais individuais da Virgínia e da Pensilvânia, e na Europa na Declaração dos Direitos Humanos de 1789[64]. Quando, em 1555, Paulo IV instituiu o gueto para os judeus no Estado da Igreja, deu-lhe uma justificação teológica, na bula de instituição *Cum nimis absurdum*, com base no conceito clássico pela qual os judeus, enquanto povo que negou a Jesus

---

61. STROUMSA, G., *A new science. The discovery of religion in the age of reason*, Cambridge (MA), Harvard University Press, 2010.

62. DESTRO, A., *The law of Jealousy: Anthropology of Sotah*, Atlanta (GA), Scholars Press, 1989; EILBERG-SCHWARTZ, H., *The savage in Judaism. An anthropology of Israelite religion and ancient Judaism*, Bloomington (IN), Indiana University Press, 1990.

63. WEBER, M., *Sociologia della religion*, vol. 4: *L'etica economica della religioni universali. Il giudaismo antico*, Torino, Einaudi, 2002; EISENSTADT, S. N., *Civiltà hebraica. L'esperienza storica degli ebrei in una prospettiva comparativa*, Roma, Donzelli, 1992.

64. PESCE, M., Religioni e secolarizzazione, in: POMBENI, P.; CAVAZZA S. (ed.), *Introduzione alla storia contemporanea*, Bologna, Il Mulino, 1997, 103-117.

Cristo, tinham sido condenados a uma condição de subordinação política nos confrontos com os cristãos, teoria correlata àquela pela qual a natureza e o sentido dos textos do Antigo Testamento só podem ser compreendidos à luz da fé cristã, enquanto a permanência no judaísmo não permitiria ver seu significado e a revelação divina neles contida. Foi só a queda do poder político da Igreja no Estado Pontifício que permitiu, no ano de 1870, a abolição do gueto de Roma por parte do Estado laico italiano[65]. Em suma, o termo Antigo Testamento, que exprime a concepção pela qual a interpretação hebraica da Bíblia deve ser subordinada e até substituída pela cristã, está estreitamente relacionado com a teoria pela qual os judeus não podem gozar dos mesmos direitos políticos dos cristãos. Paralelamente, a afirmação do princípio segundo o qual os judeus têm por natureza os mesmos direitos civis que os cristãos está estreitamente relacionada com a afirmação de uma interpretação hebraica da Bíblia.

7. Foi preciso esperar a chegada da Shoah para que as Igrejas cristãs começassem a afrontar de um novo modo teológico a relação entre judeus e cristãos, a partir de uma revisão crítica radical de uma teologia que, havia bastante tempo, não se baseava mais na cultura moderna europeia, já bastante modificada, graças àqueles fatores que busquei explanar sinteticamente.

A visão de um historiador e um filólogo a respeito de considerar os textos e conteúdos das Sagradas Escrituras judaicas chamando-os de Antigo Testamento é de que não há justificativa para isso do ponto de vista exegético, histórico, de história das religiões ou de compreensão antropológica das culturas. Do ponto de vista dos métodos gnosiológicos hoje difundidos internacionalmente no âmbito das pesquisas científicas, os textos contidos nas escrituras judaicas não são Primeiro Testamento, nem Antigo Testamento, ambas concepções teológicas anacrônicas. Elas mostram ser, antes, textos considerados pelos judeus do mundo antigo variadamente úteis e normativos para seus grupos sociais.

---

65. Cf. Firpo M. (ed.), *Il problema della tolleranza religiosa in età moderna*, Torino, Loescher, 1983.

CAPÍTULO 3

Nascimento e crise do conceito de heresia

Antecipo aqui, de modo sintético e por uma questão de clareza, que argumentarei as afirmações apresentadas neste capítulo. Primeiramente, nos primeiros 150 anos da história do cristianismo não vamos encontrar o conceito de heresia, compreendido como grupos ou doutrinas que se desviam de grupos ou doutrinas definidos como ortodoxos. Logo após a morte de Jesus (e de resto já durante a sua vida) existiam intepretações diferentes de sua mensagem e diferentes modos de segui-lo. A multiplicidade das correntes é um dado originário, como reconhece a historiografia recente. É no processo de distanciamento de grupos judaicos para a formação de uma nova religião, a que depois vai ser chamada de cristã, que começam os debates e conflitos entre as várias correntes e surgem as concepções correlatas de ortodoxia e heresia. Em segundo lugar, o conceito de heresia, elaborado por autoridades eclesiásticas de diversas orientações e localização geográfica no curso da longa história do cristianismo é bastante variado no tempo. As principais guinadas históricas significativas para uma mudança conceitual surgiram sobretudo na segunda metade do século II, depois no período áureo da heresiologia cristã das Igrejas reconhecidas no Concílio de Calcedônia; por fim, no período medieval entre os séculos XI e XIV. Em terceiro lugar, será com a Idade Moderna, a partir do século XVI, que se dá uma nova guinada fundamental. Vão surgindo gradualmente as condições que dão vida a uma história do cristianismo não confessional. Uma das primeiras manifestações dessa nova consciência histórica (mas também de uma consciência histórica renovada do cristianismo das origens) é a crítica ao conceito de heresia. Quero mostrar que o conceito de heresia e de herege não é um conceito historiográfico, mas um instrumento confessional de condenação, elaborado por um grupo, por uma autoridade ou por um autor nos confrontos com outros grupos ou pessoas. Enquanto tal, o conceito de heresia não pode ser usado por um historiador e deve desaparecer da linguagem e da conceptualidade historiográfica da história do cristianismo e das Igrejas, como ademais já está acontecendo faz tempo. Em quarto lugar, por fim, quero mostrar que o abandono do conceito de heresia, como elemento conceitual importante, junto com outros fatores, implica uma reformulação do estatuto epistemológico da disciplina da história do cristianismo, como disciplina que busca o conhecimento histórico e não a defesa ou a explicação de uma confissão cristã particular (ou a defesa da religião cristã perante a outras religiões)[1].

3.1. No início está a pluralidade

Nos estudos de história do cristianismo antigo foi se constatando cada vez mais forte uma mudança de paradigma interpretativo, deixando para futuros historiadores a tarefa de indagar o exato início dessa mudança dentro da disciplina. Segundo esse esquema interpretativo, o cristianismo se apresenta desde o início com uma pluralidade de grupos, com práticas e ideias religiosas pelo menos parcialmente diversas. Desde o início, temos uma multiplicidade de cristianismos e não um cristianismo unitário. O velho paradigma, segundo o qual o cristianismo unitário dos primórdios teria se diferenciado posteriormente numa pluralidade de grupos, diferentes

---

1. Sobre toda essa questão, cf. Norelli, E. (ed.), Costruzioni dell'eresia nel cristianesimo antico, número monográfico de *Rivista di Storia del cristianesimo*, 6 (2009) 323-434; Backus, I.; Goudriaan, A., Semipelagianism. The origins of the term and its passage into the history of heresy, in: *Journal of ecclesiastical history*, 63 (2012) 1-22; Backus, I.; Büttgen, P.; Pouderon, B. (ed.), *L'argument hérésiologique, l'église ancienne et les réformes, XVI-XVIIe siècles*, Paris, Beauchesne, 2012; Backus, I., Leibniz et l'hérésie ancienne, in: Backus, I.; Büttgen, P.; Pouderon, B. (ed.), *L'argument hérésiologique, l'église ancienne et les réformes, XVI-XVIIe siècles*, op. cit., 69-93; Nef, F., Declarative vs. Procedural rules for religious controversy. Leibniz's rational approach to heresy, in: Dascal M. (dir.), *Leibniz. What kind of rationalist?*, Dordrecht, Springer, 2009, 383-395. Cf. também Le Brun, J., La notion d'hérésie à la fin du 17e siècle. La controverse Leibniz-Bousset, in: Id., *La jouissance et le trouble. Recherches sur la littérature chrétienne à l'âge classique*, Genève, Droz, 2004, 137-160; Hageneder, O., Der Häresiebegriff bei den Juristen des 12. und 13. Jahrhunderts, in: Lourdaux, W.; Verhelst, D. (ed.), *The concept of heresy in the Middle Age (XI-XIII C.)*, Leuven, Leuven University Press, 42-103.

entre si, de tal modo que a pluralidade dos cristianismos nasceria da desagregação da unidade originária, foi substituído pela concepção segundo a qual nos primórdios não existe um cristianismo unitário, mas uma pluralidade de grupos cristãos diferentes em suas práticas e doutrinas. Em nível terminológico se tornou costume, portanto, falar-se de cristianismo no plural. Um cristianismo considerado majoritário ter-se-ia formado por reação a essa pluralidade, mas sempre sem conseguir impor uma forma cristã única, na medida em que a pluralidade continuou a existir. Em alguns casos, as diversas formas de cristianismo teriam permanecido marginais, enquanto noutros casos a diferença teria permanecido intensa e numericamente muito consistente. Basta pensar na coexistência, nos mesmos períodos históricos, embora em diferentes áreas, da Igreja latina e das Igrejas gregas. O antigo esquema da unidade originária depois diversificada em grupos diversos e divergentes tem o apoio do relato dos Atos dos Apóstolos, adotado por um lado como se fosse uma representação histórica verdadeira e própria, e sobretudo, de outro, simplificando-o essencialmente pela remoção de alguns dados que contradizem aquele esquema. Segundo esse relato, o grupo dos discípulos de Jesus reunido em Jerusalém depois da sua morte, constituído dos onze que voltaram a ser doze posteriormente, com os irmãos de Jesus e a mãe (At 1,12-14), agrega muitos outros discípulos em Jerusalém e, depois, vai difundir a mensagem de Jesus em todos os cantos da terra de Israel e do Mediterrâneo. O grupo originário se situa num único lugar, Jerusalém, constituído de pessoas "todas unânimes" (At 1,4). Na realidade, esse esquema é desmentido ponto por ponto. Antes de tudo, a unanimidade originária é contraditada pelos próprios Atos dos Apóstolos, pela forte divergência entre judeus e helenistas entre os seguidores de Jesus e pelas oposições e dificuldades existentes nos confrontos de Paulo, como ficou esclarecido pela historiografia da segunda metade do século XVII em diante. A isso, acrescem-se hoje as hipóteses relativas às fases mais antigas do evangelho de Tomé, que mostram afinidade com as tradições que se encontram nos evangelhos judaico-cristãos, de modo que há quem conjecture uma maior pluralidade de grupos na própria Jerusalém do século I[2]. Mas a própria ideia de uma origem a partir de um

---

2. CAMERON, R.; MILLER, M. P. (ed.), *Redescribing Christian origins*, Atlanta (GA), Society of biblical literature, 2004; BOVON, F., *The emergence of Christianity*, Tübingen, L. Drake, Mohr Siebeck, 2013; DESTRO, A.; PESCE, M., Come è nato il cristianesimo, in: *Annali di storia dell'esegesi*, 21,2 (2004) 529-556; PESCE, M., Come studiare la nascita del cristianesimo. Alcuni punti di vista, in: GARRIBA, E.; TANZARELLA, S. (ed.), *Giudei o cristiani? Quando*

único lugar, que buscaria fundamentar-se nos relatos dos Atos dos Apóstolos, é desmentida pelos próprios evangelhos canônicos. O evangelho de Mateus, por exemplo, que tem uma visão dos eventos posteriores à morte de Jesus, está em franco contraste com os Atos. Jesus ressuscitado aparece aos onze não apenas em Jerusalém, mas num monte da Galileia. Ademais, a divergência entre os evangelhos de Marcos, Mateus e Lucas, com a versão de João, denuncia tradições provindas de grupos que têm sedes geográficas diversas e possuem informações sobre Jesus, suas ações e sua mensagem bastante divergentes. Grupos de seguidores de Jesus na Galileia, na Judeia, em Jerusalém e noutros lugares parecem ter surgido já na época da pregação de Jesus, tendo se desenvolvido depois de modo mais ou menos autônomo. Em suma, o relato dos Atos aparece não como uma visão geral da história do cristianismo primevo, mas como um relato proveniente de um ambiente geograficamente preciso e limitado, que faz um paralelo com relatos provenientes de outros grupos de seguidores de Jesus coetâneos e situados em outros lugares. A leitura harmonizante dos textos cristãos primitivos que se deu (cf., por exemplo, Taciano) já na metade do século II em alguns ambientes (não em todos), e que será reforçada posteriormente com a constituição da coleção canônica do Novo Testamento, obscurece a percepção da diversidade dos textos, mesmo dos que depois se tornaram canônicos. Na verdade, é forte a divergência dos relatos das origens de Mateus, João[3], Paulo[4] e dos Atos[5], acrescentando-se a isso o relato do evangelho de Tomé, da Ascensão de Isaías[6], dos primeiros textos gnósticos cristãos, do apócrifo de João[7], da literatura pseudoclementina[8].

---

nasce il cristianesimo? Trapani, Il pozzo di Giacobbe, 2005, 29-52. Cf. Destro, A.; Pesce, M., Coabitazione dei gruppi di seguaci di Gesù a Gerusalemme (30-70 Era comune), in: Arcari, L.; Amodio, M.; Pierobon Benoit, R. (ed.), *Segni di coabitazione negli spazi urbani dell'Oriente romano (I-VI sec. d.C.)*, Sardini, Bornato.

3. João parece testemunhar logo uma difusão de seguidores de Jesus na Judeia (Jo 20,21: "καθὼς ἀπέσταλκέν με ὁ πατήρ, κἀγὼ πέμπω ὑμᾶς").

4. Cf. a divergência entre Gálatas 2 e Atos dos Apóstolos 15.

5. Mateus coloca o início da pregação aos não judeus por parte dos onze a partir da Galileia (Mt 28,16-20) e não a partir de Jerusalém como nos Atos dos Apóstolos 2,1-48.

6. Ascensão de Isaías 3,19-31.

7. King, K. L., *The secret revelation of John*, Cambridge, Cambridge University Press, 2006.

8. Jones, F. S., An ancient Jewish Christian rejoinder to Luke's Acts of the Apostles, Pseudo-Clementine recognitions 1.27-71, in: *Semeia*, 80 (1997) 223-245; Id., An ancient jewish Christian source on the history of Christianity. Pseudo-Clementine recognitions 1.27-71, Atlanta (GA), Atlanta Scholars Press, 1995.

O paradigma da pluralidade originária, dos muitos cristianismos existentes desde o início, foi fortemente influenciado pela obra de Walter Bauer[9]. Não podemos esquecer, porém, que essa obra demorou a ser aceita e que tem seu valor hoje porque o reconhecimento da pluralidade dos cristianismos originários se tornou um patrimônio comum das pesquisas sobre as origens do cristianismo[10].

3.2. O surgimento do conceito de heresia

O conceito de heresia, compreendido como um conjunto de orientações religiosas, e em especial teológicas, consideradas divergentes e condenáveis do ponto de vista dos comportamentos e das doutrinas considerados ortodoxos, parece ter surgido por volta da metade do século II. Tornou-se comum considerar definitivo o juízo historiográfico de Alain Le Boulluec sobre o fato de que foi só por volta da metade do século II, e sobretudo em Justino de Nápoles, que a palavra "hàiresis" sofre uma variação fatal de seu significado e, de uma livre escolha lícita e aceita, passa a significar uma escolha condenável, uma corrente ou um grupo que adere a doutrinas divergentes contrárias à ortodoxia. Depois de Le Boulluec, a reflexão e as pesquisas avançaram grandemente também em seu estudo de Justino[11]. Fica muito claro, porém, que o surgimento de um novo significado da palavra "hàiresis" vem acompanhado de uma definição tendencialmente nova do mesmo conceito de cristão, levando a uma separação entre os seguidores de Jesus e judeus. Para Justino, os cristãos não são todos os seguidores de Jesus, mas apenas aqueles numericamente majoritários que não são judeus. A operação de distinção dos *christianoi* dos judeus tem a intenção de impedir que esses sejam um subgrupo dos judeus. Por outro lado, Justino também quer impedir que os *christianoi* se integrem sem identidade distinta no império e na cultura helenista-romana. Esse nos parece ser um dos motivos que o levam a denunciar todos aqueles grupos que são certamente

---

9. Cf. a tradução francesa: BAUER, W. *Orthodoxie et hérésie aux débuts du christianisme*, intr. de A. Le Boulluec, Paris, Les éditions du Cerf, 2009. Sobre Bauer, cf. as observações de GINGRICH, F. W.; SCHNEEMELCHER, W.; FASCHER, E., in: *NTS*, 9 (1962-63) 1-38.

10. LAMPE, P., Induction as historiographical tool. Methodological and conceptual reflections on locally and regionally focused studies, in: *Annali di storia dell'esegesi*, 30,1 (2013) 9-20.

11. BOYARIN, D., *Borderlines. The partition of judaeo-christianity*, Philadelphia (PA), University of Pennsylvania Press, 2004, 37-73; LYMAN, R., Hellenism and heresy. 2002 NAPS presidential address, in: *Journal of early Christian studies*, II, 2 (2003) 209-222.

christianoi (isto é, seguidores de Jesus pertencentes aos *ethnê* dos gentios), mas se aproximam bastante aos usos religiosos ou às tendências filosóficas dos gentios: "há pessoas que se dizem cristãs [...] mas professam os ensinamentos que provêm dos espíritos do erro" (35,2). "Entre eles, há alguns chamados marcionitas, outros valencianos, outros basilianos, outros saturnalianos" (35,6)[12]. É significativo que Justino reconheça que esses que ele julga desviados se consideram, porém, cristãos. A diferenciação entre cristãos verdadeiros e falsos tende a negar processualmente[13], com o passar do tempo, a atribuição do nome de cristãos aos hereges. Mas mais importante do que isso é o fato de que, para Justino, os desviados não são uma deformação de uma unidade originária. O esquema da unidade originária que vai se degenerando sucessivamente em pluralidade é ainda estranho a seu pensamento, como era também para Paulo. Mas aqui, do ponto de vista histórico, se fazem necessárias duas observações esclarecedoras. A primeira diz respeito aos mecanismos que permitem identificar a ortodoxia. Antes de tudo, qual é a autoridade que pode definir como ortodoxa uma doutrina e considerar herege a doutrina contrária? A autoridade de um único pensador, como Justino, por exemplo, seguramente não pode pretender além da própria pessoa ou, no máximo, do grupo restrito de alunos que aderem fielmente ao seu pensamento. O caso de uma instituição já é diferente. Por definição, uma instituição é revestida de autoridade com relação aos seus membros na medida em que esses indivíduos a consideram válida. Em segundo lugar, os mecanismos de justificação através dos quais uma pessoa ou uma instituição podem tentar legitimar a própria autoridade são de natureza diferente. Pode-se lançar mão de uma legitimação sobrenatural, o que se dá sobretudo no caso de Paulo, ou, então, a uma justificação de tipo tradicional. No primeiro caso, uma revelação direta de Deus justificaria a pretensão de ter como base uma verdade inexpugnável, de origem divina. No segundo caso, a legitimação é alcançada através da pretensão de representar fielmente o que a autoridade originária transmitiu através de fases sucessivas de transmissão fiel. Parece-me que esses dois critérios de legitimação teriam sido usados no primeiro cristianismo e quase sempre concomitantemente. Além disso, nem sempre esses dois critérios caminharam junto com um terceiro critério, o do consenso de um grupo que recebe a autoridade, a reconhece e a confessa. Os primeiros dois princípios, porém,

---

12. PESCE, M., *Da Gesù al cristianesimo*, Brescia, Morcelliana, 202-205.
13. Sobre o conceito de definição processual, cf. BAUMANN, G., *The multicultural riddle. Rethinking national, ethnic, and religious identities*, New York, Routledge, 1999, 138-139.

têm uma lógica radicalmente diferente entre si e de certo modo também inconciliável. Legitimar a própria autoridade na base de uma revelação divina direta significa não ter necessidade de qualquer confirmação externa ou tradicional. Significa que o princípio de continuidade com doutrinas precedentes não confere autoridade: uma doutrina é ortodoxa na medida em que é recebida por revelação direta, não mediada, de Deus. A doutrina ortodoxa que se legitima numa autoridade fundamenta-se, antes, numa corrente tradicional precedente que tem necessidade de demonstrar de forma absoluta a própria continuidade com as doutrinas ortodoxas precedentes que constituem a cadeia de transmissão tradicional.

A definição de ortodoxia e de heresia não ultrapassa os confins do grupo dentro do qual se forma. Outros grupos têm outros conteúdos de ortodoxia e de heresia. O que é ortodoxo para um grupo de cristãos não o é para outro. As Igrejas protestantes, por exemplo, que do ponto de vista católico são hereges, elaboram dentro delas conceitos de heresia para condenar os que, em sua opinião, são divergentes[14]. Mas, uma vez reconhecido que o mecanismo de oposição heresia-ortodoxia se manifesta dentro de um grupo ou igreja (ou porque uma parte do grupo define divergente uma outra parte do mesmo grupo, ou que uma parte minoritária do grupo se separa do resto porque não consegue impor sobre a maioria a sua própria visão das coisas que considera ortodoxas), torna-se relevante reconhecer que os motivos pelos quais alguns consideram oportuno condenar como hereges personagens singulares ou grupos particulares podem ser bastante diferentes dependendo dos casos. Parece evidente que jamais tenha surgido a preocupação de definir como herege alguém com quem não se tem qualquer relação. A criação do binômio ortodoxia-heresia parece estar necessariamente conexa, assim, com uma coexistência entre grupos diversos, mas em recíproca relação. Acontece que, às vezes, quem declara ser herege à outra parte deve estar numa posição de poder para fazê-lo ou numa situação de maioria numérica perante a minoria. Mas isso nem sempre é necessário, porque o ato de declarar a outros divergentes também se dá por minorias ou por grupos não dotados de uma força social específica.

A segunda observação refere-se aos conteúdos da ortodoxia. Uma tendência dos historiadores do cristianismo antigo é — como dissemos — a de pressupor uma continuidade entre os conteúdos doutrinais da Igreja

---

14. BACKUS, I.; BÜTTGEN, P.; POUDERON, B. (ed.), *L'argument hérésiologique*, loc. cit. Esse conceito é desenvolvido sobretudo nas p. 15-17, mas em geral também em toda a introdução de Backus e Büttgen (p. 13-20).

que eles consideram ortodoxa, por exemplo, a Igreja que se reconhece no Concílio de Niceia e as doutrinas precedentes; mas, como se sabe, isso não condiz com a verdade. Muitas vezes verificamos que é comum que os autores que se consideram ortodoxos defendem doutrinas que os autores posteriores, considerados ortodoxos, não professam. A ortodoxia de Justino, por exemplo, não coincide com a de Ireno e com a de Niceia. A concepção de divindade de Jesus e a do milenarismo não podem ser consideradas ortodoxas segundo a teologia da Igreja posterior reconhecida nos grandes concílios dos séculos IV e V. Em suma, os conteúdos da ortodoxia se modificam. Isso tem consequências fatais na história do cristianismo porque é comum os historiadores, que se sentem no dever de defender o que suas Igrejas consideram ortodoxo, procuram incansavelmente demonstrar que as doutrinas de suas Igrejas estão em continuidade com as doutrinas antigas, havendo uma harmonia substancial entre as autoridades ortodoxas nos longos séculos da história das Igrejas.

3.3. Como interpretar historicamente as diversidades dos grupos cristãos

Retornemos ao ponto de partida: segundo o esquema antigo da unidade primitiva da Igreja das origens, as heresias seriam as responsáveis pela diversificação sucessiva. Esse esquema ganhou tal enraizamento na história do cristianismo que pode ser constatado por todo lado. Basta lembrar a definição de Alfonso de Liguori em sua *História das heresias e sua refutação*, de 1772 (citada aqui a partir de uma edição de Bassano, de 1838): "Heresias que brotaram de seu (da Igreja) próprio interior através de homens maus, que, movidos pela soberba ou pela ambição, ou pela liberdade dos sentidos, começaram a dilacerar as vísceras de sua própria mãe"[15]. A diversidade é a dilaceração de uma unidade preexistente. Esse esquema pressupõe uma estrutura institucional que não corresponde às origens: pressupõe a Igreja como fonte e origem. Assim, se revela não como esquema histórico, mas como conceito dogmático e, ademais, conceito dogmático católico. Existe uma Igreja originária fundada por Jesus e dotada de determinadas características essenciais, que se perpetua nos séculos, das quais se depreendem heresias nascidas de erros criados por indivíduos singulares que, depois, são seguidos por grupos mais ou menos numerosos. É evidente que, tendo

---

15. LIGUORI, A. DE, *Istoria delle eresie con la loro confutazzione*, vol. III, Bassano, G. Remondini e Figli, 1838, 4-5.

uma vez reconhecido a necessidade de inverter o paradigma e de colocar a diversidade como dado originário, começa a se mostrar também a necessidade de uma classificação da diversidade. Se o conceito de heresia não pode ser aplicado aos primeiros 150 anos de história cristã, a reconstrução historiográfica não pode lançar mão dele porque não existem hereges nesse primeiro período. Como se sabe, seria um anacronismo considerar existir num certo período realidades históricas que são próprias apenas de épocas sucessivas. Mas a reconstrução historiográfica não poderá lançar mão do conceito de herege/heresia também para o período sucessivo, quando será introduzido por alguns autores, autoridades ou instituições que se consideram ortodoxos, porque não se trata de um conceito historiográfico, mas de instrumentos para isolar e marginalizar doutrinas com as quais aquele determinado autor ou aquela determinada instituição ou autoridade eclesiástica não concorda. O historiador não pode adotar o conceito desses autores ou autoridades para definir as características histórico-religiosas dos grupos que estuda. Não pode, por exemplo, adotar os pontos de vista e as intenções de Justino para classificar o cristianismo da metade do século II. Terá que elaborar um conceito historiográfico de cristianismo, que inclua todos os grupos, todas as correntes doutrinais e todas as práticas religiosas que se autodefinem seguidores de Jesus. Isso se aplica também às categorias elaboradas, por exemplo, pelo evangelho de Judas, que é, provavelmente, coetâneo. Suas condenações dos grupos cristãos que se apoiam nos evangelhos canônicos[16] não podem ser adotadas como critérios historiográficos. Em suma, o conceito de heresia é um conceito e uma terminologia que devem ser radicalmente eliminados da terminologia e do sistema conceitual do historiador do cristianismo antigo. Correlativamente, deve-se modificar também o conceito de cristianismo, que já não pode depender da ideia de cristianismo de uma determinada Igreja ou instituição da Igreja antiga, mas deve ser aplicado a qualquer grupo que se refira a Jesus, sejam quais forem suas práticas, suas doutrinas e seus critérios de pertencimento. Trata-se de uma multiplicidade de cristianismos diversos, e não de um único cristianismo ortodoxo, que seria distinto de grupos de pessoas definidas como heterodoxos ou hereges. Ademais, o historiador também precisa questionar como os grupos (que alguns revelavam como hereges) definiam a si próprios e como definiam e qualificavam o grupo ou os grupos pelos quais eram condenados como hereges. Um ponto fundamental da questão metodológica é que, frente a

---

16. Evangelho de Judas 37,24–39,2.

um grupo que define um outro como herege, a história deve levar em conta não só a avaliação do grupo que condena, mas também a percepção que tem de si o grupo condenado. O historiador se encontra diante de duas séries de sistemas conceituais contrapostos, sem poder adotar os conceitos que um dos dois grupos lançou mão para definir e condenar o grupo adversário. Deve considerar o ponto de vista de ambos. Do contrário se tornaria porta-voz de um grupo contra o outro. Essas considerações que levam a eliminar da terminologia e da conceptualidade da historiografia o conceito de heresia se aplicam também à Idade Média. Para esse período só nos limitamos a asseverar o que afirma Grado Giovanni Merlo, em *Eretici del Medioevo. Temi e paradossi di storia e di storiografia*:

> As heresias e os hereges existem na medida em que a cultura clerical e os altos escalões eclesiásticos os identificam, definem e combatem (a ponto de reprimi-los de maneira cruenta), em vista da defesa de um ordenamento religioso que na própria época pretendia ser um ordenamento civil e político. [...] Heresias e hereges da Idade Média não têm nenhuma objetividade, que derive de uma subjetividade heterodoxa: são nomes, etiquetas aplicadas pelos homens de Igreja a ideia, comportamentos e indivíduos, em determinados contextos espaçotemporais em que aqueles homens de Igreja viam ser ameaçada sua própria hegemonia cultural e seu domínio sobre os fiéis, ou seja, sobre as populações, definindo assim aquela ameaça como violação do conformismo religioso (devido), que eles consideravam como condição no *aquém* para conseguir a salvação eterna no *além*[17].

Dessa definição ampla de Merlo surge uma série de elementos sobre o que vamos refletir mesmo que de maneira sumária. Primeiramente, o que surge em comum com a Idade Antiga do cristianismo é que o conceito de heresia e de herege não é um conceito historiográfico, mas uma definição que uns grupos de seguidores de Jesus criaram para aplicar a outros grupos de seguidores de Jesus, julgando-os como não conformes ao que aqueles consideram ser ortodoxo. A heresia só existe, portanto, na mente de quem a define como tal, mas não corresponde à realidade histórico-religiosa dos grupos definidos como hereges. Mas, da definição dada por Merlo, temos também as diferenças entre a idade antiga do cristianismo e a medieval (limitando-nos aos séculos de XI a XIV, aos quais se refere

---

17. MERLO, G. G., *Eretici del medioevo. Temi e paradossi di storia e di storiografia*, Brescia, Morcelliana, 2011, 5-6.

Merlo). A dimensão política da Igreja medieval e o fato de que alguns grupos que ela combate se afastam da sua práxis e de sua doutrina, posto que eles almejam se inspirar nas origens do cristianismo que, na visão deles, a própria Igreja havia traído. Sobretudo nos primeiros séculos cristãos não existe uma Igreja institucional reconhecida por todos, como se dá entre os séculos XI e XIV pelo Ocidente latino. O conceito de heresia usado pelos especialistas da Igreja antiga e o usado pelas autoridades eclesiásticas medievais não é o mesmo, mas varia conforme vai mudando a fisionomia dos cristianismos das diversas épocas.

Assim, pelo menos, verificamos dois fenômenos históricos diversos: primeiramente, o das origens do cristianismo, em que uma multiplicidade de grupos e interpretações é cunhado, a certa altura, como heresia por parte de autores, instituições e autoridades; em segundo lugar, o fato que dá origem a grupos e doutrinas por um desejo de renovação, para fazer reviver ou viver uma suposta pureza originária do cristianismo em situações de suposta degeneração das Igrejas. A esses dois fenômenos históricos diversos correspondem conceitos distintos de heresia.

À afirmação de que o conceito de heresia deveria ser banido do aparato conceitual e terminológico de uma história do cristianismo que não queira ser escrava de determinada teologia, faz-se por vezes a objeção de que o historiador não poderia e não deveria renunciar ao conceito de heresia, na medida em que em determinados períodos históricos, não os hereges, mas a estigmatização da heresia realmente existiu com consequências históricas enormes e reais. Ora, não há dúvidas que houve essa estigmatização (com suas consequências históricas, civis e sociais) na história do cristianismo. Renunciar a usar historiograficamente o conceito de heresia não significa, pois, negar que a definição de herege (apesar de ser uma construção conceitual arbitrária e que deve ser refutada) tenha tido qualquer consequência histórica real. Os hereges, justo porque são definidos assim, foram sem dúvida perseguidos e tiveram que suportar condições de vida geralmente horríveis, foram sem dúvida privados de direitos elementares na vida civil e social. Há que se fazer de verdade história disso. Mas negar validade historiográfica ao conceito de heresia, a meu ver, torna ainda mais necessária a reconstrução das perseguições que os supostos ortodoxos fizeram em prejuízo dos supostos hereges, e das consequências históricas genéricas da estigmatização da heresia. Essa última será certamente central para compreender o funcionamento de um sistema religioso, político e social que fez uso daquela estigmatização para compreender quais foram os grupos, em que medida adotaram determinadas atitudes teóricas e práticas para com os grupos que consideravam divergentes. Torna-se evidente que uma história do cristianismo que se propõe desde o início estudar todas as diversas correntes, sem fazer distinção entre elas, com base nos critérios que um só grupo considera ortodoxos, estará por princípio votada a reconstruir a fisionomia e os interesses de todos os grupos, sem privilegiar nenhum. Distante de comprometer a história dos grupos que foram considerados hereges, essa historiografia vai buscar, antes, compreendê-los mais a fundo.

3.4. A crítica ao conceito de heresia a partir do século XVI

Na época da Reforma e da Contrarreforma, o conceito de heresia torna-se tão fundamental nas Igrejas a ponto de constituir, quiçá, o horizonte teológico principal ou, pelo menos, um dos principais. Para a Igreja de Roma, a luta contra a heresia se tornará central por séculos. Parece-me essencial tomar consciência como essa centralidade absoluta do conceito de heresia acaba levando a uma refundação da disciplina de história da Igreja, tornando-se instrumento de luta teológica. As *Centiriae di Magdeburgo*, de Mattia Vlačić, Matteo Flaccio Illirico, dos anos de 1558-1574, irá opor-se a história católica da Igreja, os *Annales*, de Barônio, de 1588-1605. A história da Igreja torna-se, assim, instrumento de defesa de teses teológicas protestantes ou católicas, *ancilla theologiae*, por definição.

Hubert Jedin tinha razão quando escrevia a propósito da historiografia controversa da Igreja católica:

> A verdadeira Igreja de Cristo, passível de conhecimento por determinados sinais ou notas, se opôs à falsa; mas tinha que ser demonstrada como tal também historicamente; a apostolicidade de sua doutrina, a continuidade de seu magistério e a veneranda antiguidade de suas instituições deveriam ser comprovadas com base em fontes genuínas. Assim, a teologia controversa adotou desde o princípio um teor histórico-tradicionalista. Foram buscados e encontrados nos padres da Igreja e nas antigas liturgias, os testemunhos em favor do sacrifício da missa e da presença real, do primado papal e da autoridade dos concílios[18].

---

18. Jedin, H., *Introduzione alla storia della chiesa*, Brescia, Morcelliana, 1973, 3-4, Backus e Büttgen observam também que os protestantes acabaram adotando um sistema parecido: "Tous les auteurs, catholiques ou protestants, doivent néanmoins établir deux filiations pour démontrer que leur Église est bien le propriétaire létitime de l'Écriture. Ils doivent d'une

Arqueologia cristã e história da literatura eclesiástica são igualmente instrumentos, para Jedin, desse projeto apologético controverso. Mas não me parece totalmente adequado seu julgamento quando atribui a formação de uma "história eclesiástica como ciência" apenas à "publicação de amplos grupos de fontes", visto que "leva inevitavelmente à elaboração de um método histórico-crítico e, portanto, à história eclesiástica como ciência"[19]. Realmente, sem uma crítica ao conceito de heresia e dos outros conceitos essenciais para a apologética das Igrejas não poderá surgir qualquer compreensão histórica adequada. E é em alguns ambientes intelectuais europeus dos séculos XVI ao XVIII que se elabora aquela crítica que permitirá o surgimento de uma história eclesiástica como ciência, que tem necessidade não só de edição de fontes e de métodos de análise histórico-críticos, mas também de conceitos historiográficos desvinculados da apologética da condenação. É preciso considerar igualmente o horizonte conceitual e a finalidade na qual se escreve a história do cristianismo.

Pode-se afirmar que uma história do cristianismo, enquanto disciplina histórica, nasce de modo pleno apenas quando o próprio sistema conceitual é substituído por outro, com disciplinas diferentes da teologia, que por definição é apenas confessional.

E vai ser realmente só a partir do fim do século XVI que o conceito de heresia é submetido à crítica radical por parte de alguns que, pouco a pouco, vão ser fonte de inspiração para uma concepção renovada da história do cristianismo, que lentamente vai deixando de ser sobretudo instrumento de luta religiosa, mas primordialmente instrumento de conhecimento histórico.

Em seu *De haereticis. An sint persequendi*, Sébastien Castellion escrevia em 1544:

> Os judeus e os turcos não condenam os cristãos e do mesmo modo os cristãos não desprezam os turcos e os judeus; antes, instruem-nos e persuadem-nos por meio da verdadeira religião. E igualmente entre cristãos não nos condenamos mutuamente, mas quando temos mais instrução

---

part établir la filiation entre leur Église et la 'vraei' Église au sens historique; d'autre part, ils doivent faire remonter les origines de l'adversaire à une doctrine condamnée comme hérétique dans l'Antiquité chrétienne" (Backus, I.; Büttgen, P., *L'argument hérésiologique à l'époque des reformes*, in: Backus, I.; Büttgen, P.; Pouderon, B. (ed.), *L'argument hérésiologique*, op. cit. 16). Cf. também Petitmengin, P., *Les haeretici nostri temporis confrontès aux hérésies de l'Antiquité*, Id., 177-198.

19. Jedin, *Introduzione alla storia della Chiesa*, op. cit., 95.

devemos ser também melhores e mais dispostos à misericórdia. O certo é que, quanto melhor se conhece a verdade, tanto menos estamos propensos a condenar os outros, como se vê claramente em Cristo e nos apóstolos. Em verdade, quem condena os outros com facilidade, justo por esse motivo demonstra ser totalmente ignorante, pois não sabe tolerar o próximo; ora, saber significa saber como agir, e quem não sabe agir com clemência não pode conhecer a clemência[20].

A afirmação central de Castellion "podemos deixar que cada um fique com sua opinião, esperando que o Senhor revele a verdade"[21] é correlativa a uma outra observação fundamental pela qual toda uma série de questões teológicas são substancialmente marginais, enquanto permanecem centrais apenas a crença na existência de Deus, juiz das transgressões no além, e a obediência à lei de Cristo que consiste no amor ao próximo.

Em seu *Tratado teológico-político*, Espinosa aprova a diversidade de opiniões religiosas não graças ao conceito de heresia, mas com base no fato de que os homens, seguindo sua própria consciência e a própria inteligência, chegam necessariamente a opiniões diferentes:

> Quanto mais se procura tolher a liberdade da palavra aos homens, tanto mais decisivamente esses reagem a tais tentativas [...], justo aqueles que a boa educação, a integridade dos costumes e o exercício da virtude tornaram mais livres. Ademais, a constituição humana é tal que não tolera nada com maior impaciência como tachar de criminosas as opiniões em que acreditam e ver-lhes seja imputado como delito sua busca de ascender na direção da piedade a Deus e aos outros homens. [...] Além disso, quantos cismas nasceram dentro da Igreja por causa disso, que os magistrados quiseram dirimir com as leis as controvérsias dos doutores[22].

Em suma, a verdade das opiniões nasce necessariamente da consciência e da inteligência, não é fruto de malícia nem de influência demoníaca. Mas, no final do século XVII, ainda nos encontramos diante de um sistema religioso que não só lança mão ainda do conceito de heresia, mas também tem o poder de servir-se de instrumentos políticos para condená-la. É nesse ambiente que surge a exigência de uma pesquisa histórica do cristianismo,

---

20. Castellion, S., *La persecuzione degli eretici*, Torino, La Rosa, 1997, 17-18.
21. Id., loc. cit., 24.
22. Spinoza, B., *Trattato teologico-politico*, intr. de E. Giancotti Boscherini, Torino, Einaudi, 1984, 486.

desvinculado dos condicionamentos confessionais, ou a exigência de uma teoria que explicite diversamente as origens da pluralidade de opiniões religiosas, ou exigência de ordenamentos políticos que assegurem a liberdade de opinião religiosa.

A posição de Castellion e a de Espinosa são, todavia, minoritárias. No fundo, o primado da consciência como origem das opiniões religiosas, a eliminação do conceito de heresia e a redução ao conceito de diversidade lícita de opiniões, a referência ao futuro escatológico da busca da verdade teológica no cristianismo, a eliminação de uma punição por se ter defendido ideias religiosas particulares, suportada pelas leis civis por parte da autoridade política, a elaboração de um conceito de cristianismo em que o aspecto doutrinal não é central para a definição de sua essência (mesmo permitindo a coexistência dos vários grupos e seu reconhecimento mútuo), a reivindicação da figura de Jesus e do cristianismo primitivo como diversa do cristianismo posterior são concepções que vão ganhando cada vez mais chão a fim de subtrair-se à contraposição e à luta doutrinal e política entre as Igrejas.

A tomada de consciência por parte de todos de ter uma verdade absoluta sem reconhecê-la nos outros leva à necessidade de uma saída da perspectiva teológica na avaliação das religiões, mas uma história do cristianismo não confessional tardará a se firmar.

Backus escreveu contribuições importantes para a história do conceito de heresia na Idade Moderna, sobretudo para o ambiente protestante. De seus trabalhos, depreende-se que o conceito de heresia entre o final do século XVII e as primeiras décadas do século XVIII vai se atenuando, mas ainda não é eliminado. Trata-se de melhor compreender se a autoridade eclesiástica que condenou uma heresia tinha realmente o direito de fazê-lo e se sua decisão seria realmente correta. Trata-se sobretudo de defender a tolerância religiosa em nível político para uma convivência civil livre entre os grupos religiosos, mas não de eliminar o conceito de heresia. Backus tem razão quando sublinha a importância de Christian Thomasius, com seu *Problema juridicum an haeresis sit crimen*, de 1697. Entre os alunos de Thomasius, difunde-se a opinião de "que a heresia não é um crime punível, mas é, antes, uma opinião considerada errônea pelas autoridades eclesiásticas por razões arbitrárias"[23]. Nesse sentido, particularmente significativa

---

23. Backus, *Leibniz et l'hérésie ancienne*, op. cit., 81.

é a opinião de Gottfried Wilhelm von Leibniz, o qual não elimina o conceito de heresia, mas atenua-o. Escreve Backus:

> Adere implicitamente aos critérios usuais para definir a heresia, partindo do pressuposto de que uma doutrina, para ser considerada herege, deve ter sido oficialmente condenada por um concílio reconhecido como oficial e geral. É claro que, para Leibniz, toda heresia é um erro do dogma, danoso para a unidade da Igreja. Mas o essencial é determinar os critérios de um tal erro. Mas para Leibniz esses critérios são em primeiro lugar históricos, o que não contradiz o princípio da confusão conceitual como vem atestado por toda e qualquer opinião herege. Assim Leibniz irá se questionar: quem condenou doutrinas falsas semelhantes no passado? Trata-se de um estudioso de heresias geralmente respeitado, como Epifânio, ou, antes, de um sínodo? Nesse último caso, estamos às voltas com um sínodo geral ou, antes, com um sínodo de alcance limitado? E, por fim, é um sínodo ortodoxo ou heterodoxo? Essa visão histórica da heresia, baseada na noção de imperfeição da criatura ou de seu "mal metafísico" distingue Leibniz da visão tolerante de um Thomasius ou de um Bayle, mas também das concepções de Abraham Calov que pensava que tanto católicos quanto reformadores eram hereges sem direito à salvação, uma vez que não partilham com os luteranos em todos os pontos de vista[24].

O sintoma da mudança epistemológica da história do cristianismo e das Igrejas se manifesta, por exemplo, na obra de Johann Lorenz Mosheim, *Institutiones historiae ecclesiasticae antiquioris*, de 1737:

> Como às vezes, nas repúblicas civis, explodem guerras e insurreições, também na república cristã surgiram fortes rebeliões no que diz respeito às doutrinas e aos ritos. Os chefes e os autores dessas sedições são chamados de *hereges*. E as opiniões pelas quais se separaram dos demais cristãos são chamadas de *heresias*. A história dessas rebeliões ou heresias deveria ser integral e precisa. Se for desenvolvida de maneira inteligente e com imparcialidade, essa obra valerá seu empenho. Mas é algo árduo e difícil. Os chefes desses partidos foram tratados de maneira muito injusta e suas doutrinas não foram apresentadas de maneira correta. E não é fácil chegar à verdade no meio de tantas trevas, porque a maior parte dos escritos daqueles que são chamados de hereges está agora perdida. Os que se aproximam dessa parte da história da Igreja deveriam excluir qualquer

---

24. Id., 93-94.

aspecto de condenação do nome de herege, e na medida em que dele lançarem mão deveriam empregá-lo da maneira mais geral para indicar os que foram um fator de divisão e de contendas entre os cristãos, ou por culpa própria ou por culpa dos outros[25].

O conceito de heresia começa a ser discutido a fim de ser desvinculado de qualquer conotação teológica negativa. Conserva-se, porém, a ideia de que, por bem ou por mal, os hereges acabaram provocando divisões dentro do cristianismo. Conserva-se a ideia de uma unidade originária que, como dissemos inicialmente, não corresponde à realidade histórica dos primeiros séculos cristãos, segundo a historiografia recente. Mas a guinada mais importante nesta obra está na afirmação de que os grupos chamados de hereges são estudados de modo exaustivo, preciso e com imparcialidade. No passado, ao contrário, foram tratados de forma muito injusta e suas doutrinas não foram apresentadas de maneira correta[26]. Começa-se a ficar em dúvida se as divisões que surgiram no seio da Igreja foram realmente causadas pelos hereges. O conceito de heresia, enquanto não for radicalmente criticado, tende a desvirtuar-se.

No ambiente católico, ao contrário, Ligório (apenas um de muitos exemplos), em seu prefácio à *História das heresias e sua refutação*, elogia a autoridade política pela repressão às heresias:

> Será sempre de eterna memória o zelo admirável e cuidado contínuo com que se buscou conservar ilibada a nossa religião sacrossanta em todo o reino, e especialmente nesta capital [...] temos uma prova bem manifesta disso na grande dedicação que teve V.E. ao proibir com penas rigorosíssimas a introdução dos livros infestados de erros contra a fé, e ao mandar castigar os transgressores de tais leis santas introduzindo e vendendo nesta cidade esses livros pestilentos[27].

---

25. Cito, a partir da tradução americana de 1838, MOSCHEIM, J. L., *Institutes of ecclesiastical history*, New Haven (CT)-Londres, 1832, 18.

26. Cf. também ARNOULD, G., *Unparteiische Kirchen- und Ketzerhistorie. Vom Anfang des Neuen Testament biz auf das Jahr Christi 1688*, Frankfurt am Main, Thomas Fritschen, 1729. Lampe escreve a respeito de Arnold: "(He) claimed that often the socalled heretics, and not the established church, represented the authentic Christian faith and spirituality, while the established church in his view was tainted by hierarchical offices and dogmatism. He used his heresiological historiography as a polemical tool to criticize all objectifications of Christianity that, in past history, tried to congeal the truth in offices and dogmas of pure teaching" (LAMPE, *introduction as historiographical tool*, op. cit., 15).

27. LIGUORI, *Istoria delle eresie con la loro confutazione*, op. cit., 4-5.

3.5. Conclusões

Talvez uma história eclesiástica e uma história do cristianismo livre do conceito de heresia consigam ler com novos olhos a célebre passagem da carta de Paulo aos Coríntios, "oportet haereses esse" (1Cor 11,18-19), que diz:

> Primeiramente, quando vos reunis em assembleia, há entre vós divisões, dizem-me, e creio que em parte seja verdade: é mesmo necessário que haja cisões (*aireseis*) entre vós, a fim de que se veja quem dentre vós resiste (*dokimoi*) a essa provação.

Essa passagem é lida com os olhos livres de anacronismos. Na realidade, não trata de divisões doutrinais. O conceito é o de conflitos durante reuniões de tipo ritual, derivadas de diferenças sociais entre mais ou menos abastados. O primeiro termo usado por Paulo para definir esses conflitos é "schismata", o segundo, "aireseis". A diferença de opiniões e de grupos parece um fato necessário. Nenhum desses dois termos tem o mesmo sentido, então, do que significa nos séculos sucessivos, depois que a teologia elaborou os conceitos de heresia e de cisma. Para Paulo, os conflitos de que fala não são um fenômeno que possa ser controlado. Existe simplesmente. Mas mesmo que quiséssemos dar à palavra "hàiresis" um teor de caráter doutrinal, a solução da diversidade, que é um fato que Paulo julga negativo, irá surgir segundo ele mesmo sem uma intervenção repressiva: em certo momento a verdade irá se manifestar. Essa manifestação tem dois aspectos: acontecerá no futuro (futuro escatológico ou próximo, é difícil de dirimir isso aqui) e acontecerá manifestando quem são os *dokimoi*. O verbo "dokimazô", em Paulo, tem um caráter referido a um juízo de valor que se dá mediante revelação sobrenatural. O *dokimazein* é um juízo exercido pelos profetas (cf. 1Ts 5,21) e é um ato parecido com o *diakrinein* ou o *sugkrinein* profético de que fala Paulo em 1 Coríntios 2,15 e 14,28. É assim que os profetas conseguem compreender se o que dizem os outros profetas é justo:

> Quanto às profecias, dois ou três tomem a palavra e os outros julguem. Se um assistente receber uma revelação, aquele que fala deve calar. Todos vós podeis profetizar, mas cada um por sua vez, para que todo mundo seja instruído e encorajado. O profeta é senhor do espírito profético que o anima. Pois Deus não é um Deus de desordem, mas um Deus de paz (1Cor 14,29-33).

É assim que Paulo diz que os profetas, cedo ou tarde, devem reconhecer, com base na revelação direta de Deus, que o que ele diz é verdadeiro:

> Acaso é dentre vós que a palavra de Deus tem o seu ponto de partida? Sois vós porventura os únicos que a receberam? Se alguém se julga profeta ou inspirado, reconheça no que vos escrevo um mandamento do Senhor. Se alguém não o reconhece, é que Deus não o conhece (1Cor 14,36-38).
> Nós todos, os "perfeitos", comportemo-nos, pois, assim, e se em algum ponto vos comportais de outro modo, Deus também vos esclarecerá a esse respeito.

É claro que Paulo quereria que houvesse unidade e que não houvesse as divisões que se manifestam em Corinto entre diversos grupos que se inspiram em pregadores diversos:

> Mas eu vos exorto, irmãos, em nome de nosso Senhor Jesus Cristo; guardai a concórdia e não haja divisões entre vós: sede bem unidos num mesmo espírito e num mesmo pensamento. Com efeito, meus irmãos, familiares de Cloé me informaram que há discórdias entre vós. Eu me explico: cada um de vós fala assim: "Eu sou de Paulo. — Eu, de Apolo — Eu, de Cefas. — Eu, de Cristo". Acaso Cristo está dividido? Porventura Paulo foi crucificado por vós? Foi acaso em nome de Paulo que fostes batizados? (1Cor 1,10-13).

Seguramente que Paulo afirma existir um único evangelho:

> Eu me admiro da rapidez com que vos desviais daquele que vos chamou pela graça do Cristo, a fim de passar a outro evangelho. Não que haja outro; há apenas pessoas que lançam a perturbação entre vós e querem transformar o Evangelho do Cristo. Mas se alguém, mesmo nós ou um anjo do céu, vos anunciasse um evangelho diferente daquele que nós vos anunciamos, seja anátema! Já o dissemos, e agora torno a dizê-lo: se alguém vos anunciar um evangelho diferente daquele que recebestes, seja anátema! (Gl 1,6-9).

Todavia, apesar do desapontamento de Paulo, sempre existiu diversidade sobre o conteúdo da mensagem, com certeza! E se ele tem a coragem de chamar os seus adversários de apóstolos de Satanás, que muito provavelmente eram os enviados de Tiago, não ousamos pensar o que pensavam dele esses outros seguidores de Jesus. Quando procuramos os critérios de que lança mão Paulo para dirimir as questões relativas à diversidade da mensagem, vemos que ele apela para diversos critérios e dificilmente conciliáveis entre si. Faz apelo a uma revelação direta de Deus sem qualquer mediação ou convalidação humana:

> Paulo, apóstolo, não da parte dos homens, nem por um homem, mas por Jesus Cristo e Deus Pai que o ressuscitou de entre os mortos [...] (Gl 1,1).
>
> Pois eu vô-lo declaro, irmãos, que este evangelho que eu vos anunciei não é de inspiração humana; e aliás não é por um homem que ele me foi transmitido ou ensinado, mas por uma revelação de Jesus Cristo (Gl 1,11-12).

Ou Paulo afirma que todos os apóstolos pregam a mesma coisa, como no caso da ressurreição de que fala em 1 Coríntios 15,11, ou então refere-se ao critério de uma tradição autoral recebida de outros (1Cor 11,23; 15,3). É inútil procurar uma redução à unidade desses critérios num momento de forte criatividade e incerteza teológica como o das primeiras décadas. Parece prevalecer claramente o apelo a uma revelação sobrenatural direta que constitui a fonte da autoridade e da legitimação. Assim, Paulo está plenamente ciente de que as revelações não são claras e que têm necessidade de discernimento, mas que só pode ser operado entre profetas, ou seja, entre pessoas que julgam com base em revelação sobrenatural direta, discutindo entre si para chegar a um acordo.

Toda a luta de Paulo atesta a existência de uma pluralidade de pessoas que se julgam legitimadas a exercer uma autoridade, manifestando assim opiniões e práticas diferentes. Exigência de excluir a verdade do outro, pois a verdade própria é derivada de uma fonte de autoridade sobrenatural; pluralidade de autoridades independentes precisamente por serem derivadas de uma fonte sobrenatural; exigência de uma unidade: não obstante a diversidade, parecem ser três características contraditórias e insuprimíveis do DNA do cristianismo das origens que se perpetuará em todas as épocas posteriores até a atualidade.

O historiador do cristianismo deve elaborar um sistema conceitual para compreender essa dinâmica entre uma pluralidade que não se elimina e uma exigência de verdade igualmente ineliminável, em suma, um conjunto de categorias historiográficas que renuncie para sempre ao conceito de heresia. Mas para fazer isso deverá pensar bem a que estatuto epistemológico deverá lançar mão. Ao da história das religiões? Ao da antropologia cultural? Ou, então, na via aberta pela École des hautes études en sciences sociales, fundada nos anos de 1960 a uma ciência aberta às duas vertentes? Ou então simplesmente a um método histórico que abandone a função servil em relação às teologias ou a uma religião?

CAPÍTULO 4
A ciência, o cristianismo e a Bíblia na Idade Moderna

4.1. O exemplo da recepção da hermenêutica bíblica galileana formulada na *Carta a Cristina*

Um dos fatores fundamentais da mudança histórica, da transformação da experiência e das sociedades e culturas dos seres humanos é a evolução dos sistemas de conhecimento. Não é possível compreender a evolução da vida social, das religiões e da filosofia sem um conhecimento aprofundado das mudanças nos modos de conhecimento e das consequentes maneiras de modificar a realidade. A história da ciência é uma disciplina imprescindível para o conhecimento da mudança cultural, e é particularmente significativo o fato de que muitas das histórias do cristianismo ignorem completamente as relações fundamentais existentes entre as mudanças na história da ciência e as modificações no modo de conceber e viver o cristianismo.

O surgimento da nova ciência representa seguramente um dos fatores essenciais que provocam as grandes mudanças da modernidade. Assim, quero mostrar neste capítulo como a solidificação do novo método científico experimental (não primariamente o copernicanismo enquanto tal) provoca uma mudança radical na função cultural de uma das bases culturais das culturas cristãs: a Bíblia.

A história da recepção das teses hermenêuticas galileanas está perto de completar 350 anos. Mas grande parte dessa história aguarda ser reconstruída, muito embora já disponhamos de instrumentos bibliográficos de valor excepcional e certa quantidade de estudos. Quero acenar aqui apenas a alguns elementos. Quanto a outros, vou restringir-me a indicar apenas a sua existência, esperando por pesquisas posteriores.

A *Carta a Cristina* é um clássico, um dos textos mais significativos da literatura europeia, não apenas por sua forma intrínseca, mas pelo itinerário complexo que percorreu até os dias de hoje[1]. E isso não como objeto de estudo literário, mas como instrumento de luta ideológica que já completam quase 400 anos. Ainda em 1990, o cardeal Joseph Ratzinger recorria à crítica pós-moderna de Thomas Kuhn e Paul Feyerabend para verificar uma nova refutação do posicionamento de Galileu das relações entre ciência e fé[2].

O estudo da *Carta* e de sua recepção nos lança no fluxo de uma das principais artérias do tráfego da Contrarreforma, permitindo-nos medir as mudanças periódicas, as descontinuidades, mas também elementos de continuidade e de longa duração da história intelectual europeia. Na *Carta a Cristina*, Galileu defende de modo consciente e orgânico um acordo

---

1. Sobre os temas deste capítulo, cf. PESCE, M., *L'ermeneutica biblica di Galileo e le due strade della teologia Cristiana*, Roma, Edizioni di storia e letteratura, 2005; ID., L'interpretazione della Bibbia nella lettera di Galileo a Cristina di Lorena e la sua ricezione. Storia di uma difficoltà nel distinguere ciò che è religioso da ciò che non lo è, in: *Annali di storia dell'exegesi*, 4 (1987) 239-284. Não vou repetir aqui a bibliografia elencada na nota 1 do primeiro capítulo, limitando as discussões às fontes e à literatura que não utilizei naquele caso (bibliografia ora republicada em PESCE, M., *L'ermeneutica biblica di Galileo*, op. cit., 87-88). Lembro sobretudo FINOCCHIARO, M. A., *The Galileo-Affair. A documentary history. Edited and translated with an introduction and notes*, Berkeley/Los Angeles (CA)/Londres, University of California Press, 1989; GALLUZZI, P. (ed.), *Novità celesti e crisi del sapere. Atti del convegno internazionale di studi galileiani*, Firenze, Giunti-Barbera, 1984; LINDBERG, D. C.; NUMBERS, R. L. (ed.), *God and nature*, Berkeley (CA), University of California, 1986; WALLACE, W. (ed.), Reinterpreting Galileo, in: *Studies in philosophy and the history of philosophy*, vol. 15, Washington DC, Catholic University of America Press, 1986. O estudo mais acurado da carta é DAMANTI, A., *Libertas philosophandi. Teologia e filosofia nella lettera alla Granduchessa Cristina di Lorena di Galileo Galilei. In appendice il testo originale con note di commento*, Roma, Edizioni di storia e letteratura, 2010, 397-474. Cf. também PESCE, M., La Lettera a Cristina. Uma proposta per definire ambiti autonomia di sapere e nuovi asseti di potere intellettuale nei paesi cattolici, in: GALILEI, G., *Lettera a Cristina di Lorena*, MOTTA, F. (ed.), Genova, Marietti, 2000, 7-66; BUCCIANTINI, M.; CAMMAROTA, M., *Scienza e religione. Scritti copernicani*, Roma, Donzelli, 2009.

2. Cf. sobre Galileu, de FEYERABEND, P. K., Galileo and the tyranny of truth, in: COYNE, G. V.; HELLER, M.; ZEINSKI, J. (ed.), *The galileo affair. A meeting of faith and science. Proceedings of the Cracow Conference, 24 to 27 may 1984*, Città del Vaticano, Specola vaticana, 1985, 155-166; ID., *Against method*. Revised Edition, New York, Verso, 1988; cf. de KUHN, TH., *The Copernican revolution*, Cambridge (MA), Harvard University Press, 1957. Cf. RATZINGER, J., L'omologazione religiosa, in: *Il sabato*, 13,31 (1990) 80-85, e a reação de GALLI, C., Autorità cattolica e ragione moderna, in: *Biblioteca della libertà*, 25,110 (1990) 61-72.

entre ciência e religião dentro do sistema da Contrarreforma. A *Carta* representa, assim, uma possível via da Contrarreforma fatalmente refutada pela cultura eclesiástica oficial. O acordo proposto por Galileu significava a aceitação da possibilidade de uma convivência entre modernidade e religião. No fundo, a aceitação, muito embora de forma atenuada, da solução galileana na encíclica *Providentissimus Deus*, do ano de 1893 e, depois, na Constituição Dogmática *Dei verbum*, de 1965, do Concílio Vaticano II, é o sintoma do fim de uma época e dos limites desse fim. Permite-nos alcançar alguns elementos estruturais do sistema cultural europeu. Quanto a esse setor da história europeia, no que diz respeito às sociedades em que o catolicismo desempenhou uma função determinante, entre fevereiro de 1616, data da condenação por parte do Santo Ofício das duas proposições copernicanas, e o ano de 1893, encontramos uma continuidade de refutação oficial da proposta galilieana de acordo entre religião e ciência. E, desse modo, o caso da condenação de Galileu não é um acaso, mas uma necessidade. E o fato que, em 1757, com Bento XIV, tenha sido eliminado do Índex o veto a livros que defendem opiniões copernicanas[3] e que no ano de 1822 (11 de setembro) tenha sido concedida uma autorização para publicar livros que defendiam o copernicanismo "iuxta communem modernorum astronorum opinionem" em nada muda, visto que o ponto fundamental da questão não diz respeito à aceitação ou não do copernicanismo por parte da autoridade eclesiástica, mas a aceitação ou não da tese hermenêutica pela qual a verdade da Escritura não é científica, mas apenas religiosa. Essa era a tese defendida por Galileu na *Carta a Castelli*, que ele aperfeiçoou posteriormente na *Carta a Cristina*. Foi a refutação dessa hermenêutica que levou à condenação das duas proposições copernicanas no ano de 1616. Assim, a aceitação progressiva do copernicanismo por parte da teologia oficial católica caminha lado a lado com o surgimento de uma apologética publicitária nos confrontos do comportamento da Igreja na condenação de Galileu. É na segunda metade do século XVIII que se inicia a tese do "caso Galileu" e a tentativa de explicar como o Santo Ofício acabou condenando Galileu. É nessa época que se inicia uma exegese que busca demonstrar como a Bíblia é plenamente conciliável com o copernicanismo, assim como antes se procurava[4] demonstrar o acordo entre a

---

3. No Índex de 1664, sob Alexandre VII, eram banidos todos os "libri omnes docentes mobilitatem terae et immobilitatem solis".

4. Daqui, o limite do ensaio muito louvado de JACQUELINE, B., The church and Galileo during the century of the enlightenment, in: POUPARD, P. C. (ed.), *Galileo Galilei. Toward a*

Bíblia e o sistema ptolomaico. Modificara-se apenas a tese científica, mas não o princípio hermenêutico da verdade científica da Bíblia. Num estudo publicado no ano de 1987 nos "Annali di Storia dell'Esegesi"[5], procurei esclarecer as teses hermenêuticas fundamentais da *Carta a Cristina*. Defendi ali que Galileu distingue a natureza da Escritura a partir de um ponto de vista essencialmente epistemológico, chegando assim não só a distinguir entre ciência e religião, mas a identificar, mesmo que intrinsecamente, a natureza própria daquilo que é religião. Naquele estudo, procurei identificar também alguns dos momentos fundamentais da recepção dessa tese hermenêutica galileana, do ano de 1613 até a encíclica *Providentissumus Deus* do ano de 1893. Pressupondo os resultados já alcançados, neste trabalho busco sintetizar algumas pesquisas que fiz sobre a recepção da *Carta a Cristina*. Na primeira parte, faço algumas observações sobre a formação do texto que me parecem interessantes para a história da literatura, também do ponto de vista teórico. Na segunda parte, vou reconstruir sinteticamente a história da recepção da carta através da história das edições até o ano de 1710. Na terceira parte, mostro alguns momentos do debate científico-teológico sobre as relações entre a ciência e a Escritura que se deram no século XVII e sobretudo nos vinte anos entre 1633 e os inícios dos anos de 1650, chegando sucessivamente às portas do século XX.

4.1.1. A formação da Carta e seu gênero literário

Vamos analisar primeiramente a formação. A *Carta* é obviamente um texto autônomo e, como tal, deve ser lida primariamente em sua unidade e lógica interna. Mas a consideração do texto em si não exaure a sua leitura. Assim, se for exclusiva, essa consideração leva a um mal-entendido radical da *Carta*. Trata-se de fato de um ato de autodefesa. E mais, de um tratado teórico escrito para criar um dos instrumentos de luta na batalha, buscando permissão para que a liberdade de pesquisa e a divulgação pública dos resultados da ciência pudessem conviver com a religião tradicional e com a autoridade eclesiástica que era sua depositária. É fundamental dar-se conta de que a atitude de Galileu estava longe de ser a de um nicodemismo

---

*resolution of 350 years of debate,*Pittsburg (PA), Duquesne University Press, 1987, 127-138; sobre os limites do volume, cf. as observações de Finocchiaro, M. P., Poupard's Galileo Galilei. Toward a resolution of 350 years of debate (1633-1983), in: *Isis*, 78 (1987) 634-635.

5. Pesce, M., *L'interpretazione della Bibbia nella lettera di Galileo a Cristina di Lorena e la sua ricezione*, op. cit., 239-284. Agora in: Id., *L'ermeneutica biblica di Galileo e le due strade della teologia Cristiana*, op. cit., 87-116.

científico, reservando para a esfera pública uma submissão meramente exterior às opiniões defendidas pela autoridade eclesiástica, a fim de manter apenas na própria intimidade, reservada a poucos, a declaração efetiva da verdade conquistada. Galileu sempre refutou a solução que lhe fora oferecida muitas vezes por Belarmino, isto é, de declarar que o copernicanismo não passaria de uma hipótese científica apta a explicar da melhor forma científica os fenômenos astronômicos[6]. Mas o que importava a Galileu era a verdade, e não hipóteses. Por outro lado, estava convencido de que uma estratégia política hábil poderia mudar a atitude da autoridade influindo em suas decisões. Seu comportamento durante o primeiro processo é significativo neste ponto de vista. A carta de Piero Guicciardini ao grã-duque da Toscana Cosimo II[7] (escrita em Roma em 4 de março de 1616, um dia depois de Belarmino ter declarado à Inquisição que Galileu teria aceitado a exortação que ele mesmo fez em 26 de fevereiro)[8] parece-me esclarecer perfeitamente a grande distância que há entre a atitude de Galileu frente a uma submissão hipócrita à autoridade. Ele esperava poder instaurar um novo sistema de relações e tinha plena consciência de que as negociações tinham um amplo espectro porque se referia à possibilidade de uma nova impostação do poder intelectual, mas sem sair do sistema da Contrarreforma, o que teria sido impossível, realisticamente falando. Guicciardino desaprovara o ardor pouco político de Galileu:

> O Senhor Cardeal Dal Monte e eu, no pouco que pude, e outros cardeais do Santo Ofício haviam-no persuadido a calar e não aguçar essa questão; mas se quisesse manter sua opinião, que a mantivesse calado, sem tanto esforço de expô-la e levar os outros a ter a mesma posição.

Mas é precisamente isso que não quer Galileu, porque "levar os outros a ter a mesma" significa a liberdade de discutir publicamente os resultados da pesquisa científica e de seu impacto geral sobre filosofia, significa operar no quadro de um sistema intelectual diverso, enquanto o "ter" uma opinião "calado" significa deixar intacto o sistema político-intelectual público,

---

6. Cf. a carta a Foscarino de 12 de abril de 1615 (Favaro, A. (ed.), *Le opere di Galileo Galilei. Edizione Nazionale* [de ora em diante *EN*], Firenze, Giunti Barbèra, 1890-1909, rest. 1929, XII,171-172) que cito a seguir; cf. também a opinião de Bellarmino comunicada a Galileu por Cesi, de 12 de janeiro de 1615 (*EN* XII,129).

7. O texto está em *EN* XII,241-243.

8. Sobre o texto dessa exortação apresentada verbalmente a Galileu na casa de Bellarmino, cf. *EN* XIX,321-322; cf. também a declaração escrita por Bellarmino de 26 de maio de 1616 (*EN* XIX,348).

reservando ao privado os êxitos da ciência. Guicciardini, depois de ter relatado a atividade política de Galileu para influir no papa e no Santo Ofício, volta a censurar sua atitude com frases que recomendam aquela atitude de nicodemismo intelectual tão estranho a Galileu:

> Mas ele se inflama em suas opiniões, coloca nelas uma paixão extrema, e muito pouca fortaleza e prudência para saber vencê-la: de modo que se lhe torna perigoso esse céu de Roma, sobremodo neste século em que o príncipe daqui abomina belas cartas e esses engenhos, não suporta essas novidades nem essas sutilezas, e todos procuram acomodar seu pensamento e a sua natureza àquela do Senhor; mas também os que sabem alguma coisa e são curiosos, quando pensam, mostram bem o contrário, para não levantarem suspeitas e arrumar contrariedades para si próprios (*EN* XII,164).

Os "que sabem alguma coisa e são curiosos, quando pensam, mostram bem o contrário, para não levantarem suspeitas". Mas é precisamente isso que refuta Galileu, pois, para ele, o problema primordial não é evitar a "suspeição" da autoridade e as consequentes "contrariedades" mas possibilitar um debate público sobre os resultados da ciência[9], visto que esses não são expostos com base a motivações religiosas efetivas, mas baseados numa "religião simulada", como vai escrever na *Carta a Cristina*[10]. Guicciardini parece nem sequer poder pensar numa correção do sistema, e assim não vê "a que propósito nem por que razão" Galileu teria vindo a Roma "nem o que possa ganhar permanecendo ali".

> Galileu tem contra si frades e outros que lhe querem mal e o perseguem. É como eu digo, a este propósito, ele está em um estado incerto para este país, e poderia colocar em grandes intrigas a si e a outros, de modo que

---

9. Mesmo depois de o Santo Ofício ter censurado as duas proposições copernicanas, Galileu mantém uma postura livre: cf. a frase da carta de Galileu ao arquiduque Leopoldo da Áustria, de 23 de maio de 1618, sobre a qual nos tem chamado a atenção recentemente Finocchiaro, *The Galileo-affair*, op. cit., 349-350: depois de ter lembrado que o livro de Copérnico foi suspenso e que "tal opinião foi declarada como falsa e repugnante às Escrituras Sagradas", Galileu escreve: "Ora, já que tenho consciência da conveniência de obedecer e crer nas determinações dos superiores, como pessoas eleitas por seus elevados conhecimentos, aos quais não alcança por si mesma a baixeza de meu engenho, considero esse escrito que lhe envio, assim como o que se fundamenta na mobilidade da terra ou que é um dos argumentos físicos que produzi confirmando essa mobilidade, considero-o uma poesia ou um sonho, e assim a receba V.S." (*EN* XII,390-391).

10. *EN* V,311, linha 15.

não vejo qual o propósito e a razão por que tenha vindo para cá, nem o que possa ganhar permanecendo ali (*EN* XII,242).

É claro que, considerando a questão "*a posteriori*", nos parece que o realismo político de Guicciardini estivesse mais próximo da realidade que a própria esperança política de Galileu, mas este via elementos da realidade de sua época que Guicciardini não via, assim como a teologia conservadora, que tomara a supervisão do processo. Mas aqueles elementos eram igualmente reais, e com o passar dos anos teriam ocupado um espaço cada vez maior na cultura europeia, e não em pequena parte (como será demonstrado abaixo) também graças à esperança política de Galileu. Para ele havia algo que não poderia ser ocultado, isto é, a afirmação pública da autonomia dos procedimentos metodológicos da ciência, o fato de que a ciência era autônoma em seu próprio âmbito e que seus resultados não deveriam ser tocados pela teologia (e, por isso, implicitamente, pela autoridade eclesiástica). Nisso não deveria haver qualquer nicodemismo. Isso implica uma consequência importante para a compreensão do debate. De modo algum se poderá defender que a questão da interpretação da Escritura fosse um argumento secundário e que, ao contrário, fosse primordial a questão, por exemplo, de uma possível desvirtuação doutrinal a respeito do dogma eucarístico. Isso significaria precisamente inverter os termos da questão. O primordial para Galileu, seja em sua história objetiva de cientista e intelectual, seja em sua consciência subjetiva, seja na luta que empreende nos anos de 1613 a 1616 e, depois, sucessivamente, com a própria publicação do *Diálogo sobre os dois máximos sistemas*, são as descobertas científicas e o método científico. Para defender esse método e sua autonomia, ele escreve primeiramente a *Carta a Castelli* e depois a *Carta a Cristina* (além de diversas outras coisas semelhantes). Ademais, o debate internacional mostra claramente que tal questão continua a ocupar o centro de interesses dos cientistas. Para Galileu, era de menor importância a luta para modificar as ideias religiosas com base nas descobertas científicas. Tinha plena consciência de que, tanto as descobertas científicas, sobretudo a nova astronomia, quanto o abandono do aristotelismo para uma nova física implicavam, necessariamente, uma recompreensão ampla das concepções cristãs, pelo menos como vinham formuladas dentro da escolástica[11]. Os atos do primeiro processo mostram como não se discutia

---

11. GUTHKE, K. S., *Der Mythos der Neuzeit. Das Thema der Welten in der Literatur-und Geistesgeschichte von der Kopernikanischen Wendes bis zur Science fiction*, Bern, Francke, 1983

apenas sobre o copernicanismo em Florença, mas sobre as repercussões teológicas que provocavam o abandono da física aristotélica e a nova astronomia. Mas, intencionalmente, Galileu não quer ocupar-se com essas discussões. Karl S. Guthke mostrou, por exemplo, como Galileu tomara uma atitude reticente diante da questão da pluralidade dos mundos habitados, que era largamente encorajada pela difusão do copernicanismo. Ademais, Galileu elaborou sua hermenêutica justo para dissociar os dois âmbitos de problemas, os da ciência da natureza e os da teologia, a fim de dar liberdade à ciência dentro do sistema religioso tirado do Concílio de Trento. Com sua distinção, Galileu afirmava o princípio de uma mudança necessária das interpretações teológicas da Escritura com base nas novas certezas científicas, deixando aos teólogos a tarefa de formulação de novas teses. Ele não negava o problema, antes, afrontava-o sob a perspectiva teórica, sem entrar no mérito teológico. A teologia deveria ganhar nova formulação a partir de uma concepção da religião que a diferencia radicalmente do conhecimento científico. Nisso vinha implícita toda a nova teologia, uma teologia que ia se formando lentamente, mas que ainda estava em gérmen e intencional. Obviamente, a atitude de muitos teólogos era exatamente o contrário da de Galileu. Para esses, a oposição ao copernicanismo poderia crescer proporcionalmente à consciência do terremoto teológico que a nova física e a nova astronomia acarretaram. Uma passagem de Melchior Inchofer, que vou citar abaixo, mostra isso claramente. Como instrumento de luta e de autodefesa a *Carta* aborda não só os elementos estruturais do sistema político-ideológico-eclesiástico, mas também posicionamentos históricos concretos com que se vê às voltas. Ademais, o texto é uma evolução progressiva de 1613 a 1615, em que Galileu, com o mesmo argumento, escreve e fala privativa e, em algumas ocasiões, também publicamente[12]. Primeiramente, Galileu escrevera a *Carta a Benedetto Castelli*, em 21 de dezembro de 1613 (*EN* V,281,288), que será enviada depois para a Congregação do Índex e a partir da qual se inicia o primeiro processo. Para se defender, Galileu pensou então em reescrevê-la, articulando-a de maneira bem mais profunda e integrá-la com fundamentação. Essa reprodução incluía elementos desenvolvidos em outros escritos, como a *Carta a Dini*, de 26 de março de 1616 (*EN* V,297-305), e os

---

(trad. Ingl. [1709]; *The last frontier. Imagining other worlds, from the copernicam revolution to modern science fiction*, Ithaca, NY-Londres, Cornell University Press, 1990, 90-91).

12. Das discussões que de algum modo são públicas, sirvam de testemunho as três *Considerazioni circa l'opinione copernicana* publicadas em: *EN* V,350-370.

três textos das *Considerações sobre a opinião copernicana* (*EN* V,350-370), do inverno de 1615-1616.

A estrutura da obra resulta da inserção de novos blocos na *Carta a Castelli* para responder às objeções levantadas de diversas fontes. Durante a composição, que se estendeu por diversos meses, Galileu leva em consideração também argumentações de Belarmino, que conhecia tanto pelo que lhe era reportado oralmente quanto porque Belarmino tinha se expressado com muita clareza por escrito numa carta de 12 de abril de 1615, enviada a Paulo Antonio Foscarini em resposta a uma missiva deste seu "*trattatello*" (breve tratado), com que defendia uma interpretação copernicana de diversas passagens bíblicas[13]. Na carta (*EN* XII,171-172), Belarmino se dirige como "irmão" não só a Foscarini, mas também ao próprio Galileu: "digo que parece que V. P. e o Senhor Galileu considerem prudente contentar-se em falar *ex suppositione* e não de modo absoluto" (*EN* XII,171).

Na parte integralmente nova apresentada na *Carta a Cristina* em relação àquela enviada a Castelli, leva-se em consideração, com bastante cuidado, o segundo dos três pontos da carta de Belarmino:

> 2º digo que, como sabe, o Concílio proíbe expor as Escrituras contra o consenso comum dos Santos Padres; e se a P.V. quiser ler não digo apenas os Santos Padres, mas os comentários modernos sobre o Gênesis, sobre os Salmos, sobre o Eclesiastes, sobre Josué, verão que todos concordam em expor *ad literam* que o Sol está no céu e gira em torno à Terra com suma velocidade, e que a Terra está muito distante do céu, estando imóvel no centro do mundo. Que o senhor possa considerar agora, com sua prudência, se a Igreja possa suportar que se se dê às Escrituras um sentido contrário àquele dado pelos Santos Padres e todos os intérpretes gregos e latinos. Tampouco se poderá responder que essa não seja uma matéria que diga respeito à fé, pois, se não é matéria de fé *ex parte obiecti*, é matéria de fé *ex parte dicentis*; e assim seria herege quem afirmasse que Abraão não tivesse tido dois filhos e Jacó doze, como se afirmasse que Cristo não nasceu de uma virgem, pois ambas as coisas são afirmadas pelo Espírito Santo pela boca dos profetas e apóstolos (*EN* XII,172).

---

13. Sobre as relações de Galileu com Bellarmino, cf. também o depoimento de Galileu ao segundo processo *EN* XIX,338, linha 60. Sobre o tratado de Foscarini: Foscarini, P. A., *Sopra l'opinione de' Pitagorici e del Copernico scritta al Reverendissimo P. Maestro Sebastiano Fantone generale del suo ordine, nella quale si accordano e si appaciano i luoghi della sacra Scrittura e le proposizioni teologiche, che giammai possono addursi contro tale opinione*, Napoli, L. Scoriggio, 1615.

Belarmino adianta o critério hermenêutico que o Concílio de Trento definira na IV seção de abril de 1546 com propósito antiprotestante. Galileu estava muito consciente desse problema desde a redação da *Carta a Castelli*, tentando lançar mão justamente de uma passagem do texto conciliar para fundamentar sua distinção entre argumentos de fé e argumentos de ciência natural dentro da Bíblia:

> Além dos artigos relativos à salvação e ao estabelecimento da fé, contra a afirmação dos quais não representa qualquer perigo que possa ser insurgido por qualquer doutrina válida e eficaz, talvez fosse um bom conselho não acrescentar nenhum outro sem necessidade. [...] Creio que a autoridade das Escrituras Sagradas tivesse em vista apenas persuadir os homens daqueles artigos e proposição que sendo necessárias para sua salvação e superando qualquer discurso humano, não poderia tornar-se credíveis por outra ciência ou por outros meios, a não ser pelas palavras do próprio Espírito Santo (*EN* V, 284, linhas 5-9 e 16-20).

Parece-me de importância extraordinária notar que a Igreja católica, na segunda década do século XVII, afronta a ciência com os mesmos instrumentos hermenêuticos que elaborara para fazer frente à Reforma Protestante, que explodira um século antes. A nova ciência modificava radicalmente o ambiente intelectual, mas o catolicismo tridentino não dispunha de outros instrumentos: Galileu tinha plena ciência disso e com os mesmos instrumentos ele próprio tentava trabalhar para ver até que ponto seria possível adaptá-los para serem aceitos ou não à negação da nova perspectiva epistemológica. Ademais, o mesmo gênero literário da *Carta a Cristina* e da *Carta a Castelli* é recomendado pelo texto do Concílio de Trento sobre a interpretação da Bíblia. Na realidade, a *Carta a Cristina* não é uma carta, mas um tratado verdadeiro e próprio, e sua destinatária é, de certo modo, fictícia, visto que não desempenha qualquer função dialogal real nesse processo. Os verdadeiros destinatários, aqueles a que se dirigem Galileu e para os quais argumenta buscando persuadi-los, são outros. A destinação fictícia da carta foi escolhida de maneira cuidadosa para colocar sob a proteção do grão-ducado as opiniões de Galileu tornando mais difícil aos seus adversários a luta contra seu autor[14]. O fato de Galileu ter

---

14. Franco Motta lançou a hipótese de que a carta seria endereçada à grã-duquesa Cristina de Lorena, tendo em conta suas relações com o cardeal Bellarmino. Realmente Cristina de Lorena era soberana de Montepulciano, onde Bellarmino era bispo. Cf. GALILEU, *Carta a Cristina de Lorena*, op. cit., 86, nota 3.

recorrido à ficção do gênero literário da carta pode ser explicado a partir do contexto da norma tridentina. A carta era o único gênero literário com o qual Galileu podia fugir de um grave princípio do Concílio que impunha a necessidade de autorização eclesiástica para qualquer escrito que tratasse de argumentos da Escritura, tanto mais quando se tratava de um escrito no qual se propalava uma opinião original, justo quando o Concílio asseverava que o perigo vinha justo de opiniões baseadas apenas na pesquisa pessoal própria. A carta era um gênero que não necessitava de aprovação eclesiástica e, assim, Galileu podia fugir às medidas que teria incorrido publicando uma obra sobre a interpretação da Escritura sem aprovação eclesiástica. Fizera assim desde o início escrevendo uma carta a Castelli, para fazer circular de maneira pública, mas formalmente privada, suas opiniões sobre as interpretações da Escritura em matéria de ciência natural. A partir dessa perspectiva, parece-me muito importante estudar a estratégica retórica de Galileu como faz Jean Dietz Moss, mas pouco convincente a parte de seu artigo no qual buscou explicar a estrutura literária de sua *Carta a Cristina* com base na estrutura retórica da epistografia italiana da época. O fato é que a *Carta a Cristina* não é uma carta, mas um gênero literário específico do ambiente da Contrarreforma. É claro que a análise retórica se presta para compreender a *Carta a Cristina*, cuja retórica desempenha um papel fundamental, porém se trata não de uma mudança literária de um modelo, mas da retórica vista como instrumento de persuasão, como instrumento político. O tratado é formado por uma primeira parte introdutória (V, 309-315, linha 8), seguida da argumentação verdadeira e própria de Galileu, a qual se articula em duas partes, cada uma introduzida pela apresentação em forma silogística da argumentação adversária, ao que se segue a demonstração da falta de fundamentação daquela. O primeiro argumento dos adversários é o seguinte:

> O motivo que eles alegam, portanto, para condenar a opinião da mobilidade da Terra e a estabilidade do Sol é que:
> [primeira proposição]: Lendo-se nas letras sagradas, em muitas passagens, que o Sol se move e que a Terra fica parada,
> [segunda proposição]: visto que a Escritura jamais mente ou erra,
> [consequência]: segue-se como consequência necessária que seria equivocada e danosa a sentença que quisesse afirmar que o Sol seria imóvel por si mesmo, e a Terra móvel (*EN* V, 315, linhas 9-15).

A segunda argumentação dos adversários consta de três silogismos, apresentados primeiramente por Galileu (*EN* V, 324, linhas 2-21) e depois contesta (*EN* 25-338, linha 2). Assim, podem ser reconstruídos três silogismos:

Primeiro silogismo dos adversários:
[primeira proposição]: a teologia é a rainha das ciências;
[segunda proposição]: todas as demais ciências são posteriores;
[conclusão]: as outras ciências devem alterar ou modificar suas próprias conclusões com base nos "estatutos e decretos teologais".

Segundo silogismo dos adversários:
[primeira proposição]: as ciências inferiores devem alterar e modificar suas próprias conclusões com base nos "estatutos e decretos teologais";
[segunda proposição]: às vezes as ciências inferiores alcançam alguma conclusão certa que é contrária ao que diz a Escritura;
[conclusão]: quando as ciências inferiores chegam a conclusões contrárias ao que diz a Escritura devem "escolher suas demonstrações e descobrir as falácias das suas próprias experiências, sem recorrer aos teólogos e autores sacros; não convém à dignidade da teologia, como se disse, abaixar-se à investigação das falácias das ciências subalternas, bastando-lhe determinar-lhes a verdade da conclusão, com absoluta autoridade e com a segurança de não poder errar".

Terceiro silogismo dos adversários:
[primeira proposição]: quando as ciências inferiores chegam a conclusões contrárias ao que diz a Escritura, elas próprias devem demonstrar o próprio erro;
[segunda proposição]: mas os casos em que é preciso ater-se à Escritura "sem glosá-la ou interpretá-la em sentidos distintos da palavra" são aqueles em que "a Escritura fala sempre no mesmo modo, e os Santos Padres os recebem e os expõem sempre com o mesmo sentimento";
[conclusão]: as ciências inferiores devem mudar as suas próprias conclusões quando são contrárias a opiniões constantes das Escrituras, interpretadas unanimemente pelos Padres (*EN* V, 2,21).

A segunda parte da carta vem seguida por uma terceira na qual Galileu convida à prudência no julgar a questão copernicana do modelo de critérios hermenêuticos e a circunspecção do método agostiniano. É justo aqui que ele propõe algo verdadeiro e próprio em sentido prático: que não se deve julgar a questão do ponto de vista teológico, ou seja, na perspectiva da verdade da Escritura, nem num sentido nem no outro, deixando-a aberta (V, 333, linha 3-343, linha 15). Segue-se uma quarta parte 9V,343, linhas 16ss.) em que Galileu, repudiando de fato seus princípios hermenêuticos, procura demonstrar que a passagem bíblica de Josué tão discutida seria mais bem interpretada literalmente com base na teoria copernicana do que com base na ptolomaica. É claro que aqui Galileu está em contradição consigo mesmo, porque parte do pressuposto de que o significado literal da Escritura pode entrar em acordo com uma teoria científica, quando, ao contrário, toda a argumentação partiu do fato de que a Bíblia se baseia na observação popular dos fatos astronômicos, desmentida pela pesquisa científica com base em observações e instrumentos de que não dispõe a percepção vulgar dos fatos. Assim, parece que Galileu tolera uma exegese concordista: a Bíblia está em acordo com o copernicanismo e não com o sistema ptolomaico. Parece-me que a intenção de Galileu aqui é a seguinte: encontrar uma última via de salvação, quando tiver fracassado a via principal por ele proposta, isto é, a rigorosa distinção entre o âmbito científico e o religioso com base numa epistemologia precisa e articulada. Nesse caso, se se quiser continuar a usar a Bíblia para dirimir questões científicas, será necessário atentar para o fato de que a Bíblia é qualquer coisa menos algo que possa ser explicado com o sistema ptolomaico. A argumentação de Galileu parte, mais uma vez, de um conhecimento agudo da problemática hermenêutica: trata-se de dar uma interpretação às passagens bíblicas em nível do sentido literal "sem alterar o significado puro das palavras". Ora, é essa a argumentação galileana, o sentido literal da Bíblia não pode ser mantido se se supõe ser verdadeiro o sistema ptolomaico. A astronomia ptolomaica, de fato, implica que se compreendam as palavras bíblicas num sentido diferente daquele em que se apresentam. Aqui, a argumentação galileana tende a atacar os adversários ptolomaicos em seu próprio campo. Trata-se de combater a convicção de que o sistema ptolomaico possa ser compatível com o dado bíblico. A incoerência de Galileu consigo mesmo está, porém, no fato de não se limitar a essa argumentação, mas no defender também que o sentido literal se preserva melhor com uma interpretação copernicana, assim como se dá com outras passagens bíblicas. Galileu, portanto, afronta os problemas que eram discutidos: ou seja, o sistema astronômico implícito na Bíblia e, em segundo lugar, a fraqueza exegética da perspectiva ptolomaica quando procurava explicar cientificamente o milagre de o Sol ter se detido no livro de Josué. Assim, o debate teológico posterior levará em consideração essa parte da argumentação galileana, buscando defender hermeneuticamente a condenação das duas proposições copernicanas, que se deu em fevereiro de 1626. O testemunho disso está no *Tractatus Syllepticus*, que Inchofer, um dos três teólogos que deram o parecer na condenação de Galileu, no segundo processo, escreveu no mesmo ano da condenação, em 1633, explicitando cuidadosamente a questão hermenêutica e defendendo sobretudo a tese de uma pluralidade de sentidos literais da Bíblia. Parece-me que sua intenção era abranger teologicamente a condenação das duas proposições copernicanas no ano de 1616 como contrárias ao sentido literal da Sagrada Escritura, condenação na qual se baseia a sucessiva de 1633. Que nesse escrito de 1633 Inchofer tivesse presente a *Carta a Cristina* me parece evidente não só por causa de suas argumentações, mas também pela declaração explícita que ele apresenta aos atos do processo, onde escreve ter lido a *Carta*, que ainda circula em Roma: "Legi hoc scriptum, et, nisi fallor, hic in Urbe non paucorum manibus teritur" (*EN* XIX, 350, linha 37). É provável que a *Carta* tenha tido alguma função também no segundo processo. Mas a argumentação galileana parece ter se dado bem também na crítica à fragilidade exegética dos ptolomaicos, como mostra, por exemplo, o comentário de Johann Jakob Scheuchzer à passagem de Josué 10 que cito no final deste capítulo.

4.2. A recepção da *Carta a Cristina* através da história das edições

Um texto de importância tão radical que propunha um novo sistema de relações na produção ideológica interna à Contrarreforma, na realidade não foi publicado por Galileu. Circulou certamente no vintênio entre a sua redação e a primeira edição (Estrasburgo, 1636 ou, talvez, 1635[15]), desempenhando uma função que ainda não é possível mensurar, como se verá em seguida. Preliminar ao estudo de sua recepção é, pois, uma história sintética das suas edições.

O primeiro elemento a se tomar em consideração é a primeira edição da *Carta*, como já disse, aparecer aos cuidados dos Elsevier em Estrasburgo. Mas essa edição foi consequência do fato de que os Elsevier haviam publicado no ano anterior à tradução latina do *Diálogo dos grandes sistemas*[16]. O processo de 1633 despertara grande atenção na Europa, provo-

---

15. Cf. CARLI, A; FAVARO, A., *Bibliografia galileiana (1568-1895). Indici e cataloghi XVI*, Roma, 1896, 34, que no número 155 escrevem: "O Lalande, em sua *Bibliographie astronomique* (207), depois de fornecer a indicação relativa à presente edição [a de 1636], acrescenta: "J'ai un exemplaire de cet ouvrage qui porte la date du 1635, et qui est entièrement latin". Apesar das mais assíduas pesquisas, não se conseguiu encontrar qualquer exemplar".

16. *Systema cosmicum authore Galilaeo Galilei lynceo, Academiae Pisanae Mathematico extraordinario, Serenissimi Magni-Ducis Hetruriae Philosopho et mathematico primario: in quo quatuor dialogi, de duobus maximis mundi systematibus, ptolemaico et copernicano, utriusque*

cando imediatamente um vasto debate internacional que irá continuar com veemência até o fim dos anos de 1640. Obviamente, a atenção principal se concentrava na obra condenada, o *Diálogo dos grandes sistemas* e não na *Carta a Cristina*. Ora, a edição latina elsevieriana do *Diálogo* continha também dois tratados sobre a interpretação da Escritura relacionados à questão copernicana: a *Perioche ex introductione in Martem Iohannis Kepleris Mathematici Caesarei* e o escrito de Foscarini que entrou no Índex em 1616 sobre a conciliação das Escrituras com o sistema copernicano. Do ponto de vista editorial, juntar esses dois escritos fazia sentido porque o *Diálogo* não atacava o problema da interpretação da Escritura. Esses dois eram precedidos por uma introdução do tradutor Matthias Bernegger e seguiam o *Diálogo* respectivamente às páginas 459-464 e 465-495. A tradução latina permitia ao *Diálogo* uma ampla circulação e os textos de Kepler e de Foscarini acabaram gozando da mesma fama, tornando-se de certo modo um todo com o *Diálogo* como se representassem as teorias galileanas sobre a interpretação da Escritura. Ademais, a própria edição era um ato de batalha ideológica. O frontispício continha dois textos sobre a liberdade do filosofar[17]. Na segunda página posterior ao frontispício vinham estampados os "imprimatur"[18] contidos na edição italiana de 1632. É um método de luta ideológica que serve para sublinhar o máximo possível a contrariedade das medidas eclesiásticas ou, antes, dar a entender que a condenação de 1633 era secundária, simplesmente deixando de mencioná-la. Com o mesmo sistema se publica a primeira autorização eclesiástica do tratado de Foscarini, mas não a sucessiva que entrou no Índex de 1616. Depois da lista das autorizações eclesiásticas com um destaque tipográfico assinalado por duas linhas paralelas, segue-se uma passagem de Políbio em latim ("in Eclogis lib. 13. cap. 13"), seguido de uma frase em grego:

> Afiro que a natureza constituiu a verdade como deusa máxima para os mortais e que tenha atribuído a ela uma força máxima. Apesar de ser combatida por todos ao ponto de que às vezes vemos apenas conjecturas verossímeis baseadas em equívocos, não sei de que modo se insinua, po-

---

rationibus philosophicis ac naturalibus indefinite propositis disseritur. Ex italica lingua latine conversum, accessit appendix gemina, qua SS. Scripturae dicta cum terrae mobilitate conciliantur, Augustae Treboc. Impensis Elzeviriorum, Tipos Davidis Hautti, 1635.

17. ALCINO: "Aquele que se dedica a filosofar deve ter a mente livre"; SÊNECA: "Em nenhum ambiente se não entre os filósofos deve-se exercer uma liberdade semelhante".

18. Aqueles do mestre do palácio sagrado (sem data) e o "imprimatur" e o "imprima-se", de setembro de 1630 de Firenze.

rém, nos ânimos dos humanos e de forma improvisada ela manifesta sua força, por muito tempo escondida pelas trevas, e ao final por sua própria força acaba vencendo e se impondo, e triunfa sobre o erro. *Julgai de modo autônomo, examinai criticamente tudo.*

Ao final dos dois escritos sobre a interpretação da Escritura, antes dos *Errata*, vinha acrescentada tanto em grego quanto em latim uma passagem tirada de Plutarco, que lembra os antecedentes antigos do copernicanismo. À passagem seguia-se o seguinte comentário: "Essas duas afirmações descrevem o movimento da Terra diurno e anual que lhe é atribuído pelo sistema copernicano"[19]. A mensagem ideológica transmitida pelo enquadramento tipográfico vinha acentuada pelos dois prefácios de Bernegger, o primeiro referido ao volume todo, o segundo só aos dois textos da Escritura. Na primeira, Bernegger escrevia:

> A verdade vence e vencerá de modo ainda mais amplo, se tivermos a favor aqueles cleantes, que enganados por uma piedade incomum afirmam que essa teoria contrasta com as afirmações da Sacrossanta Escritura. Essa sua convicção é abalada no apêndice do livro. O escrito apologético do autor [...] irá destruí-la completamente em seus ânimos a esses que confundiram a acrimônia do juízo com a equidade[20].

A função dos textos de Kepler e de Foscarini é de demonstrar a falta de fundamentos da condenação eclesiástica e difundir o copernicanismo: "A verdade vence e vencerá". O aceno à "piedade incomum" parece reproduzir as frases de Galileu sobre "religião simulada" na *Carta a Cristina*[21]. No segundo prefácio, Bernegger retoma o tema contra todos que "citam certas passagens da Sagrada Escritura compreendendo-os equivocadamente"[22].

Não se pode pretender que as Escrituras, abandonando o uso e o linguajar popular, se exprimam em termos científicos sobre questões que

---

19. "Hae duae sententiae commixtae, motum Tarrae faciunt annuum iuxta atque diurnum, qualem ei Copernicanum systema tribuit."

20. *Vicit veritas, et vincet latius, dummodo propitios magis Cleanthes illos habeamus, qui inconsueta pietate decepti, sacrosanctae Scripturae decreta hoc dogmate conuelli falso putant, quorum opinionem et operis appendices asciticiae minuent et autoris ipsius apologeticus [...] omnino tollet, in eorum quidem animis, qui iudicii acrimoniam cum Aequitate miscuere... systema cosmicum*, introdução ao *Benevole Lector*, p. 3.

21. *EN* V,311, linha 15.

22. "Aliqua SS. Scripturae loca mala detorta promunt, nescii, sacros Codices uti Sermone hominum, ut intellegi possint".

estão acima da capacidade de compreensão de quem precisa de instrução, confundindo assim os simples do povo de Deus[23], negligenciando desse modo o que é "seu objetivo autêntico e mais elevado"[24].

Como vimos, o Bernegger afirma que o *Apologeticus* de Galileu irá refutar completamente ("omnino tollet") a opinião dos adversários. O *Apologeticus* nada mais é que a *Carta a Cristina*. Bernegger queria publicá-la com o *Diálogo*, mas apareceu muito tarde ("aliquando serius, quam ut adnecti operi poset"). Promete publicá-la assim que possível[25]. A *Carta a Cristina* é vista então como um escrito apologético, e os textos de Kepler e de Foscarini substituem sua função. Na realidade, Foscarino defendia uma hermenêutica que não tinha nada a ver com a galileana: tratava-se de uma hermenêutica concordista que tendia a mostrar como a Bíblia se harmonizava com o sistema copernicano. A distinção epistemológica fundamental entre natureza e Escritura lhe era totalmente estranha. Que a natureza proviesse de Deus como a Escritura e que fosse executora "acuradíssima" das leis de Deus, as quais só poderiam ser conhecidas racionalmente, enquanto a Escritura para salvar os homens ocultava as leis de natureza incompreensível ao vulgo e se exprimia numa linguagem e com conteúdos científicos que deviam ser necessariamente corrigidos pela ciência, tudo isso era estranho a Foscarino e, mais ainda, a consequência política dessa distinção, isto é, que o poder ideológico da Igreja tivesse um limite bem preciso, só pudesse ser aplicado dentro do âmbito religioso, por ora definido por exclusão do científico. O texto de Kepler era diferente, mas só continha a teoria do acomodamento da Escritura e não a distinção epistemológica entre natureza e Escritura. É bem verdade que Kepler, em duas cartas enviadas a Michael Maestlin e a Grafen von Hohenburg, escreve uma frase na qual reproduz a razão clássica dos dois livros e parece atribuir um significado religioso à questão científica: "Nós, astrônomos, somos os sacerdotes do Deus altíssimo no que se refere ao livro da natureza"[26], mas não aprofunda a diferença epistemológica do modo de proceder da natureza e da Escritura e não coloca sistematicamente o problema do acordo, em

---

23. "Populum Dei simplicem perturbent."
24. "Scopum suum genuinum longe sublimiorem"; "Propediem dabimus", cf. *Systema cosmicum*, op. cit., 549.
25. Op. cit., 3.
26. "Cum astronomi sacerdotes Dei altissimi ex parte libri naturae simus" (Frisch I,14,64).

casos conflituosos, entre duas verdades de natureza diversa[27]. No mais, a práxis exegética de Kepler[28], como também seus escritos teológicos e suas respostas casuais sobre a questão, se não me engano deixam entrever a possibilidade de um uso científico da Bíblia com limites claramente demarcados[29]. É bem provável que Kepler tenha sido o primeiro, com relação a Galileu, a intervir na questão e tomar consciência dos perigos teológicos do copernicanismo, muito embora Galileu tenha tido conhecimento do que ele escrevera sobre o tema[30].

Em todo caso, Kepler havia se expressado claramente sobretudo em três textos principais. O primeiro é de 1604[31]:

> Não é de se admirar se Copérnico ousou distinguir, de maneira justa, entre as coisas que são ditas nas Sagradas Letras para fundamentar o que se vê das coisas que, uma vez examinadas astronomicamente, mostram ser bem diversas. Na realidade, não afirmam o que é falso, mas afirmam que

---

27. KARP. H., *Der Beitrag Keplers und Galileis zum neuzeitlichen Schrift verständnis*, in: *Zeitschrift für Theologie und Kirche*, 67 (1970) 40-55. Karp considera que a principal diferença entre Galileu e Kepler está na teoria da acomodação: "Galilei erklärte, die biblischen Schrift en oder ihre Verfasser passten sich der Unbildung des Volkes an; das heisst doch wohl: sie taten es wieder besseres Wissen ['apesar de que todas essas coisas fossem muito conhecidas a eles']. Kepler dagegen nahm [...] an, dass sie selbst die Vorstellung ihre Zeit teilten, und vor allem verteidigte er das Recht aller Zeiten auf populäre Vorstellungen und Sprechweisen" (53-54). Mas Karpp reconhece que Galileu ultrapassou a questão da acomodação da Bíblia à linguagem e às concepções populares. Galileu "wohl etwas deutlicher als Kepler" (53) defendera que a Bíblia deve ser interpretada a partir dos resultados da ciência.

28. Mas não estudei obras como a crítica ao escrito de Giovanni Sleidano sobre as quatro monarquias ou o ensaio sobre as setenta semanas em Daniel.

29. Na obra de Kepler *Tertius interveniens, das ist warnung an etliche Theologos, Medicos und Philosophos*, Frankfurt am Main, Godtfried Tampachs, 1610 (*Johannis Kepleri astronomi opera omnia edidit Dr. Ch. Frisch. VIII voll.* Frankfurt, Heyder & Zimmer, 1882. Aqui I,547-651), na tese 37 (I,578), o autor polemiza contra Philippus Feselius, que interpreta algumas passagens bíblicas utilizáveis contra a astrologia. A resposta de Kepler é que essas passagens bíblicas, segundo as quais o ser humano não poderia conhecer o futuro – segundo Feselius – podem na realidade ser interpretadas de outra forma. Nesse caso a resposta de Kepler não é uma resposta metodológica de princípio sobre a não competência da Bíblia. No *Epitomae astronomiae, Liber primus* (Frisch VI,123) a linguagem da Escritura é equiparada de fato à do vulgo: "De magnitudine astrorum quid statuit vulgus?" Kepler responde com exemplos: "Sol enim cum oritur aut cum occidit, ingens apparet, itaque in egressione et principio cursus comparetur Giganti (Ps.19)". Mas depois, na página 305, não deixa de lançar mão da Escritura contra a concepção aristotélica da eternidade do mundo.

30. Karpp nota que Galileu recebera do próprio Kepler o *Astronomia nova*, de 1609, que continha a famosa *Introductio in Martem* (KARPP, *Der Beitrag*, op. cit., 489, nota 22).

31. Encontra-se em *Ad vitellionem paralipomena, quibus astronomiae pars optica traditur*, Frankfurt, Claudium Marnium et Haeredes Joannis Aubrii, 1604 (Frisch II,119-398; a passagem citada está na p. 335).

o que é dito pelo sentido da vista é veríssimo ou antes procuram conciliar o que é sugerido pela vista com as próprias intenções. O astrônomo, ao contrário, e de forma mais original ainda o estudioso de ótica, mostra a falácia do sentido da vista, para além de qualquer controvérsia[32].

O segundo é justamente a *Introductio in Martem*, que se encontra na *Astronomia nova*, publicada em 1609. O terceiro encontra-se no *Tertius interveniens*. Aqui, na tese 54, Kepler polemiza com Feselius, que defende que o movimento da Terra seria "1. contra a natureza; 2. contra os sentidos externos; 3. contra qualquer razão"; e, ademais, "4. também contra a Sagrada Escritura". Kepler responde:

> Toda vez que Kepler e os outros já não sabem como encontrar uma saída para a questão, acabam sacando a Sagrada Escritura[33]. Como se o Espírito Santo, na Escritura, quisesse ensinar astronomia ou física e não tivesse antes uma meta mais elevada em vista da qual não só se apresenta aos homens com suas palavras e sua língua, mas também servindo-se de sua ciência popular comum a respeito das coisas naturais, à qual os homens chegaram através do olhar e seus sentidos externos. Aonde queremos chegar? Então, poder-se-ia encontrar todas as ciências e em particular também a geografia no simples livro de Jó, como se ninguém compreendesse bem a Escritura a não ser apenas Feselius e os que a consideram como ele o faz?

Consideremos como ele trata as afirmações do Salmo 94: "O mundo permanece firme e inabalável"[34]. Quando lemos o salmo à luz da teoria física, fica difícil referi-lo a uma descrição do reino de Cristo, e, por outro lado, pode-se objetar como se jamais tenha havido nenhum terremoto, para o qual fica melhor empregar a palavra "commovebitur". Mas se se lê, antes,

---

32. "Quo minus mirari debemus, ausum esse distinguere Copernicum inter ea, quae in Sacris literis ad visus rationem explicandam recte quidem dicuntur, et illa quae astronomice examinata aliter habere deprehenduntur. Non enim falsum dicunt, sed sensum visus hoc dicere verissimus asseverant; seu potius hoc a visu suggestum ad institutum suum accomodant: astronomus vero seu magis opticus sensum visus fallaciae citra omnem contumeliam coarguit."

33. Essa é uma argumentação empregada também por Galileu, mas devia ser um lugar comum, pois muito tempo antes também Melancton (Melanchthon, Phillpp, *Initia doctrinae physicae*, Wittenberg, Lufft, 1549) escreve: "Obwohl einige lachen, wenn ein Physiker göttliche Zeugnisse anführt, so halten wier es doch für anständig, die Philosophie auf das Gotteswort zu beziehen und in einer solchen Finsternis des Geistes den göttlichen Willen zu befragen, wo immer wir können. Ein Psalm besagt deutlich, dass die Sonne bewegt werde". Esse *lachen* (rir) dos cientistas frente ao recurso da autoridade da Escritura era, porém, conhecido pelos teólogos.

34. "Firmavit orbem terrae, qui non commovebitur."

o salmo referindo-o ao reino de Cristo, então se compreenderá o mesmo à luz do Salmo 97: "Endireitou a terra e não se moverá. Julgou os povos com justiça"[35]. Conduziu os reinos da terra à paz, reconduzindo-os sob seu jugo. Eles não mais se sublevarão contra ele. Ele utiliza também o Salmo 76: "A terra afundará com todos os seus habitantes. Não fui eu que lhe fixei as colunas?"[36] Mas mostra-me, D. Feselius, onde estão essas colunas da Terra, se devemos compreender essas palavras de maneira física. E não, antes, que uma desgraça geral houvesse lançado o gênero humano em uma situação de confusão e que a graça de Deus interveio, de modo que se levasse a cabo imediatamente um comportamento moral sólido. No que se refere à passagem de 1 Crônicas 16,30, "Tremei diante dele, ó terra inteira! Sim o mundo permanece firme e inabalável" e, de maneira semelhante[37], Eclesiastes 1,4 "a terra permanece firme eternamente"[38]; esses tipos de textos devem ser compreendidos em referência àquela imobilidade que se manifesta quando a Terra se comporta de maneira diferente dos seres humanos, que enquanto um morre o outro nasce, ou dos edifícios feitos por mãos humanas, que caem. A Terra, ao contrário, como o fundamento de todos os edifícios jamais passará, como bem percebe todo homem dia a dia com seus sentidos exteriores. Sobre isso, é suficientemente tratado na *Introductio in Commentaria Martis*, e não há necessidade que me alongue aqui em reproduzir essas ideias[39].

Kepler remete à *Astronomia nova*: também para ele ela representa, de certo modo, uma elaboração definitiva da relação entre Escritura e ciência. A partir de seu ponto de vista, é natural que Bernegger publicasse a *Introductio* de Kepler junto com o *Diálogo de Galileu*, visto que era amigo e admirador de Kepler. Personalidades menores como Bernegger são particularmente interessantes porque nos apresentam o modo como era recebido de fato o pensamento dos "grandes". São esses personagens menores que servem de intermediadores entre os cientistas e a cultura no sentido mais geral do termo. Bernegger encarregara-se de unir aquilo que na realidade era distinto. Em seu modo de ver, as diferenças entre Kepler e Galileu

---

35. "Correxit orbem terrae, qui non commovebitur, iudicabit populos in aequitate."
36. "Liquefacta est terra, et omnes qui habitant in ea: ego confirmavi columnas eius."
37. O argumento patrístico (todos os padres defendiam que o sentido literal indicava a fixidez da terra) não parece ter sido usado por Kepler e por Feselius. Parece um argumento que só surgiu no ambiente católico, dada sua importância na hermenêutica do Concílio de Trento.
38. "Commoveatur a facie eius omnis trarra, ipse enim firmavit orbem immobilem" (1Cr 7); "Terra in aeternum manet" (Ecl 1,4).
39. FRISCH I,595.

se atenuavam e assim se criava uma recepção da parte dos ambientes progressistas da época em que a relação entre religião e ciência era vista num modo que não era nem o de Kepler, nem o de Galileu, mas numa concepção mais geral, menos precisa com relação à de Galileu, mas não por isso menos eficaz historicamente. Desse modo, foi essa que teve maior propagação, enquanto a de Galileu, como veremos, só vai conseguir se impor em ambientes restritos e sempre com correções e limitações adequadas. É importante notar que essa *Introductio* de Kepler, como também o pequeno tratado de Foscarini, vai acompanhar a edição do *Diálogo dos grandes sistemas* durante todo o século XVII e além dele. Vamos reencontrá-la na edição latina de Lyon de 1641[40]; na tradução inglesa do *Diálogo* que Thomas Salusbury vai publicar em Londres em 1661; na edição latina de Londres de 1663; na latina de Lyon de 1699[41] e ainda na primeira reedição italiana de Nápoles de 1710. A partir da edição de Milão, de 1808, acabou sendo inserida também na coleção das obras de Galileu, mas já quase apenas como documentação e em diversas seções com relação à colocação do *Diálogo*. Vale a pena notar que, na edição italiana de 1744, o *Diálogo* vem acompanhado de uma outra obra sobre a interpretação da Escritura em questões científicas: a do católico padre Agostinho Calmet, *Del sistema del mondo degli antichi ebrei*, uma obra que apresentava uma hermenêutica bíblica bem diversa daquela que proporá Galileu na *Carta a Cristina*. Era uma prova ulterior ao fato de que o *Diálogo* não era publicado sozinho, mas enquadrado num sistema hermenêutico cada vez mais diferente. A apresentação do editor italiano é bastante significativa:

> Quanto à questão principal do movimento da Terra também nós nos conformamos à retratação e defesa do autor [Galileu], declarando da forma mais solene que não se pode nem deve se admitir a não ser como pura hipótese matemática que se presta para explicar com mais rapidez certos fenômenos. Por isso, adicionamos [...] a dissertação do padre Calmet na qual se explica o sentido das passagens da Sagrada Escritura referentes a essa matéria segundo a crença católica comum[42].

---

40. CARLI, FAVARO, *Bibliografia galileiana (1568-1895)*, op. cit., n. 180.
41. Cf. CASPAR, M., *Bibliographia Kepleriana. Ein Führer durch das gedrückte Schrifttum von Johannes Kepler*, München, C. H. Beck, 1936, 111, n. 88.
42. Sobre essa premissa nos chamou a atenção FERRONE, V., *Scienza, natura, religione. Mondo newtoniano e cultura italiana nel primo Settecento*, Napoli, Jovene Editore, 1982; cf. Pesce, *L'interpretazione della Bibbia nella lettera di Galileo a Cristina di Lorena e la sua ricezione*, op. cit., 276.

Parece-me que devemos concluir que esse modo de publicar o *Diálogo* no contexto de uma hermenêutica bíblica diferente daquela da *Carta a Cristina*, que se estendeu por mais de um século, serviu para neutralizar e ocultar em parte a hermenêutica bíblica galileana. Mas em 1636, os Elsevier publicarão o texto bilíngue – a tradução latina e o texto em italiano, lado a lado – de *Carta a Cristina*. O título dado à obra é significativo: *Nova-antiqua sanctissimorum patrum, et probatorum theologorum doctrina, De Sacrae Scripturae testimoniis in conclusionibus mere naturalibus, quae sensatâ experientiâ, et necessariis demonstrationibus evinci possunt*[43]. Pela primeira vez, a hermenêutica galileana era colocada à disposição dos intelectuais europeus. O título, muito provavelmente, não era de Galileu mesmo, mas redacional, é significativo: aqui se propõe uma doutrina tanto nova quanto antiga. O neologismo "nova-antiqua" mereceria uma ampla discussão e permitiria compreender a consciência do editor e de parte dos contemporâneos de Galileu, se não do próprio Galileu. O título recolhia um aspecto central da obra, a saber, que a antiguidade cristã já havia afrontado o problema de uma conciliação da tradição bíblica com uma ciência estranha àquela tradição. Agostinho se colocara realmente um problema que estava já bem difuso e presente: que verdade se deveria atribuir às ciências que os gentios (não os cristãos!) produziram? A cristandade antiga se encontrava diante de um cabedal de conhecimentos científicos teórico-práticos que não tinham qualquer origem na tradição bíblica. Surgia o problema da aceitação e do confronto. Ora, nos inícios do século XVII, as Igrejas voltavam a se encontrar diante de uma situação em certos aspectos semelhante, e Galileu poderia apelar a uma das respostas tradicionais com maior autoridade, Agostinho. Como em outros lugares, procurei mostrar[44] que Galileu forçava o pensamento agostiniano, puxando-o a sua tese sistemática que previa uma subordinação da teologia à ciência em matéria de questões naturais. Em todo caso, o amplo dossiê patrístico da *Carta a Cristina* tinha como função criar um sistema de relações entre ciência e religião que

---

43. *Nova-antiqua Sanctissimorum Patrum, et probatorum theologorum doctrina, De Sacrae Scripturae Testimoniis in conclusionibus mere naturalibus, quae sensatâ experientiâ, et necessariis demonstrationibus evinci possunt, temere non usurpandis in gratiam serenissimae Christinae Lotharingae, Magnis-Ducis Hetruriae, privatim ante complures anos italico idiomate conscripta a Galilaeo Galilaeo Nobili Florentino, Primario Serenitatis ejus philosopho et mathematico. Nunc vero juris publici facta, cum latina versione italico textui simul adjuncta. Augusta treboc[ensis]*, Impensis Elzeviriorum, typis Davidi havtii, 1636.

44. PESCE, *L'interpretazione della Bibbia nella lettera di Galileo a Cristina di Lorena e la sua ricezione*, op. cit., 254-258.

fosse antigo e não só novo: "novo-antigo". Se há algum ponto em que nos postamos num terreno seguro para definir o que é o moderno é, sem sombra de dúvida, o da nova ciência experimental seiscentista. Aqui podemos mensurar a descontinuidade entre antigo e moderno. A modernidade da ciência define *ipso facto* o que é antigo com relação a essa. A minha tese é que, tendo definido a ciência por meio das "experiências sensatas" e das "demonstrações necessárias", o título das edições elsevierianas mostra ter compreendido o centro do método galileano ("in conclusionibus mere naturalibus, quae sensatâ experientiâ, et necessariis demonstrationibus euinci possunt"), de fato, Galileu relegava ao âmbito de um método cognitivo científico antigo, isto é, superado, tudo que se baseava apenas nos sentidos, não modificados pelo instrumental científico. Um conhecimento que se baseasse apenas na observação ocular era superado por um conhecimento baseado num instrumental do telescópio e da luneta. O instrumento modifica a natureza tornando observável uma natureza selecionada e transformada pelo próprio instrumento. É claro que temos também o modelo matemático que torna as demonstrações necessárias, mas a demonstração científica se aplica a esse tipo de experiência que resulta da intervenção dos instrumentos sobre a própria natureza[45]. Talvez pudéssemos dizer que qualquer doutrina que se baseie numa epistemologia diferente das "experiências sensatas" e "demonstrações necessárias" irá tornar-se antiga. Aristóteles era antigo, mas também a Bíblia. Todo o mundo antigo do qual fazia parte também a Bíblia, por causa de sua própria base epistemológica, estava epistemologicamente superado. Apesar disso, Galileu considerava possível haver uma continuidade com ela. O elemento religioso, ainda válido para a atualidade, escapa da descontinuidade epistemológica, visto que não é considerado do ponto de vista científico, mas de outra perspectiva que, porém, não deve ser de modo algum científica. O religioso mantém a continuidade, mas supondo que se distinga daquilo que não é religioso. Do ponto de vista editorial, nota-se que, na página 60, depois do fim da obra, acrescenta-se um lema que será reencontrado nas sucessivas edições galileanas: "É difícil descobrir a natureza das coisas, mas uma vez tendo sido descoberta, querer demonstrá-la ao vulgo é algo cruel"[46]. A meu ver,

---

45. Sobre o método galileano, cf. ID. 251-252; uma recente resenha crítica muito boa da discussão sobre método galileano e sua diferença em relação à ciência da Idade Média tardia pode ser encontrada em DEAR, P., *Mersenne and the learning of the schools*, Ithaca (NY)-Londres, Cornell University Press, 1988, 232-237.

46. "Naturam rerum invenire, difficile; et ubi inveneris, indicare in vulgus, nefas. Plato".

essa palavra não reflete o pensamento de Galileu. É claro que toda a argumentação galileana pressupõe a clara distinção da linguagem vulgar com relação à científica e a incompreensibilidade do vulgo das questões científicas; mas Galileu queria debater publicamente os resultados de suas pesquisas e os resultados da ciência em geral. É bem provável que a expressão *vulgus*, nesse mote editorial, queira ter uma extensão em sentido lato e, em polêmica, àqueles doutores e teólogos que não querem compreender as descobertas da nova ciência. Mas o mais importante consta logo nas páginas 61-63, a saber, um *excerptum ex didaci à Stunica commentariis in Job*, o texto sobre a conciliação entre Escritura e copernicanismo, que Galileu utilizara na *Carta a Cristina* e que em março de 1616 fora suspenso "donec corrigatur" ("até que seja corrigido"). Assim, também a *Carta a Cristina*, assim como o *Diálogo*, fora impressa junto com outra obra sobre a Escritura, que na realidade apresentava uma hermenêutica diferente. No ano de 1649, era republicada em Lyon a *Apologia* de Gassendi contra os ataques de Jean-Baptiste Morin, que há anos defendia a tese da "imovibilidade" da Terra e em muitos escritos combatia o copernicanismo com argumentações científicas, mas também com argumentações teológicas, apelando à necessidade de se respeitar a condenação eclesiástica. Nessa publicação, o editor acompanha a obra de Gassendi com outros quatro escritos, três dos quais de Galileu: a *Carta a Cristina*, a *Excerptum* (isto é, a passagem extraída) do comentário a Jó, de Diego López de Zúñiga, e, por fim, a *Carta a Castelli* e a *Carta a Dini*, de 16 de fevereiro de 1615[47]. Essa nova edição da tradução latina da *Carta a Cristina* proporcionava uma maior difusão na França ao texto galileano, acompanhado ademais de duas

---

47. *Nov-antiqua sanctissimorum Patrum, et probatorum theologorum doctrina, de Sacrae Scripturae testimoniis in conclusionibus mere naturalibus, quae sensata experientia, et necessariis demonstrationibus euinci possunt, temerè non vsurpandis: In gratiam serenissimae Christinae Lotharingae, Magnis-Ducis Hetruriae, privatim ante complures annos, italico idiomate conscripta a Galilaeo Galilae nobili florentino, primario serenitatis eius philosopho et mathematico.* In: *Petri Gassendi Apologia in Jo.B. Morini librum cui titulus: Alae Telluris fractae; epistola IV de motu impresso a motore translato. Una cum tribos Galilaei epistolis de conciliatione Scripturae Sacrae cum systemate telluris mobilis, quarum duae posteriores nondum editae, [la lettera al Castelli e la lettera al Dini] nunc primum M. Nevraei cura prodeunt*, Lione, Guillelmum Barbier, 1649. Depois da página 168 da *Apologia*, com nova paginação, 1-60, vinha impressa a *Carta a Cristina*, seguida nas páginas 61-63 do *Excerptum ex Didaci a Stunica salmaticensis commentariis in Iob editionibus toletanae apud Ioannem Rodericum anno 1484 in 4. pag. 205 et seqq. in haec verba Cap. 9 vers. 6. Qui commovet terram de loco suo, et columnae eius concutiuntur*, depois na p. 64 uma introdução de Neuraeus às duas outras cartas de Galileu (nas p. 65-78 a de Castelli e nas p. 79-95 a de Dini).

outras cartas importantes do próprio Galileu sobre a interpretação da Escritura. O editor afirma não conhecer os nomes dos destinatários dessas cartas[48]. Em todo caso, essa é a primeira edição, embora em língua latina, da *Carta a Castelli* que eu conheço, e isso, pelo que sei, não me parece ter sido notado. Tenho a impressão, assim, que a própria edição francesa da *Carta a Cristina* tenha sido negligenciada pelos pesquisadores recentes. O curador Neuraeus, juntando as obras de Gassendi e de Galileu, tinha uma intenção precisa de política cultural. As três obras de Galileu sobre a Escritura mostram: "quanto sejam ridículas as falsificações de Morin e dos demais da mesma chusma, ao afirmarem que Galileu teria abjurado a essa teoria considerando-a herege, quando fica indubitavelmente demonstrado que ele jamais se submeteu a um tal delito vergonhoso"[49]. De fato, Galileu sempre defendeu que "nela nada há de contrário às Letras Sagradas e que deva ser considerado alheio à fé cristã"[50]. A *Carta a Cristina* fora utilizada para restabelecer o pensamento galileano autêntico. Neuraeus conclui com uma esperança fundamentada que nos transmite claramente um aspecto da atmosfera dos debates religiosos sobre a interpretação da Escritura no vintênio sucessivo ao processo de 1633: "Que finalmente possa calar-se a superstição incompetente que, excitada por um zelo turvo de ignorância crassa, sempre provocou à Igreja muito mais dano do que a própria hostilidade franca da malvadez herege"[51].

É necessário defender junto com isso o copernicanismo e a imagem de Galileu, demonstrando que a abjuração não reflete seu verdadeiro pensamento. A *Carta a Cristina* mostra claramente qual era a opinião de Galileu, oferecendo, ademais, uma argumentação sólida contra a tese de que

---

48. Na p. 64, depois do texto do comentário a Jó de Zúñiga, Neuraeus escreve: "Binas heic illas habes Galilei epistolas quas ex misso ad me ipsius autgrapho excerpsisse, Thuscôve idiomate scriptas, Latiari, eâ, quâ decuit fide, donasse, tibi antè iam significavi. Unum vero doleo, non esse apposita eorum nomine quos alloquuntur". Lança a hipótese de que a primeira tenha sido endereçada a Bernegger e a segunda a um personagem culto que tinha a confiança de Bellarmino.

49. "Quam ridicula sint Morino et aliorum eiusdem farinae impostura, asserentium Galileaum doctrinam hanc ut haereticam adiurasse, cum et aliunde compertissimum sit ad tam ignauum facinus nunquam adduci profuisse."

50. "Nihil esse in ea quod sacris literis adversaretur, quodve à Christinae fidei dogmate videri debeat alienum."

51. "Sileat modo imperita superstitio, quae turbido fastuosae ignorantiae concitata zelo damni sempre Ecclesiae multo plus attulit, quam ipsa haereticae pravitatis aperta hostilitas". A introdução é datada de novembro de 1646, mas o livro só vai ser editado em 1649, a menos que existam edições precedentes que eu não conheça.

o copernicanismo esteja em contraste com a Sagrada Escritura. Trata-se, assim, de uma intervenção em um tema debatido que já durava mais de 15 anos na França, com conexões no resto da Europa, e contava com um número conspícuo de obras científicas e teológicas, sobre o que retornaremos adiante. A intenção editorial fica ainda mais clara quando lemos o último elemento do enquadramento tipográfico-ideológico onde se insere o evento galileano. No final das duas cartas de Galileu, na página 95, depois de um destaque tipográfico de uma linha horizontal, em letras menores são escritas frases que sublinham como a hermenêutica galileana representa provavelmente a tentativa mais bem-sucedida de esclarecer as relações entre ciência e Escritura: "Talvez ninguém tenha conseguido conciliar os mistérios arcanos da Escritura com a maravilhosa obra da natureza do que o nosso Galileu"[52]. Essa é a primeira expressão que encontrei que exprime a consciência da originalidade da hermenêutica galileana. Aqui é preciso recordar que Marin Mersenne, logo depois da condenação de 1633, intentou uma política editorial que desse voz às teses galileanas. Traduziu e publicou em 1634 alguns escritos extremamente científicos de Galileu, provavelmente para reforçar a dignidade intelectual do italiano: *Les mécaniques de Galilée... avec plusieurs additions rares et nouvelles*[53]. No mesmo ano, em *Les questions théologiques, physiques, morales, et mathématiques*[54], inserira um resumo dos dois primeiros dias do *Diálogo dos grandes sistemas*, mas acrescentara também a tradução francesa à questão 45 da condenação e da abjuração de Galileu[55]. Mais uma vez as opiniões de Galileu estavam circulando, porém dentro de uma constelação de escritos distintos a cada vez.

A vontade de combater aliados ao copernicanismo em favor da liberdade das pesquisas científicas, por um acordo entre ciência e fé, por uma imagem correta da posição galileana, que vimos na edição francesa da *Carta a Cristina* de 1649, vinha justificada também pelo fato de que a abjuração de Galileu era colocada em circulação com intenções bem diferentes daquelas de Mersenne. No ano de 1644, Giorgio Polacco, em seu

---

52. "Atqui cum felicius nemo forte vnquam arcana eiusdem Scripturae mysteria cum naturae admirandis operibus conciliavit, quam heic Galileus noster".
53. Mersenne, M., *Les mécaniques de Galilée... avec plusieurs additions rares et nouvelles*, Paris, Chez Henri Guenon, 1634.
54. Id., *Les questions théologiques, physiques, morales, et mathématiques*, Paris, Chez Henri Guenon, 1634.
55. Cf. Crombie, A. C., *Mersenne Marin [1588-1648]. Dictionary of scientific biography*, 1981, vol. 9, 317; Carli, Favaro, *Bibliografia galileiana*, op. cit., n. 143.

*Anticopernicus catholicus*⁵⁶, publicara a condenação e a abjuração de Galileu em língua italiana⁵⁷. No ano de 1651, Giovanni Battista Riccioli, no *Almagestum novum*, dedicava toda a seção quarta do livro primeiro a uma contestação científica do copernicanismo. Ali, do capítulo XXXVI para frente, abordava as questões exegéticas, hermenêuticas e teológicas de maneira sistemática, apresentando um dossiê bastante global de parte dos debates que se deram até então. No capítulo LX publicava as censuras do copernicanismo emanadas da autoridade eclesiástica: um extrato do decreto do Santo Ofício de 5 de março de 1616, no qual constava no Índex "donec corrigatur" o *De revolutionibus* e o comentário de Zúñiga a Jó e em que constava a condenação do livro de Foscarini; a correção feita no ano de 1620 ao *De revolutionibus*; e finalmente a sentença contra Galileu (497-499) e sua abjuração (499-500)⁵⁸. Também a edição da tradução inglesa da *Carta a Cristina* segue os trâmites normais, no sentido de que será editada junto com obras hermenêuticas que defendem opiniões distintas: a *Introductio in Martem*, de Kepler, e o *Excerptum*, do comentário a Jó de Zúñiga⁵⁹. É mérito de Salusbury ter publicado pela primeira vez, no mesmo volume,

---

56. *Anticopernicus catholicus. Seu de Terae statione et de Sole motu, contra systema copernicanum, catholicae assertiones auctore Giorgio Polacco Veneto*, Venetiis, apud Guerilios, 1644.

57. Loc. cit., depois de *Assertio* XXXIII, 69-76.

58. *Almagestum novum, Tomi II,* Bononiae, 1651. Por volta de quinze anos depois, Riccioli atualizava sua crítica às posições copernicanas na *Astronomia reformata auctore P. Ioanne Baptista Ricciolo. Bononiae MDCLXV ex tipografia Heredis Victorij Benatij, nella II Appendix ad caput XVII*. Ali, encontramos um parágrafo nas páginas 88-91 com o título *Respondetur novis quibusdam, vel noua forma inculcatis obiectis praecipue ex sacris Literis positis*, no qual responde sobretudo a Christofer Wittich (Wittichius) que expunha argumentos exegéticos de maior fôlego do que os usuais (pelo menos do que se deduz da apresentação de Riccioli, visto que até o momento não consegui o livro de Wittich). Em quinze anos modificou-se o clima hermenêutico.

59. *The ancient and modern doctrine of holy Fathers and judicious divines, concerning the rash citations of the Sacred Scripture, in conclusions merely natural, and that may be proved by sensible experiments, and necessary demonstrations. Written some years since to gratifie the most serene Christina Lotharinga, archduchess of Tuscany: by Galilaeo Galilaei, a gentleman of Florence, and chief philosopher and mathematician to his most serene highness the Grand Duke. And now renderend into English from the Italian, by Thomas Salusbury. Naturam rerum invenire, difficile; et ubi invenies, indicare in vulgus, nefas. Plato. London printed by William Leybourn 1661*, in: *Thomas Salusbury, esq., mathematical collection and translations in two tomes. The first tome. In two parts. The first part containing. I. Galileus his system of the world. II. Galileus his epistle to the grand Duchesse Mother concerning the authority of Holy Scriptura in philosophical controversies. III. Johannes Keplerus his reconciling of Scripture texts etc. IV. Didacus a Stunica his reconciling the authority of Scripture, and judgments of Divines alleged against this system*, Londres, Printed by William Leybourn, 1661.

o *Diálogo dos grandes sistemas* e a *Carta a Cristina*. Essa edição vai ter certamente uma função para os anos sucessivos, mas a *Carta a Cristina* já circulava na Inglaterra lá pelos anos trinta, muito provavelmente graças à edição elsevieriana, pois é utilizada, por exemplo, por John Wilkins, como veremos. Também a primeira edição italiana, a famosa edição de 1710, publicava a *Carta* como apêndice ao *Diálogo*[60], seguida, porém, da passagem usual de Kepler e pela carta de Foscarini sobre a conciliação do copernicanismo com a Escritura. Mais uma vez apresentava-se um dossiê de textos sobre a questão da interpretação da Escritura em matéria de ciências naturais. A tese radical de Galileu aparecia junto com a mais limitada de Kepler e ao concordismo de Foscarini. Coloca em seguida ao *Diálogo*, com páginas distintas, a *Carta do Senhor Galileu Galilei acadêmico liceu, escrita à grã-duquesa de Toscana na qual teologicamente, e com firmes razões, sacadas de padres sensatos, se responde às calúnias daqueles que empenharam todo seu esforço de difundir sua opinião sobre a constituição das partes do universo, mas também aduzir uma infâmia perpétua à sua pessoa*. Do título depreende-se claramente que a intenção é parecida com aquela do editor francês de Lyon, de 1649. Trata-se de defender o copernicanismo junto com a própria dignidade científica de Galileu, mostrando como ele elaborara uma base teológica sólida para salvar tanto a verdade da Escritura quanto a das conclusões científicas.

A história da edição da *Carta a Cristina* será retomada cem anos mais tarde. Em 1811 é inserida no volume XIII das *Obras* editadas em Milão; no ano de 1832, no volume II de uma coletânea em dois volumes de *Obras* de Galileu, e, por fim, em 1842, no volume II da edição florentina das *Obras*, em quinze volumes. Quanto à importância da edição de 1710, remeto ao livro de Vincenzo Ferrone; por mim, sugiro a necessidade de se estudar a repercussão dessa edição sobre a redação do *De ingeniorum moderatione*, que Ludovico Antonio Muratori publicou sob o pseudônimo de Lamindo Pritanio em 1714 em Paris, e na segunda edição em 1727 em Veneza. É a primeira obra sistemática que procura tomar a carta como base para repensar de forma global as relações entre a religião e a pesquisa científica em todos os seus âmbitos, desde a história à ciência natural. O título tematiza o problema geral: se a religião deve impor limites aos engenhos humanos,

---

60. *Dialogo di Galileo Galilei linceo, matematico supremo. In questa seconda impressione accresciuto da una lettera dello non più stampata, e di varj trattata di più autori i quali si veggono nel fine del libro*. Fiorenza (mas na realidade, como se sabe, o lugar de edição é Nápoles, 1710).

e em que medida. Sob a cobertura do título, que busca mostrar a tendência de se opor à tendência de eliminar qualquer limite que ele atribui a algumas correntes de seu tempo, baseado em critérios hermenêuticos galileanos, Muratori defende a liberdade da pesquisa. Mas o título exprime também o conteúdo real da tese de Muratori, visto que, diferentemente de Galileu e nisso muito mais fiel ao texto agostiniano, ele prevê casos em que, frente a um contraste entre conclusões científicas e asserções de fé, se faz necessário não rever a interpretação do fato teológico, mas considerar falsa a conclusão científica. Trata-se de um galileísmo atenuado, pois transforma essa eventualidade em um caso limite, que salva a transcendência da teologia, e não um princípio sistemático e geral.

4.3. O debate sobre relações entre Escritura e ciência nos dois decênios que sucederam o ano de 1633

4.3.1. Os diversos tipos de intervenção

O segundo processo de Galileu provoca uma extraordinária discussão, desencadeando energias e dinâmicas culturais excepcionais. Temos um testemunho escrito desse debate no intercâmbio epistolar dos intelectuais e cientistas da época, e numa vasta série de obras em diálogo e polêmica recíprocas[61]. Tratava-se sobretudo de uma publicidade estreitamente científica relativa a argumentações de física e astronomia, não primordialmente de teologia e de interpretação da Escritura. Se se confrontava a argumentação teológica, e sobretudo sobre a interpretação da Escritura, isso se dava como que entre parênteses ou em apêndice, e com um espaço bastante limitado com relação ao restante da obra. É claro que esses parênteses eram um elemento recorrente, e parecem ser uma exceção as obras que não tivessem

---

61. Na verdade, o debate jamais cessou. Como se depreende das pesquisas de Zinner, Nicholas Fuller (in: ID., *Miscellanea Sacra*, Leyden, Maire, 1622, 94) sublinhava: "Dass die neue Lehre zu verwerfen sei, weil sie nicht nur mit der allgemeinen Meinung, sondern, was viel wichtiger sei, auch mit der Heiligen Schrift unverträglich sei" (ZINNER, E., *Entstehung und Ausbreitung der Copernicanischen Lehre*, München, Beck, 1988², 332), enquanto CNOLL, C. (*Dialogus de motu Terrae. Ein Gespräch eines Astronomi und Theologi von der Bewegung oder Unbewegung des Erdbodens*, Brieg, Breslau Brieg, Bresslaw Müller Brieg Gründer, 1624): "Versuchte […] mit biblischen Gründen […] die Unmöglichkeit der Erdbewegung zu beweisen"; "Auch an der portugiesischen Universität in Coimbra wurde bei einer 1627 gehaltenen Disputation das brahesche System bevorzügt, da das ptolemäische nicht mehr den Himmelvorgängen entspreche und das coppernicanische der Heiligen Schrift und der Erfahrung widerspräche" (*Conclusiones astronomicae restauratae*, Coimbra, 1627); ZINNER, *Entstehung und Ausbreitung der Copernicanischen Lehre*, op. cit. 332-333.

qualquer referência à questão teológica. É o caso, por exemplo, do livro de Ismael Boulliau, *Philolai, sive dissertationis de vero systemate mundi libri IV*, que se limita a uma abordagem rigorosamente astronômica[62]. Isso, porém, não impediu a violenta reação de Jean-Baptiste Morin, que polemiza com ele com argumentações científicas, mas também com considerações e acusações teológicas graves. Em sua resposta, *Joannes Baptista Morinus Mathematum professor regius, ab Ismaelis Bullialdi Conuitiis iniquissimis iuste vindicatus*[63], Morin assevera primeiramente que o copernicanismo e as teorias galileanas estão se difundindo apesar da condenação romana. Boulliau "está tão entusiasmado por essa opinião que se considera mais sábio que o papa e os cardeais e de todo o consistório, quando se manifestam sobre a Sagrada Escritura, e despreza com soberba e estultícia o decreto contrário às suas opiniões"[64]. Mais adiante, afirma: "Qual é a religião desse presbítero que não reconhece nenhum superior na Igreja católica?"[65]

Em geral são os cientistas anticopernicanos que costumam usar a argumentação escriturística e teológica para atacar seus adversários. Foi o que fez Ludovico delle Colombe, bem no início da polêmica com Galileu. Em seu *Contra o movimento da Terra*, depois de uma ampla abordagem científica, dedica apenas as duas últimas páginas[66] a objeções motivadas pela Sagrada Escritura e de sua interpretação literal. Mesmo o célebre *Almagestum novum* de Riccioli, que contém um dos tratados mais sistemáticos do ponto de vista da interpretação da Escritura em sentido anticopernicano, é uma obra de fôlego e rigorosamente científica. Assim também os inúmeros escritos anticopernicanos de Morin são primordialmente científicos, mesmo reservando uma importância clara à polêmica teológica. Os cientistas favoráveis ao movimento da Terra são, antes, bem mais cautelosos em suas argumentações a respeito da Escritura, e buscam fazê-lo ademais apenas para se defenderem. Mas os debates acabam se voltando

---

62. BOULLIAU, I., *Philolai, sive dissertationis de vero systemate mundi livri IV*, Amsterdam, Gwil e Johannes Blaev, 1639.

63. Publicada com paginação à parte em apêndice a *Astronomia a fundamentis integre et exacte restitut* (Paris, 1640), com o que Morin respondia à *Dissertatio astronomica*, de Erich Fromm.

64. "Hac enim opinione tam infatuatus est, vt se et Papâ et Cardinalibus totoque Consistorio de Sacra Scriptura iudicantibus sapientiorem esse putet; illorumque decretum suae opinioni contrarium superbe stulteque contemnat" (loc. cit., 2).

65. "Cuius ergo religionis esset hic presbiter, qui nullû in Ecclesia Catholica agnoscit superiorem?" (loc. cit., 3).

66. G. GALILEI, G. EN III/I,351-290.

também para obras não de ciência natural, mas em tratados propriamente teológico-hermenêuticos. *Sobre a opinião dos pitagóricos*, de Foscarini, a *Apologia em favor de Galileu*, de Tomás Campanella, ou o *Discourse concerning a new planet*, de John Wilkins[67], são tratados teológicos, e não de física ou de astronomia. E o *Tractatus syllepticus*, de Inchofer, ou o *Anticopernicus catholicus*, de Giorgio Polacco, são obras puramente teológicas. Mas essa variedade de escritos não exaure a riqueza efetiva do debate, antes, de certo modo, mesmo que não sempre e apenas parcialmente, oculta essa riqueza. Mas isso não significa que os problemas tratados explicitamente não sejam reais e importantes, enquanto seriam importantes apenas os tácitos e evitados. A partir da análise dos debates escritos se deduz que os debates orais deveriam ser muito mais amplos e com uma implicação maior de questões teológicas e científicas, como se vê claramente quando saímos da questão copernicana. Basta pensar nas *Questions inouyes, ou, Récréation des scavans: qui contiennent beaucoup de choses consernant la théologie, la philosophie, & les mathématiques*, de Mersenne[68]. Mas o escrito contém também uma questão sobre a Escritura que está muito próxima à esfera de problemas levantados pela questão copernicana. O que significa que, também num espectro tão amplo de argumentos, o problema da relação da ciência com a Escritura tinha lugar próprio, sem que com isso precisasse induzir alguém a pensar que se aborde esse problema para evitar outros. O argumento da questão XXIX é, pois: "*Les mathématiques peuvent-elle servir pour la Théologie et pour la physique?*"[69]. Mersenne nota como a produção de tratados de cronologia "para explicitar muitas passagens da Escritura" demonstra, por exemplo, "a utilidade que se pode tirar da matemática para a teologia"[70]. Mas é no *Corollaire* que se aborda a questão teórica mais difícil, contra a tese 6 de Pico della Mirandola. Mersenne nota que, segundo Pico:

> Não há nada que prejudique mais os teólogos do que o frequente uso da matemática de Euclides, opinião a que chegou, me parece, porque aqueles que estão habituados a raciocinar a partir da análise geométrica nada

---

67. WILKINS, J., A discourse concerning a new planet. Tending to prove, that ('tis probable) our Earth is one of the planets, in: *The mathematical and philosophical works of the right reverend John Wilkins, late lord bishop of Chester*, Londres, Norton & Hearne, 1708.

68. MERSENNE, M. *Questions inouyes, ou, récréation des scavans: qui contiennent beaucoup de choses concernant la théologie, la philosophie & les mathématiques*, Paris, Chez Iacques Villery, 1634.

69. Loc. cit., 128-134.

70. Loc. cit., 129.

admitem sem demonstração, a qual não tem função na teologia uma vez que seus princípios não são realmente evidentes[71].

Mas a solução não é impossível, uma vez que se saiba "discernir com cuidado o que é passível de demonstração e o que está fora de sua jurisdição, como no caso dos santos mistérios de nossa religião"[72].

Mersenne levanta o mesmo problema galileano: trata-se de estabelecer jurisdições, âmbitos. O autor anuncia isso em termos genéricos apenas, mas Galileu enfrentara o problema de forma sistemática e analítica. Aqui, Mersenne parece pensar apenas no limite que se deve impor à demonstração, para não contradizer o âmbito religioso, mesmo que esse âmbito esteja estreitamente circunscrito aos "mistérios". Mas Galileu abordava também o problema inverso, a saber, o da corrigibilidade das demonstrações científicas com base em princípios teológicos, mesmo sendo os da Escritura. As questões teológicas estavam desde o início implicadas nos debates sobre copernicanismo, articuladas numa vasta gama de aspectos: além da interpretação da Escritura e do problema de sua verdade e de sua função nas questões científicas, estava em debate, por exemplo, a questão do cosmo sagrado. Onde localizar o inferno e o paraíso agora que já não mais existia um lugar perfeito no alto (as descobertas astronômicas colocavam em crise a concepção da perfeição dos lugares celestes) e não existia mais um baixo que fosse o mais distante possível da perfeição? Colocava-se em dúvida, assim, toda a estrutura do cosmo sagrado. Um pensador livre e apolítico como Campanella sublinhara em seu escrito de 1616 também esse aspecto. Ademais, quem não era aristotélico, em geral, acabava aderindo a uma física atomista, e o abandono das concepções aristotélicas de substância precisa colocar em dúvida a formulação do dogma eucarístico elaborado pelo Concílio de Latrão IV. Assim, por exemplo, Gassendi, nas *Epistolae III De proportione, qua gravia decidentia accelerantur, quibus respondetur ad totidem R. P. Cazraei*, de 1642, mesmo tratando de um argumento rigorosamente científico, se vê obrigado a defender alguns pontos que "a tese dos atomistas não é menos tolerável na religião do que o é a

---

71. "Il n'y a rien que nuise davantage aux théologiens que le fréquent usage des mathématiques d'Euclide: ce qu'il a, à mon avis, conclu, parce que ceux qui sont accoutumez à raisonner par l'analyse géométrique ne veulent rien admettre sans démonstration, laquelle n'a point de lieu dans la théologie, à raison que ces príncipes ne nous sont pas évidentes" (loc. cit., 129-133).

72. "[…] très biens discerner ce qui est sujet à la démonstration, et ce que est exempt de sa juridiction, comme il arrive aux saints mystères de notre religion" (loc. cit., 134).

matéria aristotélica"[73]. A consciência de que a Terra era um planeta e não o centro do universo reforçara a esperança e a crença na possibilidade de uma pluralidade de mundos habitados por outros seres humanos, o que acabava colocando em dúvida também a centralidade salvífica da redenção de Cristo. Guthke mostrou como essa questão acompanhara os debates sobre copernicanismo desde o início[74]. Diversos dos autores implicados nesse debate são os mesmos envolvidos na questão da oposição ou não do copernicanismo com a Escritura.

4.3.2. As fases dos debates

Os debates em torno das teses galileanas sobre a interpretação da Escritura em matéria de ciência natural passa por duas principais fases durante a vida de Galileu. A primeira fase se localiza no período que se dá o primeiro processo, por volta de 1613, na época imediatamente sucessiva ao processo (que culmina no final de fevereiro e no início de março de 1616). Os documentos principais dessa fase são a *Carta a Castelli*, de Galileu (1613), a carta de Lorini que acompanha a *Carta a Castelli*, enviada à congregação do Índex[75], as duas Cartas a Dini, de Galileu, o pequeno tratado de Foscarini sobre a conciliação da teoria copernicana com a Sagrada Escritura, a carta de Bellarmino a Foscarini em resposta ao envio do escrito que esse lhe enviara, a *Carta a Cristina de Lorena*, que é uma ampliação considerável da *Carta a Castelli*, redigida durante o ano de 1615, três textos de Galileu sobre a questão copernicana que testemunham as intervenções romanas de Galileu no inverno entre o final de 1615 e os primeiros meses de 1616, os documentos em que vem expresso o juízo de condenação das proposições copernicanas por parte do Santo Ofício (em particular as duas proposições de condenação das teorias copernicanas de fevereiro de 1616, a entrada no Índex de duas obras copernicanas, a correção do *De revolutionibus*, de Copérnico, de 1620, por obra do Index) e, por fim, a *Apologia pro Galileo*, de Campanella, redigida em 1616, mas só

---

73. "Non esse atomorum minus quam Aristoteleae materiae tolerabilem in religione positionem." Cf. Gassendi, P., *Opera omnia in sex tomos divisa,* vol. 3, Avenario, N.; Tartni, J. C.; Franchi, S. (ed.), Firenze, 1727, 577-579.

74. Cf. Guthke, *The last frontier*, loc. cit.

75. Na realidade, a cópia enviada a Roma e que permanece anexada aos atos do processo difere de todas as outras cópias à nossa disposição. Desse modo, é necessário levar em consideração também as redações galileanas sucessivas da Carta. Sobre esse importante tema, cf. Pesce, *L'ermeneutica biblica di Galileo,* op. cit., 30-85.

foi publicada em 1622 em Frankfurt[76]. Dessa primeira fase foram dois os elementos que mais influenciaram nos debates sucessivos sobre a relação entre Escritura e ciência natural. O primeiro é a tese hermenêutica galileana expressa de modo mais sistemático na *Carta a Cristina*, difundida originariamente através da circulação de cópias, e depois na complexa empreitada editorial que mencionamos em alguns momentos anteriormente. O segundo elemento é a condenação do Santo Ofício em 26 de fevereiro de 1616. Essa condenação referia-se a dois textos copernicanos. Vale a pena apresentar expressamente essa censura:

> Censura expressa no Santo Ofício de Roma, quarta-feira, 24 de fevereiro de 1616, na presença dos subscritos padres teólogos.
> Primeira: O Sol é o centro do mundo e absolutamente imóvel no que se refere ao movimento local.
> Censura: Todos disseram que a referida proposição é irracional e absurda do ponto de vista filosófico e formalmente herética, porque contradiz explicitamente enunciados que se encontram em muitas passagens das Sagradas Escrituras, compreendidos segundo o sentido próprio das palavras e segundo a explicação e o significado comum que lhes atribuem os Santos Padres e os teólogos doutores.
> Segunda: A terra não é o centro do mundo e não é imóvel, mas move-se ao redor de si mesma, também com movimento diurno.
> Censura: todos disseram que essa proposição merece a mesma censura [da precedente] do ponto de vista filosófico. Mas, no que se refere à verdade teológica, ela está pelo menos equivocada do ponto de vista da fé[77].

Como vimos, a segunda fase dos debates se dá nas duas décadas posteriores a 1633, data da condenação de Galileu sucessivamente à publicação do *Diálogo dos grandes sistemas*. Os documentos principais desse período

---

76. De Campanella pode-se acrescentar: *Realis philosophiae epilogisticae partes quatuor (cui civitas solis adiuncta est) et oeconomica, cum adnotationibus physiologicis. A thobia Adami nunc primus edita,* Frankfurt, Tambach, 1623.

77. "Censura facta in S.to Officio urbis, die Mercurri 24 Februarii 1616, coram infrascriptis patribus theologis. Prima; sol est centrum mundi, et omnino immobilis motu locali. Censura: Omnes dixerunt, dictam propositionem esse stultam et absurdam in philosophia, et formaliter haereticam, quatenus contradicit expresse sententiis Sacrae Scripturae in multis locis secundum proprietatem verborum et secundum commune expositionem et sensum sanctorum patrum et theologorum doctorum. 2a: Terra non est centrum mundi nec immobilis, sed secundum se totam movetur, etiam motu diurno. Censura: omnes dixerunt, hanc propositionem recipere eandem censuram in philosophia: et spectando veritatem theologicam, ad minus esse in fide erroneam" (*EN* XIX,320-321).

são sobretudo o próprio *Diálogo*, o texto da condenação do Santo Ofício de 1633 e a abjuração subscrita por Galileu. Foi a condenação, junto com a abjuração, o que suscitou uma grande repercussão internacional, o que vai colocar em circulação muitos dos documentos fundamentais da primeira fase do debate. O período do vintênio entre 1633 e os inícios dos anos 1650 justifica-se por dois motivos. Em primeiro lugar porque naquela época começa a diminuir a quantidade das intervenções, que apesar disso continuam também nos trinta anos seguintes[78], para recrudescer posteriormente depois da publicação dos *Mathematical principles of natural philosophy*, no ano de 1687, de Newton, que irá reforçar ainda o sucesso da tese copernicana. Em segundo lugar, os inícios dos anos de 1650 apontam para uma demarcação cultural decisiva por causa da publicação no ano de 1651 do *Leviatã*, de Hobbes, que adota e radicaliza a distinção galileana entre natureza e Escritura e entre método epistemológico científico e religião. Esses eventos foram possíveis de certo modo por causa do amplo debate sobre as relações entre ciência e Escritura, que se deu nos vinte anos precedentes. No mesmo ano de 1651, Riccioli publica o *Almagestum novum*, uma obra de astronomia anticopernicana de grande envergadura científica, em que se expõe explícita e sistematicamente uma hermenêutica da Escritura que está nos antípodas daquela defendida por Galileu e na qual se pratica uma exegese "científica" de todas as principais passagens bíblicas relacionadas com a questão em debate. O *Almagestum* representa a sistematização da hermenêutica católica pós-galileana. Nesse vintênio surgem os resultados principais do debate provocado por Galileu no ano de 1613 com a *Carta a Castelli* e com a reação a ele de alguns ambientes eclesiásticos. A partir daquele momento, vai ser cada vez mais difícil a sobrevivência da linha hermenêutica galileana que propunha a autonomia em diversos níveis dos dois âmbitos, o científico e o religioso, buscando, com isso, evitar divergência de opiniões. De um lado, depois de Hobbes, começa a proliferar a crítica à Escritura, e não o respeito de dois âmbitos autônomos. De outro lado, a teologia insiste na verdade científica das Escrituras, e no que respeita ao catolicismo, pelo menos também a necessidade de asseverar a verdade de toda uma série de proposições não rigorosamente religiosas (filosóficas, científicas, históricas), na medida em

---

78. Por exemplo, uma obra publicada em Amsterdam em 1682 (MEGERLINO, P., *Systema mundi copernicanum, argumentis invictis demostratum et conciliatum theologiae*, Amsterdam, Henr. Wetstenium, 1682) elenca diversos teólogos tanto protestantes quanto católicos que defendem o copernicanismo (loc. cit., 70-72).

que formam a base necessária ou o instrumental expressivo necessário da verdade religiosa. Sem dúvida, não só o catolicismo, mas também grande parte da teologia protestante e de certo modo também o judaísmo parece alienar-se nessa posição que defende a verdade científica das Escrituras.

Quero limitar-me aqui a sondar alguns momentos desse debate, buscando enfocar a) como ele se desdobra por toda a Europa, b) como as diversas teses que se confrontam envolvem as diversas Igrejas, de modo que vemos tanto católicos quanto protestantes de diversas confissões defendendo as mesmas posições, c) como a censura das duas proposições copernicanas de fevereiro de 1616, retomada depois na condenação de 1633, representou um estágio posterior no endurecimento da Contrarreforma que, a partir daquele momento, e só a partir daquele momento, se vê obrigada a defender com uma insistência cada vez maior a verdade científica do sentido literal da Escritura. Minha hipótese, que deverá ser verificada com pesquisas futuras e mais sistemáticas, é que a condenação de 1616 representa uma guinada fundamental na história da interpretação da Bíblia.

No debate internacional, as edições elsevierianas do *Diálogo* e da *Carta a Cristina* desempenharam um papel significativo por terem disponibilizado em latim as duas principais obras de Galileu sobre o tema, muito embora num contexto que, como vimos, enfraquecia a precisão teórica da hermenêutica galileana. O *Diálogo* foi atacado na Itália já no ano de 1632 por Claudio Berigardo[79]. Mas, nesse ínterim, o lovainense Libert Froidmont se lançou contra o sistema copernicano como fizera Morin na França. No primeiro caso, tratava-se de um ataque a Filippo Lansberg, que defendia a tese do movimento da Terra. Giacomo Lansberg respondeu publicando uma defesa em 1632[80], rebatida por Froidmont em 1634 com um livro publicado em Anversa[81], em que o argumento teológico era fundamental. No mesmo ano, houve mais gente escrevendo contra e a favor de Filippo Lansberg[82],

---

79. BERIGARDO, C., *Dubitationes in dialogum Galilaei Galilaei*, Firenze, Nestus, 1632. Cf. CARLI, FAVARO, *Bibliografia galileiana*, op. cit., n. 129.

80. LANSBERG, G., *Apologia pro commentationibus Philippi Lansbergii in motum Terrae diurnum et annuum, adversus Libertum Fromundum theologum lovaniensem et Joan. Baptistam Morinum doct. Med. Et Parisiis mathematum professorem regium*, Middelburg, Zaccariam Romanum, 1632.

81. FRIODMONT, L. *Vesta seu anti-Aristarchi vindex adversum Iac. Landsbergium, Philippi filium, medicum middelburgesem. In quo decretum s.e congregationis s.r.e. cardinalium anni M.DC.XVI et alterum anno M.DC.XXXIII adversus copernicanos Terrae motores editum iterum defenditur*, Anversa, ex officina Plantiniana Balthasaris Moreti, 1634.

82. Cf. CARLI, FAVARO, *Bibliografia galileiana*, op. cit, 29, n. 133.

entre os quais ainda Morin[83], o qual nos anos posteriores continuará a defender a imobilidade da Terra[84]. Em 1637, Giacomo Accarisio, membro da Inquisição romana, publicava em Roma uma disputa em defesa da imobilidade da Terra e do movimento do Sol, reeditada depois, em 1639[85]. Em 1634, Mersenne, como vimos, publicou *Les questions théologiques, physique, morales et mathématiques*[86]. No ano de 1634 apareceram diversas sínteses da astronomia copernicana, a mais famosa das quais é seguramente a de Kepler[87]. Em Londres, John Wilkins publicava em 1640 *A discourse concerning a new planet. Tending to prove, that ('tis probable) our Earth is one of the planets*[88], muito rico e articulado na argumentação teológica e que vai ser traduzido também para o alemão no ano de 1713. Wilkins conhecia e citava a *Carta a Cristina*[89]. Contra ele, Alexander Ross, que antes de Wilkins escrevera contra o copernicanismo em seu *Commentum de Terrae motu* (1636), publicava seu *Novus Planeta non planeta* invertendo o sistema copernicano e galileano[90], e a obra foi reeditada em 1646[91]. Em 1642, Thomas White escrevia os diálogos *De mundo*[92] que apresentavam

---

83. MORIN, J. B. *Responsio pro Telluris quete ad Jacobi Lansbergii doctoris*, Paris, 1634.
84. *Thicho Brahaeus on Philolaum pro Telluris quiete: ubi tum de corpore gravium descensu, tum de motu naturali et violento nova traduntur*, Paris, 1639.
85. ACCARISIO, G., *Terra quies, Solisque motus demonstratus primum theologicis, tum plurimis philosophicis rationibus. Disputatio Jacobi Accarisii theologiae doctoris, et s. inquisitionis romanae qualificatoris, habita ab eodem 13 kal. Decembris 1636, qua die aggressus est Romae in almo sapientiae gymnasio publice explicare libros Aristotelis de coelo*, Roma, 1637.
86. MERSENNE, *Les questions théologiques, physiques, morales et mathématiques*, op. cit.
87. KEPLER, J., *Epitome astronomiae copernicanae*, Frankfurt, 1635.
88. WILKINS, *A discourse concerning a new planet*, op. cit.
89. Loc. cit., 123.
90. ROSS, A., *Novus Planeta non planeta: sive tractatus, quo demonstratur Terram non esse Planetam nisi in errabundis Galilaeanorum capitibus et Galilaei, Copernicique systemata rationibus ex theologia, philosophia, astronomia, etc. ductis refelluntur, Terraeque immobilitas confirmatur*, Londres, 1640. É interessante notar como Ross se torna também um adversário de Hobbes: *Leviathan Drawn out with a Hook, or animadversions upon Mr. Hobbs his Leviathan*, Londres, Newcomb, 1653. Assim, valeria a pena estudar a sua exegese, da qual temos um testemunho importante em seu comentário ao Gênesis em ID., *An exposition on the fourteen first chapters of Genesis, by way of question and answer*, Londres, B.A [Isop]. And T.F.[awet], 1626 (1ª ed. 1622), comentário que poderia ser utilizado com bastante utilidade confrontado com o quase contemporâneo de Mersenne.
91. ROSS, A., *The new Planet not Planet*, Londres, 1646. Para a edição de 1640, cf. CARLI, FAVARO, *Bibliografia galileiana*, op. cit., n. 156 e 214. Sobre Ross, cf. WESTFALL, R. S., *Science and religion in seventeenth-century England*, New Haven (CT)-Londres, Elliots Books, 1964[3], 1958[1].
92. WHITE, T., *De mundo dialogi tres... Authore Thoma Anglo, E generosa Albiorum in Oriente Trinobantum prosapia oriundo. Dionysium Moreav, Via Iacobaea sub Salamandra*, Paris, 1642.

um conhecimento da hermenêutica galileana[93]. Ainda no âmbito protestante, seguindo as pesquisas de Ernst Zinner, vamos encontrar em 1653 a *De quotidiana telluris revolutione exercitatio peculiares* de Henricus Nicolai[94], que critica as acusações eclesiásticas contra o sistema copernicano[95], enquanto Otto von Guericke, em 1672, em seus *Experimenta nova*, contestava, entre outras coisas, as acusações movidas com base na Escritura[96]. No ano de 1679, Celsius Nils publicava *De principiis astronomicis propriis*, em que defendia a doutrina copernicana exprimindo-se contra a autoridade da Sagrada Escritura em matéria de ciência natural. Isso vai provocar a reação eclesiástica e uma disputa na catedral de Uppsala onde a tese de Nils é condenada[97]. É mérito de Zinner ter asseverado como também no protestantismo a questão das relações entre Escritura e ciência da natureza se colocava e continua a ser posta de forma dramática, seja no período que vai desde a publicação do *De revolutionibus*, de Copérnico a Kepler, seja no período sucessivo aos dois processos galileanos. Jack B. Rogers e Donald K. McKim mostraram esse desdobramento no âmbito calvinista, da teoria do acomodamento a uma teoria sobre a verdade total e também científica da Bíblia no curso do século XVII; e visto que essa hermenêutica que não distingue verdade científica de verdade religiosa acabou se difundindo depois também no âmbito norte-americano, por exemplo, na escola teológica de Princeton, no século XIX até o início do nosso século. O defensor principal dessa evolução é considerado Francis Turretin (1623-1687). Mas o luterano Abraham Calovius (1612-1686) e o calvinista Gisbert Voetius (1589-1676) se opunham ao copernicanismo com base na Escritura. Mas, nesse ambiente, não faltam também vozes teológicas favoráveis ao copernicanismo, como a de Christopher Wittich

---

93. Id., 132-133. Aqui, retoma-se a posição hermenêutica que explica a razão por que o sentido literal da Bíblia não é cientificamente correto e admite também a possibilidade de que mediante a ciência se chegue a uma melhor compreensão do sentido próprio da Escritura, que é uma tese típica da *Carta a Cristina*.

94. Nicolai, H., *De quotidiana Telluris revolutione, exercitatio peculiares: Philosophica, mathematica, & theologica. Veritatem motionis in terra rationibus & authoritatibus demonstrans, & quae ei vel e Scriptura, vel natura, vel experientia, obverti videntur, universa resolvens*, Elbing, Elbingae Literis Corellianis, 1653.

95. Zinner, *Entstehung und Ausbreitung der Copernicanischen Lehre*, op. cit., 383.

96. Ibid., cf. Guericke, O. von, *Experimenta nova Magdeburgica*, Amsterdam, apud Joannem Janssonium à Vaesberge, 1672, 22-27.

97. Spole, A. *Nils resp. De principiis astronomicis propriis*, Upsala, 1679; cf. Zinner, *Entstehung und Ausbreitung der Copernicanischen Lehre*, op. cit., 377.

(1625-1687)[98] contra o qual irá levantar-se Riccioli em 1665, com sua *Astronomia reformata*.

A questão da interpretação da Escritura, de seu acordo ou não com o sistema copernicano e do modo de tratar a Escritura nas questões científicas, que é o ponto específico que me interessa indagar aqui, era então debatida nos principais centros culturais europeus. Na Itália, França, Holanda, Inglaterra, nos países de língua alemã, no Norte e no Sul da Europa havia publicações usando argumentações teológicas e hermenêuticas relativas à Sagrada Escritura tanto a favor contra a tese galileana. O debate podia ter por base as principais obras de Galileu, inclusive a *Carta a Cristina*, mas também as obras de Kepler, que dedicou, mesmo antes de Galileu, uma atenção específica à hermenêutica da Bíblia nas questões da relação entre religião e ciência. Portanto, a questão da hermenêutica da Escritura estava longe de ser um debate apenas dentro do catolicismo. O elenco poderia ser bem mais detalhado, mas é suficiente aqui uma primeira visão panorâmica. Talvez seja mais importante indagar pelas modificações que se verificam durante aquele longo debate de duas décadas. Um primeiro problema que merece atenção é referente às mudanças que a condenação de 1616, renovada em 1633, terá dentro da exegese católica, que defendia a condenação do copernicanismo. O efeito principal está no fato de que, a partir daquele momento a exegese irá defender com cada vez mais ênfase a verdade científica do sentido literal da Bíblia. Vemo-nos forçados a empreender esforços para mostrar que as passagens bíblicas que podem ser arroladas numa questão científica exprimem teorias cientificamente verdadeiras. A partir daí podem-se apresentar questões ao texto bíblico que jamais haviam sido propostas, defendendo que as passagens bíblicas, em seu sentido literal, tenham sentidos cientificamente verdadeiros. Isso se dá sobretudo depois da condenação de 1633.

Em Roma, no ano de 1633, o jesuíta Inchofer publicara, como vimos, o *Tractatus syllepticus, in quo quid de Terrae Solisque motu vel statione secundum Sa.am Scripturam et Sanctos Patres sentiendum, quave certitudine alterutra sententia tenenda sit breviter ostenditur*[99]. Ali, contradizia-se radicalmente a hermenêutica galileana. Já dissemos que Inchofer era um dos teólogos que expressaram seu parecer contrário a Galileu no processo de

---

98. ROGERS, J. B.; MCKIM, D. K., *The authority and interpretation of the Bible. An historical approach*, New York, Wipf & Stock Pub, 1979, 165-172.

99. INCHOFER, M., *Tractatus syllepticus, in quo quid de Terrae Solisque motu vel statione secundum Sa.am Scripturam et Sanctos Patres sentiendum, quave certitudine alterutra sententia tenenda sit breviter ostenditur*, Roma, Ludovicus Perignanus, 1633.

1633 e conhecia bem a *Carta a Cristina*[100]. A obra apresenta de fato a justificação hermenêutica da censura das duas proposições copernicanas de 1616, sobre a qual se baseava a condenação de 1633. Aquelas censuras eram realmente motivadas de um ponto de vista exegético: a primeira proposição copernicana, "o Sol é o centro do mundo e é absolutamente imóvel, no que respeita ao movimento local"[101] fora condenada "porque contradiz explicitamente enunciados que se encontram em muitas passagens da Sagrada Escritura, compreendidos segundo o sentido próprio das palavras"[102].

O mesmo critério exegético aplicava-se também para a segunda proposição copernicana: "a Terra não é o centro do mundo e não é imóvel, mas move-se ao redor de si mesma, também com movimento diurno"[103]. Mas em 1616 não se encontraram suficientes razões exegéticas para considerar herege também essa proposição, limitando-se a considerá-la "ad minus… in Fide erroneam". O tratado de Inchofer está prevalentemente concentrado nas passagens bíblicas que dizem respeito à questão da imobilidade da Terra. Os primeiros quatro capítulos do tratado têm um tom defensivo. Inicia-se com o exame das passagens bíblicas que parecem defender o movimento da Terra, concluindo que "na realidade, porém, desses passos não se demonstra nada"[104], expondo a seguir, no segundo capítulo, a exegese patrística das mesmas passagens. Nos capítulos terceiro e quarto que se seguem, examinam-se as passagens bíblicas a favor da imobilidade da Terra, com a relativa exegese patrística. Seguem-se três capítulos dedicados a defender a hermenêutica que possibilita afirmar que o sentido literal da Bíblia dá sustentação à imobilidade da Terra. Aqui está o ponto hermeneuticamente interessante. Inchofer defende a pluralidade dos sentidos literais com base em Tomás (I 1.1 a.10):

> Pois o que tem em mente o autor é o sentido literal, e o autor da S. Escritura é Deus, que em seu intelecto compreende simultaneamente todas as coisas, não é algo inconveniente que, também segundo o sentido literal, haja inúmeros sentidos mesmo numa passagem da Escritura[105].

---

100. *EN* XIX, 349-356.
101. "Sol est centrum mundi, et omnino immobilis motu locali."
102. "Quatenus contradicit expresse sententiis Sacrae Scripturae in multis locis secundum proprietatem verborum."
103. "Terra non est centrum mundi nec immobilis, sed secundum se totam movetur, etiam motu diurno."
104. "Sed revere ex his locis nihil evincitur" (INCHOFER, *Tractatus syllepticus*, op. cit., 3).
105. "Quia cum sensus literalis sit quem Author intendit, Author tamen S.Scripturae Deus est, qui omnia simul intellectu suo comprehendit, non est inconveniens si etiam secundum sensum literalem in una litera Scripturae, plures sint sensos."

Ele apresenta diversos exemplos dessa tese, nos quais, porém, o segundo sentido literal é sempre o cristológico. Por exemplo:

> O texto de 1 Crônicas 22 se compreende literalmente como referido a Salomão. Todavia, em Hebreus 1, Paulo relata-o como sendo referido a Cristo num sentido absolutamente literal e não alegórico[106].

A teoria hermenêutica geral aplicada ao caso particular é que

> Se compreende a presença de um sentido literal múltiplo, todas as vezes em que se encontra qualquer multiplicidade de equivocidade, anfibolia, composição, divisão, fato que se verifica em nosso caso em que se pode compreender que a Terra está eternamente fixa por uma imobilidade oposta ao movimento local e circular e por uma estabilidade compreendida como duração[107].

Passando depois para a exegese da passagem no sexto capítulo, procede assim:

> O sentido integral dessa proposição contém muitas verdades parciais. Das quais, uma é que a Terra está parada. Isto é, que não se move de modo algum em sua totalidade, e que a mesma coisa é o não mover-se de um local para o outro modificando lugar e ordem seja por si ou mediada por outro, e em qualquer movimento que se possa imaginar[108].

Inchofer examina depois as passagens paralelas e o significado das palavras em hebraico e finalmente conclui:

> Por isso, significa um estado oposto ao movimento local. E esse é um sentido simples tomado segundo a propriedade das palavras, sem qualquer discordância, de forma que não é necessário recorrer a nenhum sentido metafórico[109].

---

106. "i Paralip. 22 ad literam intelligitur de Salomone: Et tamen de Christo allegat Paulus ad Hebr. i in senu nimirum literli et non allegorico" (Id., 22-23).
107. "Toties porro intelligitur multiplex sensus literalis, quoties accidit multiplicitas aliqua aequivocitatis, amphiboliae, compositionis, divisionis; ut occurrit in nostro proposito, ubi Terra in aeternum stare intellegi potest de statione opposita motui locali et circulari, et de stabiliate secundum durationem" (op. cit., 23).
108. "Huius propositionis sensus integer, continent plures partiales veritates. Ex quibus una est Terram stare. Hoc est nullo modo moveri secundum totum, vel quod idem est non moveri de loco ad locum, mutando situm et ordinem sive secundum se, sive per aliud, et quocumque tandem motu imaginabili."
109. "Proinde significat statum motui locali oppositum. Atque hic sensos est simplex sensos secundum proprietatem vocum acceptus sine ullo inconvenienti, ut non sit necessarium ad ullum sensum Methaphoricum recurrere" (loc. cit., 25).

Desse sentido literal, com um ar pedante que vamos reencontrar em inúmeras páginas de exegese "científica" da Bíblia por mais de dois séculos, Inchofer deduz três "sentidos" diversos:

> Desse sentido deriva imediatamente que a Terra não pode mover-se com um movimento circular em torno do Sol, nem por um movimento de conversão sobre si mesma, rumo à mesma parte do movimento circular, nem por fim por algum outro movimento em sentido contrário em torno ao próprio centro ou eixo inclinado em qualquer modo que seja[110]. [...] Um outro sentido ou verdade parcial é que a Terra está parada, isto é, não se movimenta com movimento circular em seu local em torno ao próprio centro ou eixo. [...] O terceiro sentido é que a Terra está eternamente parada, isto é, dura e permanece em seu estado pelo menos no sentido que se opõe ao nascimento e ao fim das coisas. Isso se depreende expressamente das palavras precedentes: uma geração passa e outra geração vem[111].

Mas, entre os três sentidos, o principal é o primeiro, aquele que exprime o ficar parado em relação ao movimento, e não o que exprime a permanência da Terra com relação à mudança das gerações[112]. Nessas passagens vemos a construção verdadeira e própria de um sentido literal científico de uma passagem da Bíblia, que se constitui verdadeira e factualmente uma inovação teológica. "A Terra não pode mover-se com um movimento circular em torno do Sol [...] nem se movimenta de modo circular"[113] são sentidos "científicos" novos, que Inchofer deve ser capaz de extrair do texto bíblico para justificar a condenação teológica, débil sobre esse ponto. É interessante notar que, para tal, ele precisa considerar secundário o sentido literal que emerge do contexto, do qual fica claro que se trata de uma duração que se contrapõe à mudança das gerações. O fato é que existe um outro contexto, não literário, mas teológico: o contexto que vem do autor divino da Sagrada Escritura, "o qual, em seu intelecto, compreende todas as

---

110. "Ex hox sensu immediate colligitur, Terram neque posse moveri ad motum orbis magni circa Solem, neque motu conversionis in seipsam, versus eandem partem cum orbe magno, nec denique alia vertigine in contrarium circa proprium centrum, et axem quacumque et quomodocumque inclinatum. [...] Alius sensus seu partialis veritas est, Terram stare, hoc est non moveri motu circulari in loco suo circa proprium centrum et axem."

111. "Tertius sensos est. Terram in aeternum stare, hoc est durare, et in suo statu permanere, saltem quatenus opponitur ortui et interitui rerum. Hoc expresse colligitur ex verbis antecedentibus, generatio praterit, et generatio advenit" (loc. cit., 26-27).

112. Loc. cit., 29 ss.

113. "Terram neque posse moveri ad motum orbis magni circa Solem, neque motu conversionis in seipsam, Terram [...] non moveri motu circulari."

coisas simultaneamente". Para Inchofer, tudo deve se desenrolar no plano do sentido literal, porque se trata de combater a hermenêutica galileana que indicara a distinção entre um sentido literal cientificamente não sustentável, no qual a Bíblia se exprime na linguagem vulgar, e um sentido recôndito. Nessa distinção galileana Inchofer intui um perigo mortal para o dogma cristão. A teoria galileana poderia ter sido estendida a diversas formulações da fé, a ser interpretada para além da expressão literal cientificamente inaceitável. Todo o sistema copernicano, que muda o centro do mundo de lugar e inverte a ordem do cosmo, deve ser considerado assim contrário à Escritura:

> Disso deriva necessariamente que, segundo a propriedade da expressão, não se verificam as coisas que são ditas sobre o Cristo no Símbolo; em primeiro lugar, que tenha descido aos infernos, em segundo lugar que tenha subido ao céu. Se assim não for, que outro sentido figurado poderia haver, aqui, contrário às palavras explícitas ou interpretadas segundo o uso comum católico? Isso que os defensores daquele sistema (seja dessas coisas ou de outras) gostariam de dizer segundo a aparência é tão próximo à verdade que desse modo demolem todo o símbolo e praticamente abrem acesso a uma renovação da heresia valentiniana segundo a qual são narradas ali coisas que aconteceram não verdadeiramente, mas segundo a aparência e em fantasia[114].

Ademais, a partir do capítulo XIII, em que Inchofer responde a muitas objeções dos copernicanos, fica claro que o debate era bastante amplo, tocando diversos ponto teológicos, muito além da posição pessoal de Galileu. Esse tipo de exegese, que abordava a verdade científica do sentido literal da Bíblia, vai ser reencontrado sistematicamente no final desse vintênio, no *Almagestum novum*, de Riccioli. A evolução da interpretação da Escritura no âmbito do catolicismo pode ser seguida através de algumas intervenções de Gassendi dedicadas à questão. Já em 1629, Gassendi afrontara o problema da importância científica da Bíblia num escrito contra a

---

114. "Ex eo enim necessário consequitur non verificari secundum propriam locutionem, quae de Christo in Symbolo dicuntur, primum scilicet descendisse ad inferos, deinde ascendisse ad Coelos; qui enim alioqui hic potest esse figuratus sensos, et verbis expressis, et secundum communem et Catholicum usum acceptis contrarius? Quod enim defensores eius systematis, haec quoque sicut pleraque alia secundum apparentiam dicta velint tam prope est ad veritatem quam hoc dicendi modo facile totum symbolum evertunt, ut iam aditum aperiant renovandae Heresi Valentinianae, plura ibi narrari, quae secundum apparentiam et phantastice, non vere sint facta" (loc. cit., 31-32).

astrologia; *Examen philosophiae Roberti Fluddi medici*[115], em que condena o recurso à Escritura para fundamentar teorias físicas:

> Não me parece que façam algo de útil e religioso aqueles que apenas imaginam alguma coisa no campo físico e vão buscar apoio logo na Escritura. Como se, ao ditar os códices sagrados, o Espírito Santo não estivesse preocupado apenas com que os homens mantivessem a honestidade dos comportamentos junto com o culto divino, tornando-se assim igualmente partícipes da graça e da glória, que são dons superiores à natureza. Na Escritura não se leva em consideração a elegância da conexão das palavras nem uma erudição sublime das coisas naturais. Pois, visto estar interessada na salvação de todos os homens, se preocupa que haja ali palavras que não ultrapassem se não minimamente a capacidade de compreensão mesmo das pessoas mais simples. Repara como o Senhor, o Cristo, se servia sempre de palavras bastante comuns, da videira, do campo, e semelhantes, enquanto cala completamente em matéria de quintessência. Repara como o legislador Moisés não descreve epiciclos e excêntricos, mas simplesmente afirma que Deus criou o céu e a terra. […] Reflete que as coisas são relatadas ao homem da plebe que concebe a terra e o céu como um plano como aparecem. Então me parece que poderás compreender o sentido da Escritura. É claro que se quiseres compreender tudo criticamente e como estão as coisas, irás encontrar argumentos que atormentam a mente e na verdade sem qualquer motivo, porque a intenção da Escritura não é ensinar-nos física. Seu objetivo é que, como quer que seja, sejamos instruídos sobre coisas que digam respeito à salvação. […] Não nego que Moisés pudesse ter-nos instruído sobre questões físicas. Mas ninguém poderá me convencer facilmente que quisesse fazer tal coisa[116].

Gassendi se exprimia de forma livre, apesar da condenação de 1616, e os exemplos tirados da astronomia mostram que conhecia bem os pontos fortes das argumentações copernicanas. O fato que recorresse livremente das argumentações da *Carta a Castelli* não nos deve surpreender, porque nos dezesseis anos sucessivos ao 1616 surgira uma ampla esperança que aquela condenação, que ainda não havia sido publicada, poderia ser revogada ou que fosse possível inverter a tendência vigente. Foi assim que o próprio Galileu interpretou o papado de Urbano VIII. Por isso, Gassendi

---

115. Gassendi, P., *Examen Philosophiae Roberti Fluddi medici*, 1629, in Id., *Opera omnia*, op. cit.

116. Id., 213.

defendia a autonomia da ciência, ao escrever que não é necessário recorrer à Escritura para fortalecer as opiniões da física. A meta da Bíblia é outra: a salvação do gênero humano. A Bíblia é humilde com os humildes. Mas os doutos sabem que não é necessário sacrificar a razão ("é um erro crucificar a razão"[117]) frente a expressões que a Bíblia usou intencionalmente para se aproximar da compreensão dos plebeus. No ano de 1640, no *De motu impresso a motore translato* (publicado em 1642), o modo de se exprimir de Gassendi é bem diferente. Já não fala em primeira pessoa, como fizera anteriormente, mas se limita a reportar alheiamente o parecer dos copernicanos, sem qualquer aprovação explícita, mesmo se o leitor compreende que ele próprio defende essa ideia. O problema é o da própria posição frente à condenação cardinalícia das duas proposições copernicanas de 1616: "Por isso estou disposto a respeitar o parecer no qual se diz que os cardeais alguma vez aprovaram que a Terra estaria parada"[118]. Gassendi inicia colocando em dúvida que exista tal decisão, uma vez que não há qualquer publicação oficial disso. Depois apresenta a interpretação copernicana das passagens bíblicas sobre o movimento da Terra e sobre a imobilidade do Sol. Aqui não fala mais em primeira pessoa, mas apresenta o parecer dos copernicanos, os quais exprimem que

> a Escritura quase não fala das coisas senão como elas aparecem – como o vulgo as conhece – e fala delas (e por esse motivo deve-se recorrer frequentemente a outro sentido que não seja o literal) tendo como finalidade não a instrução na física [...] mas a introdução na graça e na salvação sobrenatural[119].

Os copernicanos defendem que as expressões bíblicas

> devam ser entendidas em relação à consistência e àquilo que é chamado de indissipabilidade das partes que não podem sair da totalidade da Terra e que, entretanto, mudam de lugar e de forma[120].

Aqui vemos como Gassendi reporta uma exegese copernicana que vai tomando o lugar da exegese eclesiástica oficial: deve-se demonstrar que a

---

117. "Mentem excrucient, verumtamen immerito."
118. "Ac in eo proinde sum, ut placitum illud reverear, quo cardinales aliquot approbasse Terrae quietem dicuntur."
119. "Quasi Scriptura non loquatur de rebus nisi ut apparent, ut vulgo cognoscuntur exprimunturque (ex quo tam saepe ad alium sensum, quam ad literalem confugiendum est) et pro scopo habent non eruditionem in Physicis [...] sed institutionem ad gratiam supernaturalemque salutem."
120. "Intelligenda esse de consistentia, t ut ita loquar, indissipabilitate partium, quae non excedunt a tota Terra, locumque dumtaxat, aut formam commutant."

mobilidade da Terra não é contrária à verdade científica do sentido literal. Mas nesse ponto Gassendi precisa declarar sua própria opinião. Apesar de as explicações teóricas dos copernicanos serem as mesmas que ele próprio sempre defendeu publicamente, e apesar de sua exegese racional, ele declara optar pela opinião dos cardeais. Mas o faz de tal modo a dar a entender que isso implica uma renúncia à razão:

> Mas visto que esses lugares são explicados de maneira diversa por pessoas que, como parece, têm tanta autoridade na Igreja, eu também me adapto a essas opiniões e não me envergonho de aprisionar meu intelecto[121].

Logo em seguida, porém, acrescenta uma série de distinções que nos força a considerar essa passagem como puro sarcasmo (apesar de que depois Riccioli tenha levado a sério suas palavras, elencando-o entre aqueles que teriam refutado o copernicanismo):

> Não que eu pense com isso que se trata de um artigo de fé, e pelo que sei tenha sido afirmado ou promulgado e recebido em toda a Igreja. Mas que seu juízo deve ser visto como um juízo prévio e que não pode deixar de ser considerado de máxima importância pelos fiéis[122].

Contra o *De motu impresso a motore translato*, Morin vai defender ainda que a Terra está parada em seu *Alae Telluris fractae, cum physica demonstratione quod opinio copernicana de telluris sit falsa, et novo conceptu de oceani fluxu atque refluxu, adversus Gassendi libellum de motu impresso a motore translato*[123]. Gassendi vai responder com a *Apologia*, escrita em 1643, obra que, como vimos, será reeditada em 1649 junto com a *Carta a Cristina*, e outras duas cartas de Galileu sobre a questão da interpretação da Sagrada Escritura[124]. Nesse caso Gassendi se defende demoradamente

---

121. "Nihilominus quod ea loca secus explicentur a viris, quorum ut constat, tanta est in Ecclesia auctoritas; ea propter ipse ab illis sto, et hac ocasione facere captivum intellecto non erubesco".

122. "Non quod propterea existimem articulum fidei esse, neque enim [quod sciam quidem] id assertum ab illis est, aut apud universam Ecclesiam promulgatum, atque receptum; sed quod illorum judicium habendum praejudicium sit, quod non possit apud Fideleis non maximi esse momenti" (*Epistola secunda Viro erudito, et amico sincero Petro Puteano De motu impresso a motore translato, in Opera omnia*, Florentiae, 1727, t. III, 471).

123. MORIN, J. B., *Alae telluris fractae, cum physica demonstratione quod opinio copernicana de Telluris sit falsa, et novo conceptu de oceani fluxu atque refluxu, adversus Gassendi libellum de motu impresso a motore translato*, Paris, 1643.

124. GASSENDI, P., *Apologia in Jo. Bap. Morini librum cui titulum Alae telluris fractae epistolas IV. de motu impresso a motore translato*, Lugduni, Barbier, 1949, cap. III, 55-59.

das acusações de Morin de não respeitar o decreto do Santo Ofício. Já numa obra redigida em 1642 em resposta a um escrito científico do jesuíta Pierre Cazré, ele apontara os mesmos problemas[125]. Ali Gassendi se justifica: "Discutiu-se sobre o movimento da Terra, mais para propor do que para confirmar"[126], mantendo um tom bastante cauteloso e geral. A Cazré, que lhe recordara que "a nossa filosofia não deve e na realidade também não pode ser diferente da fé cristã"[127], Gassendi responde que ele próprio partilha, e "confesso e juro abertamente"[128], a mesma convicção. O problema está simplesmente no ver quais são as opiniões filosóficas discrepantes quanto à fé. A resposta do princípio de Gassendi é tirada das mesmas passagens clássicas de Agostinho, que foram citadas também por Galileu na *Carta a Cristina*. Geralmente essa discrepância é só aparente e depende de uma interpretação equivocada da Escritura. No caso de uma opinião aparentemente contrastante com a Escritura ser demonstrada como verdadeira de maneira indubitável, será preciso demonstrar que a passagem bíblica não está em contraste com aquela verdade e que o contraste depende de uma interpretação equivocada devida à ignorância humana. Em conclusão: "nem tudo que ensina a filosofia e que, à primeira vista, pareça estar em contraste com as Sagradas Escrituras, nem por isso significa estar em oposição às Escrituras"[129].

Ainda em 1647, Gassendi retomará a questão e agora de maneira sistemática num parágrafo intitulado *Quid ad ea, quae ex sacra Scriptura* na *Institutio astronomica juxta hypothesis tam veterum, quam Copernici et Tychonis Brahei*[130]. Também aqui ele não fala em primeira pessoa, mas se limita a reportar a resposta dos copernicanos a todos que lhes contrapõem as passagens bíblicas sobre a imobilidade da Terra e sobre a mobilidade do Sol. Em primeiro lugar, respondo do ponto de vista de princípio: "O objetivo da Sagrada Escritura não é de transformar os homens em físicos e matemáticos, mas torná-los piedosos, votados à salvação, à graça e à glória".

---

125. GASSENDI, P., *Epistolae III De proportione, qua gravia decidentia accelerantur, quibus respondetur ad totidem R.P. Cazraei*, in: ID., *Opera omnia*, op. cit., 510-589.

126. "Actum esse de motu Terrae proponendo non asserendo."

127. "Philosophiam nostram nec debere nec vero etiam posse a Christiana Fide discrepare."

128. "Palam profiteor, ac juro."

129. "Non quidquid philosophia docet, quod videatur prima fronte a Literis Sacris esse discrepans, propterea vere discrepare" (loc. cit., 580).

130. GASSENDI, *Opera omnia*, op. cit., 62-63.

A Sagrada Escritura não se preocupa "do que sejam verdadeiramente as coisas em si"[131], mas de acomodar-se à compreensão do vulgo. Quando não se compreende essa intenção da Sagrada Escritura, acaba por "distanciar-se do verdadeiro sentido que o Espírito Santo buscava nos fazer compreender". Nesse sentido, Gassendi parte do princípio teórico geral à interpretação das passagens bíblicas em sentido não ptolomaico e em particular da passagem crucial "a Terra está eternamente parada"[132]. O autor se refere à necessidade de ler a passagem em seu contexto literário: "é preciso notar que a passagem, em seu conjunto, consta das seguintes expressões: 'uma geração passa, outra geração vem, mas a Terra permanece eternamente'"[133]. A partir desse contexto se vê, porém, que, da Terra, não se afirma tanto a consistência num lugar mas antes a constância em sua integridade"[134]. Existe, é claro, a sentença dos cardeais:

> Os ortodoxos respondem (enquanto os heterodoxos se eximem facilmente) que aquela sentença foi particular, que somente se referia a Galileu, como se em seus confrontos tivesse motivações específicas que não se aplicariam aos demais. Acrescentam que aquela sentença foi extremamente grave, mas não a ponto de considerá-la necessariamente um artigo de fé, como as que são emanadas de concílios gerais. Acrescentam que essa, ao ser promulgada, isto é, legitimamente registrada por escrito, não seria algum dogma de fé que obrigaria todos os fiéis. Enfim, declaram que se, alguma vez, for prescrita legitimamente, estariam prontos a se corrigir[135].

Parece-me importante destacar que sessenta anos depois, em 1727, o editor florentino da *Opera omnia* acrescentava imediatamente depois dessa frase um grifo que diz:

---

131. "Quales res in se, et revera sint."
132. "Terra in aeternum stat."
133. "Adnotandum esse locum integrum his exstare verbis: Generatio praeterit, generatio advenit; terra autem in aeternum stat."
134. "Terrae asseri non tam in loco consistentiam, quam in integritate constantiam."
135. "Respondent Orthodoxi (nam Heterodoxi rem brevius conficiunt) sententiam illam fuisse specialem, seu Galileum sic attinentem, ut habere adversus ipsum speciales causas potuerit, adversus alios non valituras. Addunt sententiam quidem illam permagni esse ponderis; sed non ideo tam necessario habendam ut articulum fidei; cujusmodi habentur, qui sunt a conciliis generalibus constituti. Subiciunt, non videri eam saltem, quousque promulgata, hoc est praescripta legitime, ut dogma quoddam fidei fuerit, fideleis omneis obligare. Tandem profitentur si semel praescripta legitime fuerit, se ad recantandum esse comparatos."

Mas quando se está diante de um decreto geral da Sagrada Congregação, prescrito e promulgado legitimamente, essa opinião copernicana deve ser recusada de forma absoluta pelos católicos[136].

Essas citações de Gassendi mostram claramente como no vintênio sucessivo à condenação de 1633 as possibilidades de uma afirmação da via proposta por Galileu com sua hermenêutica tinham sido fortemente restringidas. Qualquer que fosse a interpretação da Sagrada Escritura que buscasse defender o copernicanismo deveria mostrar a própria plausibilidade em nível da verdade científica do sentido literal da Bíblia. O princípio geral que distinguia o intento religioso da Sagrada Escritura da ciência e, assim, a possibilidade de se compreenderem em sentido não literal algumas passagens bíblicas acabava se mostrando como um princípio não aplicável. Restava a via de combate no plano jurídico contra a validade da condenação das duas posições copernicanas. Mas isso se prestava ao máximo para fundamentar a teoria copernicana de um ponto de vista científico, sem qualquer intenção de demonstrar uma conciliação com a Sagrada Escritura. Havia pressa, assim, em declarar que, no caso de a condenação ser válida, estariam prontos a retratar as próprias opiniões copernicanas. Restava a possibilidade de defender um copernicanismo fundamentado apenas como hipótese, e não como asserção. Trata-se então de capitular diante da impossibilidade política de declarar abertamente a própria opinião. Em todo caso, desaparecia a possibilidade de uma organização do saber que estabelecesse distinção entre ciência e religião, considerando-as as duas como dependentes do único Deus, buscando um acordo mútuo através de uma nova interpretação da Sagrada Escritura. Em vez de um acordo entre dois universos epistemologicamente diferentes e, por isso, não contraditórios, caminhava-se para a posição inversa, para a inconciliabilidade, para a separação e para a luta.

Antes de concluir, quero fazer um aceno às repercussões desse debate no âmbito do judaísmo. André Neher, que fez estudos originais sobre essa temática, defendeu a tese de que, no âmbito hebraico, nos séculos XVII e XVIII, a maioria dos pesquisadores, como os católicos e protestantes, se declarava contrária ao copernicanismo, enquanto, ao contrário, diferenciavam-na do cristianismo, e sobretudo do catolicismo por uma "remarquable

---

136. "Quum tamen in praesentia extet Decretum generale Sacrae Congregationis legitime praescriptum ac promulgatum, haec Copernici opinio omnino a Catholicis reiicienda est".

tolérance sur le plan théologique"[137]. Parece-me que podemos concordar com essa opinião, muito embora deixe transparecer o mesmo posicionamento apologético encontrado em muita literatura galileana católica ou protestante. Mas a questão não se exaure na tolerância ou não sobre esse tema. Uma vez que a tolerância é, no fundo, um problema político, enquanto aqui nos interessa compreender a questão sob a perspectiva epistemológica. A grande maioria dos pesquisadores judeus que refutam o copernicanismo apelava à Sagrada Escritura. Isso significa que a distinção galileana entre verdade científica e verdade religiosa não era aceita. A distinção galileana implica que a Bíblia não tem verdade científica, visto que sua verdade é de outro quilate. É desse ponto de vista que será necessário reler as obras que Neher teve o mérito de estudar. Um outro pesquisador, Yosef Hayim Yerushalmi, expressou um parecer diferente dessa problemática, num estudo dedicado a Isaac Cardoso. Ainda em 1673, esse judeu sefardita publicava em Veneza a sua *Philosophia libera*[138], um capítulo da qual se intitulava *De terrae immobilitatae*. Segundo Yerushalmi, nas treze teses com as quais ele se opõe à teoria copernicana e galileana, os dados da Sagrada Escritura constituem "the very first proof". Na Sagrada Escritura, então, "the highest truth shines, and many arcana of natural thing are hidden"[139], uma tese que a meu ver reflete a ideia cabalística segundo a qual a Sagrada Escritura contém acenos às ciências naturais, porque é parte de uma Torá global e perfeita, de modo que os grandes sábios, como Salomão, eram perfeitos também nas ciências naturais, justo porque depositários dessa Torá/sabedoria perfeita[140]. Em suma, a Bíblia é verdadeira também do ponto de vista científico. A defesa da verdade científica da Bíblia vai se tornar cada vez mais fundamental. Aqui, nem sequer por acenos, consegui delinear a história desse posicionamento. Limito-me a indicar apenas dois casos, muito distintos um do outro: o de um personagem católico de importância medíocre e o de um erudito protestante da primeira metade do século XVIII. O primeiro exemplo é tirado do *De triplici philo-*

---

137. Neher, A., *Copernic dans la littérature hébraïque depuis la fin du XVIe siècle jusqu'à la fin du XVIIIe siècle*, in: Id., *David Gans (1541-1613) disciple du Maharal, assistant de Tycho Brahe et de Jean Kepler*, Paris, Les Belles Lettres, 1974, 363.

138. Yerushalmi, Y. H., *From Spanish court to Italian ghetto. Isaac Cardoso. A study in seventeenth-century marranism and jewish apologetics*, Seattle (WA), University of Washington Press, 1981 (1ª ed., 1971).

139. Loc. cit., 238.

140. Cf. Nahmanide, R., *La Torah del Signore è perfetta*, Perani, N. (ed.), Roma, Carucci, 1989, 77-83.

sophia[141] *de 1653*, de Benedetto Mazzotta. O livro é interessante como testemunho de uma mentalidade científico-religiosa muito difusa em ambientes eclesiásticos italianos de cultura mediana. Para ele, "a Terra está postada como um centro imóvel, contra o que afirma Copérnico com a condenação da Igreja"[142]: a questão se encerra com essa motivação teológica lapidar, ou melhor, eclesiástica. As questões científicas estão inteiramente misturadas com as questões teológicas. Tratando de questões científicas referidas à água, Mazzotta insere a abordagem do *De diluvio*, em que procura a explicação científica do modo como se pode ter dado a submersão de toda a Terra, narrada pela Bíblia: ou Deus aumentou a quantidade de água ou devemos encontrar alguma outra explicação científica[143]. Falando das causas dos movimentos da água, parece-lhe plenamente normal recordar também a causa que remete aos anjos[144], enquanto na abordagem baseada na física não se limita só a refutar o atomismo, mas dedica uma longa abordagem à questão da inconciliabilidade do dogma da presença real com a teoria atomística[145]. Em Mazzotta, a razão mais antiga da confusão entre elemento científico e elemento religioso vem unida com um elemento novo, a saber, a busca da verdade científica das passagens bíblicas, seguindo uma moda que estava se difundindo cada vez mais intensamente.

Um outro nível de abordagem apresenta, porém, o monumental *Physica sacra*, de Johann Jakob Scheuchzer, que apresenta uma explicação científica às questões naturais tratadas na Bíblia[146]. O princípio geral que inspira Scheuchzer é muito simples: ater-se sempre ao sentido literal sem sair dos limites da "filosofia natural". O sentido literal da Bíblia é cientificamente verdadeiro. Trata-se de dar-lhe uma explicação científica rigorosa. Por exemplo, a Bíblia fala do fim do mundo no fogo. O ponto fundamental, para Scheuchzer, é defender a verdade física dessa afirmação, sem tentar interpretar o fogo de que fala a Bíblia em sentido metafórico místico.

---

141. Mazzotta, R. P. D. Benedictus, *De triplici philosophia naturali, astrologica, et minerali*, Io. Bologna, Baptistae Ferronij, 1653.
142. "Terra tamquam centrum immobile ponitur, contra id quod ecclesia damnante dixit Copernicus".
143. Mazzotta, Benedictus, *De triplici philosophia*, op. cit., 109.
144. Loc. cit., 17.
145. Loc. cit., 220 ss.
146. Scheuchzer, Johann Jakob, *Kupfer-Bibel. In welcher Die physica Sacra, oder geheiligte Naturwissenschaft derer in Heil. Schrifft vorkommenden natürlichen Sachen deutlich erklärt und bewährt von Joh. Jacob Sceuvchzer; Anbey zur Erläuterung und Zierde des Werkes in künstlichen Kupfer-Tafeln ausgeben und verlegt durch Johann Andreas Pfeffel*, Augsburg-Ulm, Christian Ulrich Wagner, 1733.

Verdadeiramente o mundo findará no fogo. Para que esse "extraordinário incêndio" possa dar-se Deus vai lançar mão das causas mais apropriadas para tanto. Ao cientista é permitido exprimir a própria opinião sobre o modo com que esse incêndio poderá acontecer. Scheuchzer aborda o problema do copernicanismo a propósito de Josué 10,12-14. As explicações sem sentido ptolomaico mostram a dificuldade de apresentar uma resposta científica plausível para o fenômeno. Depois Scheuchzer apresenta a explicação dos copernicanos, que buscam compreender a passagem como se se expressasse numa linguagem vulgar, apresentando, por fim, a explicação científica literal da passagem em sentido copernicano. E é provavelmente para essa hipótese que ele mais se inclina e não pela razão que desacredita o sentido literal. Mas, na realidade, o centro de sua atenção não repousa mais no fato de saber se a Bíblia é interpretada em sentido copernicano ou ptolomaico, mas, ao contrário, sobre o problema da verdade do milagre do Sol que parou, milagre que ele defende como um fenômeno real. Para ele, o importante agora é a crítica radical da Bíblia. O clima cultural se modificou, e a defesa da verdade científica da Bíblia tem se tornado cada vez mais importante, quanto mais se desenvolve esse novo tipo de crítica à Sagrada Escritura. Encontramo-nos diante de uma apologética que defende a verdade científica do sentido literal da Bíblia no ambiente protestante, bem parecida com a que vamos encontrar no mesmo período também no ambiente católico.

CAPÍTULO 5

Cristianismo e tolerância, das origens à primeira Idade Moderna

O tema das mudanças ocupa o centro deste livro: a mudança do cristianismo antigo com relação a Jesus e a do impacto da modernidade sobre a estrutura do cristianismo tardoantigo e medieval. Uma das formas principais da mudança consiste na relação dos diversos tipos de cristianismo com os vários tipos de estrutura e sistemas políticos. A questão da tolerância ou intolerância com outras religiões ou outras formas de pensar tem caracterizado constantemente a história cristã. Neste capítulo escolhi concentrar-me na Idade Antiga (não na Moderna) e observar o modo bastante analítico como o cristianismo, em seu processo de afastamento e de oposição radical do judaísmo (um afastamento e uma oposição que o distancia fundamentalmente de Jesus), experimentou práticas de intolerância e, às vezes, também, de tolerância. Quero mostrar pelo menos dois aspectos dessa complexa experiência histórica antiga. De um lado, a adoção cristã de concepções e práticas de tolerância implica tanto uma reinterpretação de alguns elementos da Bíblia quanto a adoção de concepções e práticas que provêm do judaísmo da era helenista-romana, da filosofia medioplatônica e do direito romano. Por outro lado, vou mostrar também como a oposição ao judaísmo constitui um dos fatores principais da construção identitária do cristianismo antigo, que se afasta do Jesus judeu: nesse processo de afastamento e de crítica ao judaísmo, a teologia reinterpreta a Bíblia hebraica — ora definida sintomaticamente como Antigo Testamento — edificando um potente instrumental conceitual anti-hebraico que forma a base da intolerância cristã para com os judeus e constitui uma das bases mais duráveis do antissemitismo da história posterior. Essa base da intolerância cristã ainda não foi submetida completamente a uma crítica histórica radical pela historiografia cristã recente.

5.1. Os monoteísmos podem ser tolerantes

5.1.1. Os limites dessa pesquisa

No curso de minha pesquisa sobre os monoteísmos, o cristianismo e o judaísmo[1] constatei que a experiência histórica dessas religiões, em territórios muito vastos de nosso planeta, demonstra que elas adotaram formas e comportamentos profundamente distintos nas várias épocas e nas várias regiões geográficas. Às vezes esses monoteísmos foram extremamente tolerantes, e às vezes extremamente intolerantes. E entre os dois lados opostos do leque existem tantas posições intermediárias que atuam concretamente e que foram formuladas teoricamente. Para repetir uma afirmação de Jacob Neusner, estou substancialmente convencido de que as religiões são o que os homens decidem fazer com elas, porque também no passado elas se apresentaram de formas profundamente distintas. Desde a Antiguidade, existiram judeus que teorizaram um judaísmo capaz de conviver pacificamente com outros cultos sem considerá-los inferiores, vivendo coerentemente de acordo com as próprias ideias. O exemplo que apresento é o de Flávio Josefo, um judeu do século I. Mostrarei, então, que uma atitude de tolerância para com as religiões distintas manifestou-se na Itália no século VI durante o reino dos ostrogodos Teodorico e Teodato. Cassiodoro, que estava a serviço de Teodorico e redigia seus atos, elabora uma teoria teológica da tolerância religiosa que merece ser estudada a fundo em seu cunho positivo, mas também em seus limites. Veremos, então, como nessas duas experiências positivas as ideias de tolerância que o judaísmo e o

---

1. Formas precedentes e diferentes desse ensaio, reelaborado e corrigido neste capítulo, apareceram em PESCE, M., Cum divinitas patiatur diversas religiones esse. Alle origini di una fondazione biblica della libertà religiosa, in: LUONGO, G. (ed.), *Munera parva. Studi in onore di Boris Ulianich. Volume I*, Napoli, Fridericiana editrice, 1999, 339-361; ID., Cassiodoro e gli ebrei. Provvedimenti politici e riflessione teologica. Dalle Variae al Commento ai Salmi, in: *Annali di storia dell'esegesi*, 16,2 (1999), 379-401; republicado com variações em CASSANI, A.; FELICE, D. (ed.), Civiltà e popoli del mediterrâneo. Immagini e pregiudizi, *Quaderni di dianoia*, I, Bologna, Clueb, 1999, 37-63; ID., I giudei, i romani e la tolleranza religiosa. La rappresentazione di Flavio Giuseppe, in: *Annali di storia dell'esegesi*, 17,2 (2000) 355-382; ID., I monoteismi e quello che le donne e gli uomini decidono di farne, in: *Annali di storia dell'esegesi*, 25,1 (2008), 105-158. Consultamos também os estudos de T. Canella citados na nota seguinte.

cristianismo põem em prática e elaboram em suas teologias na realidade não têm origem na tradição bíblica hebraica e cristã, mas na prática das religiões não monoteístas. A práxis e a teoria tolerante hebraica e cristã têm origem, de fato, no princípio segundo o qual todo e qualquer ato de culto deve ser expressão sempre de uma livre decisão, depois no direito romano pré-cristão, e, por fim, na filosofia do platonismo tardio. O fato de que os princípios de tolerância não tenham raiz originária na Bíblia nos permite compreender de imediato a dificuldade da religião hebraica e da cristã em adotar facilmente atitudes de tolerância. No entanto, que alguns pensadores hebraicos e cristãos abracem sem muita dificuldade esses princípios dentro de uma teologia fundada na Bíblia (hebraica ou cristã) é, ao meu ver, a prova de que os monoteísmos judaico e cristão têm a capacidade de absorver elementos de outras culturas religiosas. Isso significa que o assim chamado monoteísmo exclusivista não leva necessariamente à negação de um princípio de tolerância entre as diversas religiões.

Este livro quer mostrar também que a atitude constante das minorias hebraicas no império romano pedindo garantias jurídicas de respeito à sua liberdade religiosa foi um dos veículos principais que levaram à difusão de práticas e teorias de tolerância entre as religiões diversas. Por fim, procuramos compreender a razão por que a prática e a teoria de tolerância que se manifestam em alguns casos no judaísmo e no cristianismo têm fortes limitações. A hipótese é que essas limitações provenham das respectivas teologias, mesmo que tenham origem também em condições existenciais práticas precisas[2].

5.1.2. Uma questão sobre a legitimidade da pluralidade no monoteísmo[3]

Essa questão tem sua pré-história que provém da metade dos anos de 1970 durante um curso de história da Igreja no qual Giuseppe Alberigo,

---

2. Sobre os argumentos desse capítulo, cf. CANELLA, T., *Il peso della tolleranza. Cristianesimo antico e alterità*, Brescia, Morcelliana, 2018, e seus estudos precedentes, entre os quais ID., Tolleranza e intolleranza religiosa come princìpi di buon governo e di convivenza civile. Il contributo cristiano al dibattito e le sue strategie retoriche in età tardo-antica, in: *Annali di storia dell'esegesi*, 28 (2011) 205-239.

3. A reflexão se desenvolveu claramente nos últimos anos sobre o tema do monoteísmo, um termo que só vai surgir na literatura científica europeia no século XVII. Cf., por exemplo, os diversos ensaios de Jan Assmann, entre os quais *Dio e gli dèi. Egitto, Israele e la nascita del monoteismo*, Bologna, Il Mulino, 2007; *Non avrai altro Dio*, Bologna, Il Mulino, 2009;

de quem eu era assistente, lia obras de Nicolau de Cusa e Thomas More. Na época, foi tocado por uma afirmação da *Utopia* de More que dizia que Deus gosta de ser adorado de muitas maneiras diferentes[4] (foi assim que eu compreendi essa passagem, muito além da sua literalidade):

> Os utopienses fizeram tal estatuto [que qualquer um poderia considerar aquela religião que mais agradasse a seu ânimo] não apenas como respeito para conservar a paz [...] mas também pensando que agradasse a Deus o culto variado e diverso e que por isso inspiraria vários ritos a esse e àquele[5].

A respeito dos intentos conciliatórios de Cusano, a frase de More assumia em minha fantasia uma importância ainda maior. A ideia de que a diversidade das religiões fosse algo quisto por Deus despertava em mim o ensinamento de Raimon Panikkar, que no começo dos anos de 1970 promoveu, no Instituto de Filosofia da Universidade de Roma, um seminário sobre hinduísmo e cristianismo, no qual defendia a convergência substancial dessas duas religiões, apesar de sua diversidade fundamental. Panikkar parecia defender ainda, do ponto de vista teológico, que os *corpora* de textos sagrados das diversas religiões (e não apenas as sagradas escrituras judaicas e cristãs) faziam parte de um testamento cósmico, de uma revelação de Deus, o qual se manifestava numa pluralidade de modos. Basta pensar como teria sido diferente a história do cristianismo e a história do mundo se essa ideia de More tivesse sido levada a sério, tornando-se a base do comportamento internacional, político e individual dos cristãos nos séculos subsequentes. As Américas Central e Meridional não teriam sido destruídas em suas culturas e em suas tradições religiosas. Catolicismo e protestantismo não teriam se combatido de forma sanguinária por mais de um século, e é claro que More também sabia que sua proposta era utópica.

Monoteismo e distinzione mosaica, Brescia, Morcelliana, 2015. Cf. também a discussão reiterada sobre teologia política, por exemplo, Bettiolo, P.; Filoramo G. (ed.), *Il dio mortale. Teologie politiche tra antico e contemporaneo*, Brescia, Morcelliana, 2002; Filoramo, G. (ed.), *Teologie politiche. Modelli a confronto*, Brescia, Morcelliana 2007. Para um enquadramenteo de sínteses, cf. Mimouni, S. C., Il monoteismo, una forma di totalitarismo attraverso i secoli, in: *Annali di storia dell'esegesi*, 35, 1 (2018) 9-24. Cf. também Potestà, G., *L'ultimo messia. Profezia e sovranità nel medioevo*, Bologna, Il Mulino, 2014.

4. "Varium ac multiplicem expetens cultum deus, aliud inspiret alii", Morus, Tomás, *Utopia*, cap. II.

5. More, T. *Utopia*. Firpo, L. (ed.), Torino, UTET, 1971, 178 (a tradução é do século XVI, de Ortensio Lando, que era usada no curso por Giuseppe Alberigo).

Ele também sabia que o lugar onde se pode viver a tolerância religiosa e o respeito político para a liberdade de consciência é o lugar que não existe. O não lugar. Uma utopia. Mas se as coisas são desse modo, se é uma utopia pensar que o cristianismo possa gerar comportamentos tolerantes, então se compreende como essa constatação provoca em muitos, por exemplo no século XVII, a dúvida de que o cristianismo não provém de Deus, mas é uma criação humana. Como qualquer outro grupo humano, os cristãos não podiam fazer outra coisa que criar grupos dominados pelas leis férreas dos próprios interesses e pela própria expansão com dano para os demais. É o conceito de Deus que se faz fundamental aqui. Deus é aquele que deseja a multiplicidade dos cultos. Chega-se à sua verdade necessariamente de muitos modos. E é ele mesmo que inspira a variedade das religiões para os homens. Com um conceito assim de Deus teria sido evitada a ideia — que a nosso ver parece ser claramente etnocêntrica — que só existe uma única via de salvação. Que não há salvação fora da Igreja. Teria sido evitada a concepção horrível pela qual Deus pune a quem não adere a uma verdade particular defendida por um grupo particular. Não se deve pensar que, quando a verdade se manifestou em Jesus Cristo, então só há uma via de salvação, porque, mesmo que fosse verdade que Deus pensa numa única via de salvação, permanece o fato de que as ideias de Deus são absolutamente insondáveis ao homem. Poderás me replicar: mas existe uma revelação de Deus. Sim, mas o que é que Jesus realmente revelou de Deus? Jesus revelou que Deus é amor que faz chover e nascer o Sol sobre bons e maus, que ser perfeitos como Deus significa amar os próprios inimigos, orar pelos próprios perseguidores. Utopos, o fundador e legislador de utopia, "defende que exigir com a violência e as ameaças que aquilo que você acredita ser verdadeiro deve valer para todos, teria sido não só ofensivo, mas também inútil". Basta pensar como teria sido a vida civil europeia se tivesse sido aceito o princípio segundo o qual ninguém deve tentar constringir os demais a adotar uma religião particular. Não teria havido pregações cristãs forçadas aos judeus no Estado da Igreja no século XVI. Não haveria os livros de pregação obrigatórios na Igreja anglicana. Não teria havido perseguição aos pregadores protestantes na Itália dos séculos XIX e XX. Desde então, repeti e reiterei muitas vezes, e também comentei aquela frase de More com colegas e, em meus cursos de história do cristianismo, também com estudantes. Na verdade, para mim, tratava-se de evocar a existência de um monoteísta pluralista ou de uma visão tolerante das religiões que encontrava naquela frase uma justificação teórica. Por muito tempo, a sugestão que eu encontrara em More não se tornou objeto de pesquisa histórica, nem sequer em estado embrional. Limitava-me a repeti-la e difundi-la, por diversos anos seguidos. Mas pode acontecer que, mesmo que de modo informe, essa ideia possa ter provocado pesquisas de estudantes e colegas. Deu-se um momento de maior aprofundamento em 1986 num curso de história moderna que dei na Faculdade de Ciências Políticas de Bolonha, onde, por indicação de Pier Cesare Bori, lancei mão também de uma antologia sobre tolerância organizada por Massimo Firpo[6]. Naquela antologia eram apresentadas também algumas passagens da *Utopia*, de More, e assim tive a oportunidade de repensar aquele tema. As pesquisas de verdade só iriam ter início no ano de 1992 e não sobre More[7], mas sobre Cassiodoro, por ocasião de um estudo que apresentei em Ravena num congresso sobre a era de Teodorico, organizado por Antonio Carile[8]. Partindo da exigência de encontrar a documentação sobre o posicionamento de Teodorico com relação aos judeus, confrontei-me com Cassiodoro, e a leitura sistemática de todas as passagens em que ele os mencionava me faz descobrir algumas frases suas sobre a liberdade necessária de todo ato de culto e sobre a multiplicidade de *religiones*, quista por Deus. Numa fase posterior das pesquisas, concentrei-me em Flávio Josefo e, depois, sobre a tolerância no império romano e no pensamento de Temístio de Paflagônia e de Quinto Aurélio Simmaco[9].

---

6. Firpo, M. (ed.), *Il problema della tolleranza religiosa in età moderna*, Torino, Loescher, 1983.

7. No mais, não tenho intenção de empreender uma pesquisa histórica sobre a Idade Moderna. Pier Cesare Bore publicou um livro sobre pluralidade das vias religiosas in: Mirandola, P. della, *La pluralità delle vie*, Milano, Feltrinelli, 2000, que tive oportunidade de consultar apenas depois da redação deste ensaio. A reflexão e a pesquisa de Bori se move já há tempo no plano teórico e histórico no âmbito desse interesse, a partir da síntese de Bori, P. C., *Per un consenso etico fra culture (origini, I)*, Genova, Marietti, 1991. Parece-me bem importante que, por diversas vias, e não por uma única estrada, chegamos ao estudo de um tema assim tão grande. Bori, sabendo de meu interesse pelo enunciado de Símmaco ("uno itinere non potest perveniri ad tam grande secretum"), sobre o que vou deter-me mais adiante, me indicou que aquela frase pode ser encontrada também numa obra de Marsílio Ficino. Mas não é meu interesse estudar a formulação moderna dessa concepção.

8. Carile, A. (ed.), *Teoderico e i goti tra Oriente e Occidente*, Ravenna, Longo, 1995, 285-296.

9. Pesce, *Cassiodoro e gli ebrei. Provvedimenti politici e riflessione teologica*, op. cit.; Id., *I giudei, i romani e la tolleranza religiosa*, op. cit. O estudo sobre Cassiodoro foi publicado também em Luongo (ed.), *Munera parva*, op. cit., 339-361 e, numa redação mais ampla, in: Pesce, M., Cum divinitas patiatur diversas religiones esse, in: Casssani, Felice (ed.), *Civiltà e popoli del mediterraneo,* op. cit., 37-63.

5.2. Flávio Josefo e a pluralidade das religiões

Vou tentar agora dar uma primeira resposta parcial à questão apresentada anteriormente se as ideias e a prática de tolerância do mundo antigo, apesar de seus limites, encontraram algum espaço dentro do espaço do monoteísmo hebraico. É claro que a tradição rabínica desenvolveu uma teoria segundo a qual a Torá revelada por Deus sobre o Sinai constitui a via de salvação do povo judaico, enquanto os outros povos também podem encontrar a salvação, uma vez que obedeçam às leis assim chamadas de Noé, ou seja, as leis que Deus deu a Noé depois do dilúvio (cf. Gn 9,1-17) e que por isso valem para todo o gênero humano. Quanto à antiguidade dessa teoria e se essa lei, em sua origem, tinha valor de tolerância ou de constringência, isso é objeto de discussão ainda[10]. Recentemente, surgiram diversos estudos nesse sentido voltados à Mishnah[11].

Aqui quero chamar a atenção para outra fonte: as obras de Flávio Josefo. Examino sobretudo algumas passagens das *Antiguidades judaicas*[12] e da *Vida*[13], obras escritas nos últimos vinte anos do século I da era cristã. Nesses textos, em minha opinião, aparecem duas concepções relativas à tolerância e ao respeito das escolhas religiosas diferentes das próprias e, por isso, a necessidade de que todo e qualquer ato religioso seja livre de constrangimento, devendo-se assegurar a cada um seguir a religião em que acredita. Com Josefo não temos dúvida de que estamos diante de um representante autêntico do monoteísmo judaico. E isso me interessa porque o monoteísmo mostra quem se tornou tolerante, no sentido de aceitar o pluralismo religioso. Talvez o aspecto mais interessante esteja no fato de que, em seus escritos, Josefo representa os judeus (*ioudaioi*) e sua tradição

---

10. Sobre as leis de Noé, cf. NOVAK, D., *The image of the non-jew in judaism. An historical and constructive study of the Noahide laws*, New York-Toronto, Edwin Mellen, 1983; HALBERTAL, M., Coexisting the enemy. Jews and pagans in the Mishnah, in: STANTON, G. N.; STROUMSA, G. G. (ed.), *Tolerance and intolerance in early Judaism and Christianity*, Cambridge, Cambridge University Press, 1998, 161, define que "in contrast to the Bible, the rabbis universalized the ban against idolatry and included it in the seven Noachite commandments. Gentiles are thus prohibited from worshipping their gods, and the punishment for idolatry, whether practiced by jews or non-jews, is death".

11. Cf. o ensaio de Halbertal citado na nota precedente e o de STROUMSA, G. G., Tertullian on idolatry and the limits of tolerance, in: STANTON, G. N.; STROUMSA, G. G., *Tolerance and intolerance in early Judaism and Christianity*, Cambridge, Cambridge University Press, 1998, 173-184 (trad. it. *La formazione dell'identità cristiana*, Brescia, Morcelliana, 1999, 167-179), dedicados sobretudo ao tratado *Avodah Zarah*, da Mishnah.

12. *Ant* XVI,31-57; XVI,160-178; XIX,278-291; XX,13.

13. *Vita* 113.

perante o mundo romano para dissipar prejulgamentos e temores depois da guerra dos anos 66-70. Estamos diante de uma representação do judaísmo segundo critérios que Josefo considera serem fundamentais do ponto de vista de seus leitores judeus. Ele não falsifica o mundo e a história judaica, mas simplesmente a representa segundo critérios e concepções helenista-romanos[14]. Trata-se de uma representação helenista-romana do judaísmo na qual Josefo assume a função de tradutor nas formas conceituais, institucionais e políticas do império romano daquilo que ele considera autenticamente judaico. Josefo posta-se no confim de passagem entre os dois universos, no sentido asseverado pela esplêndida metáfora de Jurij Michajlovič Lotman que define o confim como a linha que passa por todos os pontos que duas semiesferas têm em comum. O confim é o lugar da comunicação, da interface, da tradução[15]. É o lugar onde se criam experiência de hibridismo, "mestiçagem" e de intercâmbio. É por isso que Josefo representa os judeus para torná-los aceitáveis ao mundo romano, para mitigar a imagem negativa que a guerra construíra e difundira, mas também é verdade que as categorias greco-romanas iluminam elementos e aspectos realmente existentes no mundo judaico. Isso seria ainda mais verdadeiro se se confirmasse a opinião daqueles pesquisadores que consideram que as obras de Josefo tinham como destinatários também os judeus de linha grega da diáspora[16]. A operação de Josefo tornara-se possível a partir da visão do mundo judaico que é essencialmente plural. Como se sabe, Josefo assevera constantemente que o mundo judaico conhece diversas correntes. Algumas são rigidamente julgadas, outras, ao contrário, exaltadas. São as correntes que Josefo qualifica como positivas que permitem, a seu ver, uma coexistência harmônica do *ethnos* dos judeus e de sua tradição monoteísta dentro do mundo político e politeísta dos romanos. Vejamos, pois, alguns textos.

O parágrafo 113 da *Vida*[17] apresenta duas posições opostas dentro do judaísmo: a de Josefo, tolerante, e a de outros judeus que ele convence a não obrigar alguns outros aliados não judeus a ser circuncidados. A passagem

---

14. Sobre Josefo, cf. HADAS-LEBEL, M., *Flavio Giuseppe. L'Ebreo di Roma*, Cinisello Balsamo (MI), Edizioni Paoline, 1992.
15. LOTMAN, J. M., *La semiosfera*, Venezia, Marsilio, 1985.
16. Cf. MIGLIARIO, E., Introduzione, in: GIUSEPPE, F., *Autobiografia*, Milano, Rizzoli, 1994, 30-32. Cf. também HADAS-LEBEL, *Flavio Giuseppe*, op. cit., 238.
17. FLAVIUS JOSÈPHE, *Autobiographie*, Texte établi et traduit par A. Pelletier, Paris, Les Belles Lettres, 1983; GIUSEPPE, F., *Autobiografia*. JOSSA, G. (ed.), Napoli, D'Auria, 1992; GIUSEPPE, F., *Autobiografia*, op. cit. Cf. também JOSSA, G., Josephus action in Galilee during the

é fundamental porque defende a ideia de que também na terra de Israel, e não só na diáspora, os judeus têm condições de se manifestarem como tolerantes. Leiamos toda a passagem:

> Naquela época tive contato com duas personagens importantes, subalternos do rei, da região da Traconítide, com os próprios cavalos, as armas e as coisas que transportavam. Enquanto os judeus buscavam forçá-los a circuncidar-se, se quisessem viver junto com eles, eu não permiti que fossem obrigados à força [*ouk eiasa biasthenai*] defendendo ser necessário que cada um adore a Deus segundo sua própria escolha e não constrangido [*dein ekaston anthropon kata ten eautou proairesin ton theon eusebein*]. Mas era oportuno que esses que se refugiaram conosco buscando segurança não se arrependessem disso. Depois de ter convencido a turba, providenciei a esses homens tudo que era necessário para seu modo habitual de viver.

O princípio vem expresso numa forma literária que sublinha a generalidade e a validade universais: "É necessário que cada um adore a Deus segundo a própria escolha e não constrangido" (*Vita, 113*). Mas não se trata de um princípio genérico abstrato. Ao contrário, evidencia um ideal de convivência tolerante que se opõe a outro ideal de convencimento. Os judeus, contrariados por Josefo, defendiam ser necessário que os não judeus, que se uniram com eles e que pretendiam com eles viver, devessem respeitar as normas de vida dos judeus e em particular as normas dietéticas. Isso significa que deveriam circuncidar-se e, assim, entrassem oficialmente no respeito e na observação da lei judaica. Josefo segue outro modelo. É possível aos não judeus viver entre os judeus, continuando a praticar seu modo de vida normal, inclusive seu modo próprio de se alimentar[18]. Isso desfazia a necessidade de serem sujeitados à circuncisão, que implicava a adesão à lei religiosa judaica. Esse ideal de convivência tolerante diz respeito à copresença de diversos modos de vida religiosa. A passagem dos

---

jewish war, in: PARENTE, F.; SIEVERS, J. (ed.), *Josephus and the history of the Greco-roman period. Essays in memory of Morton Smith*, Leiden, Brill, 1994, 265-278.

18. O substantivo "diaita" se encontra em Josefo 48 vezes, das quais 43 no singular. Em geral, significa o lugar da habitação, o habitar, o modo de vida (cf. *Ant.* XIII,258; XVIII,12). Talvez o paralelo mais significativo se encontra em *Ant.* XIII,258, em que se fala de circuncisão como do "outro modo de vida" ('ten allen biou diaitan) judaico. Enquanto em *Ant.* XIII,258 Ircano manda circuncidar os estrangeiros e os submete ao restante do modo de vida hebraico, aqui Josefo não manda circuncidar os estrangeiros, permitindo-lhes viver segundo seu modo de vida, antes fornece-lhes os meios de fazê-lo. Parece-me que se trata do comer de maneira não judaica. Mas poderia também tratar-se simplesmente da habitação que Josefo reserva para os dois dignatários não judeus.

parágrafos 112-113 faz parte de todas aquelas passagens apologéticas da *Vida* nas quais Josefo quer mostrar ao leitor que, apesar de sua função político-militar na Galileia, soube manter uma postura conciliadora, mostrando-se sempre magnânimo também no caso de vitória, procurando mais pacificar do que atacar, mesmo nos confrontos do rei Agripa e dos romanos. Aqui quer mostrar sua postura de judeu tolerante. Mas justo por se tratar de uma passagem apologética, o comportamento nobre que ele quer ressaltar deve ser tal que possa angariar a aprovação do leitor. Ora, tanto sua frase teórica "é necessário que cada um adore Deus segundo a própria escolha e não constrangido" como a disponibilização aos hóspedes não judeus o que era necessário para seu modo de vida diferente correspondem a um modelo que ele partilhava com o leitor romano. A mim parece que, nesse episódio, Josefo representa a si mesmo de modo semelhante ao que representara o rei Ptolomeu que preparara o banquete no qual cada um (nesse caso os judeus) pudesse comer segundo os próprios costumes (cf. *Ant.* XII, 94-95). Não podemos deixar de considerar aqui a importância que tem para Josefo o conceito de escolha livre (*proairesis*). Para ele, a *proairesis* é uma decisão que não deve ser tomada constrangido, nem por influência de outros. Trata-se da decisão moral do indivíduo, a manifestação da própria liberdade pessoal (cf., por exemplo, *Ant.* 1,9; 1,254; IV, 1,48; *Vita* 27,5; 369,2; *Contra Apião* I,214; 2,160; 2,289). Devemos nos perguntar aqui qual era o contexto concreto em que essas ideias de respeito da decisão do indivíduo em matéria religiosa e de convivência de uma pluralidade de orientações religiosas amadureceram. A hipótese que proponho é que os contextos favoráveis para isso tenham sido essencialmente dois. O primeiro é o pluralismo dos grupos religiosos organizados, que caracteriza o judaísmo do século I. O segundo é a situação de convivência cultural que caracteriza a vida dos judeus no século I, tanto na terra de Israel quanto na diáspora. Josefo tem consciência disso e muitas vezes o faz objeto de reflexão (cf., por exemplo, *Vida* I,1, 2,12, em que confronta os sistemas para avaliar a nobreza entre os judeus e os outros povos, buscando semelhanças entre os fariseus e os estoicos). Detenho-me aqui no primeiro. No que diz respeito à pluralidade dos grupos religiosos, o próprio Josefo nos demonstra sua experiência de jovem que transita por livre escolha de uma à outra de algumas das grandes comunidades religiosas da época (*Vida* 10-12). Para Josefo, trata-se de experimentar as diversas formas de vida religiosa para depois poder livremente escolher aquela que acredita ser a melhor: "teria podido escolher [*airesesthai*] a melhor se as tivesse experimentado todas" (*Vida* 10). Para Josefo, então, o ideal é que as escolhas pessoais, dentro da religião hebraica, sejam determinadas não pelo pertencimento tradicional, familiar ou de grupo, mas por livre escolha. Ora, essa escolha livre só se torna possível porque as ofertas e as possibilidades são muitas. É exatamente na adesão a um entre muitos movimentos e comunidades que surge a chance de valorizar a escolha pessoal e que em alguns se forma a convicção da pluralidade inevitável das orientações religiosas. As diversas comunidades (*aireseis*), para Josefo, do ponto de vista judaico, são todas legítimas (seja a dos fariseus, seja a dos essênios, seja a dos saduceus; cf. *Vida* 10). Trata-se de escolher livemente entre elas. Assim, podemos afirmar que o conceito de livre escolha religiosa estava fundado na experiência pessoal, pelo menos dos membros das classes altas do judaísmo na Terra de Israel do século I, das quais fazia parte Josefo. Como poderemos ver melhor em seguida, o princípio geral de que lança mão Josefo ("é necessário que cada um adore Deus segundo sua própria escolha e não constrangido") nada mais é que a concepção amplamente difundida desde há muito tempo no âmbito romano pela qual não se deve obrigar ninguém a abraçar forçadamente uma religião diferente. Esse mesmo princípio romano vamos encontrar também em textos e autores cristãos como *Ad Diognetum*, Tertuliano e Cassiodoro. Desse modo, fica claro que o judeu Flávio Josefo toma do universo romano o princípio de tolerância que defende e pratica. Também o anuncia para tornar compreensível ao seu leitor não judeu que não condivide com ele um dos princípios antigos que está na base da visão religiosa romana.

É sabido que Josefo relata textos romanos que concedem aos judeus da diáspora o direito de seguir as próprias leis e as próprias tradições em questões religiosas (cf. sobretudo *Ant*. XVI, 160-178; XIX, 278-291)[19]. Numa passagem de *Ant*. XX,13, Josefo refere, por exemplo, a carta do imperador Cláudio, de 28 de junho de 45, "aos governantes e ao conselho de Jerusalém e a toda a nação dos judeus", em que Cláudio admite que o âmbito sagrado e a coroa sacerdotal podem ser deixados aos cuidados dos judeus. Ele justifica sua decisão pelo fato de que "eu próprio respeito a religião [*eusebes*] e porque quero que todos [os povos] (*ekastous*) exerçam o culto (*threskeuein*) segundo os constumes *(consuetudini)* de sua prátria *(kata ta patria)*". Em *Ant*. XVI,172, Josefo relata a carta do pró-cônsul Julio Antônio aos Efésios, na qual o autor declara que

---

19. Cf. também *Ant*. XIV,306-323. Firpo, G., I giudei, in: Clemente (ed.), *Storia di Roma 2.2*, Torino, Einaudi, 1991, 527-552; sobre as ordens de César, p. 532 ss.

César Augusto e Agripa haviam permitido a eles [aos judeus] seguir as próprias leis e costumes, e trazer livremente [*anempodistos*] as primícias de cada um deles segundo sua escolha [*ek tes idias proaireseos*] e por razões de piedade para oferecer à divindade[20].

Em XVI,163, Josefo relata um decreto de César Augusto no qual se afirma que "por mim, com meu consentimento, foi decidido com juramento e com o assentimento do povo romano que os judeus possam seguir seus costumes segundo as leis de seus pais". Confira-se também XVI,173: "Permito-lhes que se comportem e ajam segundo as leis de seus pais sem impedimento"[21]. Esses textos são interessantes sobretudo porque testemunham, mais uma vez, a prática de tolerância religiosa dos romanos e a justificação teórica a ela conexa. Os romanos não aceitaram estabelecer privilégios para os judeus com base em princípios jurídicos estranhos à própria tradição. Esses documentos atestam a atitude de respeito à pluralidade dos costumes religiosos pelos romanos, com base no princípio de que a *eusebeia* é substancialmente idêntica mesmo que votada a divindades diferentes e exercida segundo ritos diferentes; e segundo a concepção de que se deve respeitar a liberdade de escolha do ato de culto (cf. "ek tes idias proaireseos" in XVI,172). Assim, a primeira consequência que tiramos dessas passagens é que existia uma teoria e uma prática romana da tolerância religiosa no século I antes da era cristã e no século I da mesma era. Os judeus podiam gozar de um respeito de sua liberdade de culto sob o domínio romano, graças ao direito romano. Para isso, vale a pena citar a longa justificação com que Josefo explica por que ele reporta os decretos romanos de tolerância.

> Era necessário que eu referisse esses decretos porque o relato de nossa história está voltado principalmente aos gregos para lhes mostrar como em outros tempos fomos tratados com respeito e não tínhamos impedimentos dos *governantes* na prática de *nenhum dos [costumes] da pátria*; ao contrário, tivemos até sua colaboração em *relação ao que diz respeito à religião (threskeia) e às demais honras tributadas a Deus*. E se reporto reiteradamente esses decretos é para *reconciliar* as nações (*gene*) e para eliminar as motivações de ódio em pessoas sem consideração, seja entre nós, seja entre eles. Porque não há *nação* (*genos*) que tenha seguido sempre os

---

20. Mas o texto apresenta lacunas, e seu significado é que se permite aos judeus de Éfeso levar ao templo de Jerusalém as ofertas que recolhem. A mesma permissão em XVI,169.

21. Cf. também XIX,184.

mesmos costumes (*ethesin*), ao contrário, constata-se que de uma cidade para outra *há muita diversidade* (diáfora). Mas a coisa mais útil para todos os homens que a praticam igualmente, tanto bárbaros como gregos, é a justiça, na qual estão muito empenhadas as nossas leis: se as observamos com lealdade, elas se tornam *benevolentes e amigas para com todos. Por isso queremos pedir isso também aos outros para conosco, pois é oportuno considerar a alteridade (to allotrion)* não na diversidade (diáfora) das práticas, *mas no comportar-se de um modo que seja útil à* bondade (*kalokagathìa*). *Isso, portanto, é comum a todos e é a única coisa que pode salvar (diasozein) a vida dos homens* (Ant. XVI,174-178)[22].

Nessa passagem Josefo apresenta a religião hebraica como um costume tradicional do povo hebraico, colocada ao lado dos costumes dos outros povos não como a única religião verdadeira em contraposição àquelas falsas. Essa tradição religiosa judaica foi respeitada pela prática de tolerância política dos romanos enquanto costume de um povo particular, isto é, com base no princípio romano normal de convivência religiosa. Depois de ter assumido o posicionamento de tolerância romano, Josefo passa a apresentar a própria justificação teórica da necessidade de convivência religiosa. Em todos os povos (compreendido também o povo judaico) existem diferenças de costumes religiosos, tanto diacrônica quanto sincronicamente: "Não existe nenhuma nação [gene] que tenha seguido sempre os mesmos costumes [*ethesin*], antes, de uma cidade para outra vamos encontrar muitas diferenças". O conceito de *ethos* usado por Josefo abarca também aquele que nós chamamos de religião, usando um termo moderno. Mas as diferenças ético-religiosas não colocam em discussão a convivência porque a "coisa mais útil para todos os homens é a justiça [*to dikaion*]". Assim, para

---

22. A tradição é de L. Moraldi em GIUSEPPE, F., *Antichità giudaiche*, Livros XI-XX, Torino, UTET 1998, 1011-1012. Nessa passagem a tradução de Moraldi coincide quase que literalmente com a de MARCUS, R. *Josephus jewish antiquities*, Books XV-XVII, WIKGREN, A., Cambridge (MA)-Londres, Loeb Classical Library, Harvard University Press, 1963, 279-281. Modifiquei-a em alguns pontos para que fique literalmente mais adaptada ao texto. Os grifos indicam o que modifiquei. Entre colchetes estão as palavras que não estão no texto grego; entre parênteses as palavras gregas em transliteração livre. A tradução de Moraldi dessa passagem num caso está equivocada por ressaltar o inglês da Loeb, e se equivoca em sua interpretação. Onde Marcus e Wikgren traduzem do grego "enables society to endure" (*Ant*. XVI,178), Moraldi traduz do inglês "que permita à sociedade suportar-nos". A tradução de Marcus e Wikgren não é realmente literal: em vez de "vida dos homens", eles traduziram por "society" e traduziram "diasozein", compreendido em sentido intransitivo, com "endure".

Josefo, existe um elemento comum fundamental a todas as tradições e a todos os povos: a busca e a prática da justiça. Essa é comum "igualmente" (*"omoios"*) a todos os povos. É muito importante se dar conta de que Josefo indica o elemento comum a todos os povos na justiça, que é o núcleo central da lei hebraica. Aquilo de que falam nossas leis — ele acrescenta logo em seguida — é realmente a justiça. De modo que a observância escrupulosa da tradição religiosa hebraica é o que assegura a convivência. É mesmo a observância escrupulosa de nossas leis religiosas que "nos torna benevolentes e amigos para com todos". A observância escrupulosa das leis tradicionais judaicas é assim necessária. É só respeitando a própria religião e a própria lei que os judeus estão em condições de integrar-se com todos os outros. Mas se também os outros buscam colocar em prática a justiça também eles se mostrarão necessariamente benevolentes e amigos para com os judeus. Assim, Josefo vê nas diversas tradições religiosas algo de comum entre elas, a saber, a justiça. O centro da lei revelada por Deus aos judeus, que é a justiça, é, portanto, algo que é comum a todos os outros povos. A afirmação teórica final da passagem é de grande importância:

> visto ser oportuno julgar a alteridade (*to allotrion*) não na diversidade (diáfora) de práticas, mas em um comportamento que seja útil à bondade (*kalokagathìa*). Isso, de fato, é comum a todos e é a única coisa que pode salvar (*diasozein*) a vida dos homens (XVI,178).

Existe, portanto, algo de comum em todas as tradições religiosas, *koinon apasin*: a justiça e uma relação justa para com os outros. Isso é comum a todos e nisso reside a salvação. Essa é uma das mais fortes afirmações sobre o fato de que, de maneiras necessariamente diferentes, se chegue ao mesmo objetivo. É preciso julgar "a alteridade não na diversidade [diáfora] de práticas, mas em um comportamento que seja útil à bondade [*kalokagathìa*]". O *dikaion* e a *kalokagathìa*, ideais certamente romanos e helenistas, tornam-se o núcleo comum a todas as religiões e ao mesmo tempo a lei hebraica é pensada como a melhor encarnação desse ideal. Isso é pensado não para anular a diversidade, mas para fazê-la valer. A convivência exige que toda e qualquer tradição religiosa se oriente desde seu interior para a justiça e a prática do bem[23]. Esse duplo aspecto, para o qual a pró-

---

23. É claro que aqui poderia haver nuances de aspectos de um *topos* da apologética dos grupos hebraicos que tendiam à integração nas cidades helenistas e romanas; segundo esse aspecto, o que é comum a todos remonta à revelação bíblica que se supõe conhecida também pelos antigos não judeus. Mas o que coloca em evidência Josefo aqui não é isso.

pria fidelidade e o respeito das tradições particulares que permitem o bem comum, formulado com expressões que são de algum modo típicas, tanto da tradição judaica quanto da tradição helenístico-romana, se manifesta de algum modo também na terminologia. É claro que seriam necessários estudos bem mais profundos e analíticos, no entanto assinalo como exemplo que o termo *proairesis*, tão fundamental na linguagem de Josefo e na reflexão sobre pluralidade legítima das religiões, se encontra também nos textos dos decretos romanos que Josefo reporta (cf. *Ant.* XVI,172). O tema da linguagem de livre escolha nos atos religiosos é, pois, romano, e Josefo tem plena consciência disso. Todavia, reconduzir as ideias de tolerância de Josefo simplesmente às romanas levaria a uma interpretação parcial, porque as disposições romanas de tolerância foram o resultado de aspirações e de pressões judaicas junto à própria autoridade romana. Por um lado, os judeus requeriam o direito de poder respeitar suas tradições religiosas, mas, por outro, prometiam um comportamento tolerante para com os demais grupos religiosos, porque a sua aspiração era a da integração nos mais elevados níveis da vida citadina. Isso significa que os judeus da diáspora foram eles próprios portadores de uma exigência de tolerância. Nisso eles se diferenciam dos outros grupos religiosos politeístas. Para esses outros, a tolerância religiosa era normal. Mas os judeus tinham uma diferença radical com as religiões politeístas greco-romanas. Um texto de Dião Cássio testifica de modo claro o fato de que os romanos viam a religião judaica como um fato único no panorama conhecido deles:

> Distingue-se dos demais homens em quase todos os atos relativos à vida, e sobretudo [*malistha*] pelo fato de não honrarem nenhum dos outros deuses, mas veneram profundamente o seu Deus. Não erigiram nenhuma estátua nem sequer em Jerusalém, mas considerando-o incomunicável [*arreton*], veneram-no de maneira a mais estranha jamais vista pelos humanos (*História romana*, XXXVII,17,2[24]).

Nos confrontos dessa diversidade radical por parte da autoridade romana, fazia-se necessária uma normativa de tolerância muito específica. Ao invocá-la, as comunidades judaicas da diáspora apelavam para as concepções

---

24. DIONE, L. CASSIO, *Storia Romana. Volume primo, Libri XXXVI-XXXVIII*, NORCIO, G. (ed.), Rizzoli, Milano, 1995, 195. Modifiquei levemente a tradução de Norcio. Sobre a percepção de que os romanos tinham dos judeus nos primeiros séculos da era cristã já escreveu diversas vezes L. Troiani, de quem se deve conferir o ensaio publicado em *Annali di storia dell'exegesi*, 17,2 (2000), 342-353.

romanas tradicionais, delas se apropriando, para as quais qualquer povo pode praticar o culto às próprias divindades. Realmente, a atitude de Josefo não é exceção. Que essa atitude foi difundida na comunidade da diáspora é testemunhado também pelos Atos dos Apóstolos. Segundo os Atos dos Apóstolos, a diferença fundamental entre os grupos missionários da Igreja e os judeus das respectivas cidades era que, enquanto os primeiros pregavam submetendo a cultura religiosa tradicional da cidade a uma crítica radical, os judeus mantinham a própria religião monoteísta, e pediam às autoridades das cidades o direito de praticá-la livremente, mas não envidavam publicamente uma crítica anti-idolátrica (em nome do monoteísmo hebraico) à religião tradicional assim chamada pagã[25]. A segunda consequência que podemos mencionar é que os judeus da diáspora se apropriaram também de uma práxis de tolerância religiosa. O exercício do direito de poder praticar livremente o próprio culto, e sobretudo de não serem obrigados a atos de culto contrários ao deles, implicava o outro lado da medalha: que também os judeus aceitassem a visão da sociedade em que os outros cultos eram considerados plenamente legítimos (mesmo que, do ponto de vista religioso hebraico, não o fossem). Josefo reporta em *Ant.* XIX,286-291 um édito do imperador Cláudio, no qual se concede aos judeus o direito de seguir em todo o império os próprios costumes religiosos, mas se lhes impõe que eles próprios não desprezem o direito de todos os demais povos:

> Por isso, é necessário que também os judeus, em todo o mundo que nos está submisso, guardem os usos de seus pais, sem qualquer oposição. Mas ordeno a eles textualmente que pratiquem essa minha benevolência [*philanthropia*] com uma postura racional, ou seja, de não ridicularizar [*exouthenizein*] as posturas religiosas [*deisidaimonias*] dos outros povos, mas observar as próprias leis.

---

25. Aqui me permito remeter ao ensaio de Destro, A.; Pesce, M., Conflitti di interazione. La prima chiesa e la comunità ebraica nella polis, in: Padovese, L. (ed.), *Atti del IV simposio di Efeso su S. Giovanni apostolo (Turchia. La chiesa e la sua storia, VI)*, Roma, Pontificio Ateneo Antoniano, 1994, 105-138, republicado em Destro, A.; Pesce, M., *Antropologia delle origini Cristiane*, Roma-Bari, Laterza, 2008, 39-64. Escrevíamos, então, sobre a diferença de natureza social entre Igrejas e comunidades hebraicas da diáspora: "Grande é a diferença da natureza das primeiras Igrejas com relação àquela das comunidades hebraicas. Umas aparecem nos Atos como resultado da atividade de um grupo missionário, enquanto as outras são formadas por um grupo étnico homogêneo já constituído há tempo. As duas formas sociais têm uma relação diferente no modo de integração na sociedade circundante. O grupo étnico é formado por pessoas vindas de 'fora' que trouxeram consigo sua diversidade cultural sem qualquer pretensão de que a *polis* modificasse as próprias tradições" (loc. cit., 63).

Essa cláusula final é particularmente importante porque o decreto tentava restabelecer os direitos dos judeus em Alexandria depois das perseguições de Calígula, que "quer humilhar os judeus pois se recusavam a transgredir a religião de seus pais, voltando-se para ele como a um Deus" (XIX,184). Assim, a questão do monoteísmo ocupa o posto central. A tolerância romana deve chegar ao ponto de permitir um comportamento monoteísta numa sociedade não monoteísta. Mas, por outro lado, essa exige que se abandone a postura de crítica anti-idolátrica que pode caracterizar a atitude judaica com as religiões das comunidades junto às quais vivem os judeus. Há que se notar como a cláusula do Édito de Milão se baseia na mesma disposição: "Tua deliberação exige que se conceda igualmente também aos outros uma potestade aberta e livre para a própria religião ou culto"[26]. Em suma, exige-se uma tolerância e respeito recíproco dentro do império por parte de todos os povos que têm tradições religiosas diferentes. Josefo quer mostrar que essa atitude de respeito recíproco é praticada pelos judeus. Inicialmente, citamos o episódio de tolerância demonstrado por Josefo nos confrontos de dois não judeus durante a guerra judaica. Ora, lembro aqui o célebre discurso de Nicolau de Damasco (*Ant.* XVI,31-57). Ali, há dois elementos que quero destacar. Primeiramente, afirma-se que o respeito por parte dos judeus de suas tradições religiosas não faz outra coisa do que contribuir para o bem de quem concede esse direito:

> A única coisa que pedimos é participar do direito de manter, sem interferência, a religião [*eusebeian*] dos pais, algo que em si não parece ser causa de ressentimento[27], mas de benefício a todos os que concedem tal direito. Se a divindade se alegra [*chairei*] de ser honrada, alegra-se também de todos os que permitem essa honra, e em nossos costumes nada há contra o homem [*apanthropon*], estando todos voltados ao culto divino [*eusebeia*] e à justiça benéfica[28] (*Ant.* XVI,41-42).

Embora menos explícita, vemos uma ideia parecida mais adiante: "já que não só a nós mas a todos os homens, vós fizestes o bem com vosso poder protegendo os (direitos)[29] existentes e agindo para além das esperan-

---

26. "Intelligit dicatio tua etiam aliis religionis suae vel observantiae potestatem similiter apertam et liberam pro quiete temporis nostri esse concessam" (LACTÂNCIO, *De moribus persecutorum*, 48).
27. Assim, traduz Marcus-Wikgren, *Josephus jewish antiquities*, op. cit., 225.
28. *Sozouse*, cf. uma variante textual em loc. cit., 224.
29. Integração, loc. cit., 225.

ças" (*Ant.* XVI,49). Nota-se a diferença entre a teoria de Josefo, segundo a qual o fato de um grupo seguir a própria religião constitui uma vantagem para todos ("coisa que em si não é objeto de inveja, e é benéfica a todos os que concedem tal direito"), e a futura afirmação de Tertuliano, para o qual, ao contrário, a pluralidade de religiões não é uma vantagem nem uma desvantagem: "A religião dos outros não é um obstáculo nem uma vantagem para os demais"[30]. O segundo elemento a ser destacado é a aceitação decidida da reciprocidade:

> Por isso, pedimos, grande Agripa, de não sermos submetidos a maus-tratos, de não sermos oprimidos, nem impedidos de observar os nossos costumes, nem espoliados de nossos direitos presentes, nem de sermos constrangidos com a força [*biazesthai*] daqueles a quem nós não constrangemos com a força [*biazometha*] em questões semelhantes (*Ant.* XVI,47).

Essa frase é de extrema importância porque testemunha que o ideal da convivência tolerante do judaísmo da diáspora, segundo Josefo, consiste num recíproco não se constranger em matéria religiosa; os judeus devem buscar fazer-se respeitar em sua especificidade monoteísta, mas eles próprios não devem usar o monoteísmo para ridicularizar, criticar e constranger com a violência aqueles que não são monoteístas. É aqui que uma religião monoteísta manifesta sua capacidade de tolerância: saber tolerar o politeísmo. Josefo mostra claramente que o monoteísmo judaico no império romano aceitou uma posição tolerante quanto ao politeísmo. Ele, ademais, defende que também as religiões politeístas seriam capazes de contribuir para a justiça e o bem comum do império. Elas também têm valores positivos. Desse modo, Josefo encontra alguns valores comuns tanto na base do monoteísmo hebraico quanto das religiões monoteístas. Quero observar, por fim, que Josefo exprime aqui, de algum modo, a ideia de que agrada à divindade ser honrada de maneiras diversas, incluindo a judaica: "Se a divindade se alegra [*chairei*] de ser honrada, alegra-se também de todos os que permitem essa honra, e em nossos costumes nada há contra o homem". É uma ideia que vamos encontrar de maneira semelhante na filosofia platônica do século IV da era cristã, em Cassiodoro mais de um século depois e que ressurge em Thomas More no século XVI. Reassumindo essa ideia, Josefo não representa apenas os judeus perante o mundo romano (e o mundo judaico de língua grega), mas em suas obras constrói também

---

30. "Nec alii obest aut prodest alterius religio."

uma representação dos romanos. Todo ato de representação pressupõe, pois, sempre um público e, por isso, inevitavelmente, uma representação própria desse público. É claro que na representação se dá uma escolha e um mecanismo de unificação dos vários elementos para uma refiguração coerente do ponto de vista de quem escreve. E é óbvio assim que todas as representações jamais correspondem integralmente à realidade histórica. Josefo constrói uma representação dupla, a dos judeus e a dos romanos, com base em uma concepção da convivência entre as religiões em que as duas partes possam se encontrar. Mas não se trata apenas de uma representação ideal, trata-se também de uma prática política, de uma postura amplamente difundida, que permitiu aos judeus da diáspora inserir-se de forma harmônica nas cidades do Mediterrâneo antigo. Em suma, Josefo fundamenta suas teses de tolerância tanto numa atitude tolerante romano com os judeus que se manifestou nos confrontos dos judeus da diáspora quanto numa interpretação tolerante da tradição religiosa judaica. Josefo quer demonstrar que os judeus melhores, e que são fiéis à própria lei religiosa, partilham da opinião romana. Para fazer tal coisa, ele precisa equiparar implicitamente, a partir de um ponto de vista específico, o Deus dos judeus ao das outras religiões. Esse é um ponto que não pode ser negligenciado. Não deve passar despercebido o fato de que Josefo considera *theòs,* Deus, tanto o deus dos judeus como o deus das religiões assim chamadas politeístas. O que se afirma sem justificações explícitas é realmente ainda mais significativo do que o que é justificado. A constatação da diversidade é um elemento característico da reflexão do mundo antigo, e Josefo simplesmente a repete. Ele a utiliza para defender o direito judaico à diversidade. Mas essa reivindicação expõe logo o problema da convivência dentro do império. Daqui nasce a tentativa de encontrar um elemento comum a todas as religiões e leis tradicionais. Com essa tentativa, Josefo aborda o problema inevitável para aqueles que querem salvar tanto a diversidade quanto a convivência política. Josefo afirma que todas as tradições, justo na medida em que observam de modo fiel suas leis e a própria religião diversa, convergem no objetivo da justiça e da salvação da vida do homem. Mas é exatamente na identificação de um elemento comum que um princípio externo a todas as tradições se transforma em critério de juízo e norma para elas: a justiça, a vida humana. Esses valores não podem não ser definidos e, assim, cria-se inevitavelmente um outro elemento, por mais elementar e simples que seja, que ultrapassa todas as tradições particulares. E esse elemento comum não pode deixar de ter uma conotação cultural e histórica. Mesmo quando se busca encontrar o universal no particular, permanece o problema de definição de uma definição universal que seja externa ao particular. No caso de Josefo, poderia tratar-se do direito romano, ou da filosofia estoica, ou então da tradição bíblica, que se mostram profundamente relacionados. Para uma interpretação correta, será necessário lembrar que em Josefo há sempre um duplo nível de reflexão: o que se pode colocar em comum com os não judeus e o que é próprio e somente dos judeus. Para Josefo, o que se mostra justo e positivo nas religiões não hebraicas depende provavelmente de uma influência da parte hebraica que se deu na antiguidade, de modo que, ao final, Josefo jamais opera uma redução da religião hebraica às outras e uma recondução dessas a uma base político-filosófica comum. Todavia, a verdade é que ele tem grande consideração e apreço pelo ordenamento jurídico romano e pelos valores das outras religiões.

Creio que se pode afirmar que a difusão das comunidades hebraicas nas diversas partes do mundo antigo bem antes do início da era cristã contribuiu claramente para reforçar os ideais e as práticas da tolerância e da liberdade religiosa. Para poder sobreviver, o judaísmo exigia realmente uma garantia jurídica especial. A luta dos judeus para conseguir essa garantia nas diversas partes do mundo antigo contribuiu para fortalecer as práticas e os ideias de tolerância. O quanto o monoteísmo hebraico cedeu por motivos práticos a uma situação de inelutável pluralismo religioso e quais são os limites da tolerância ou da intolerância que cada autor ou texto hebraico dos primeiros séculos da nossa era implica inevitavelmente, é uma questão que não quero abordar aqui.

5.3. Cassiodoro e os judeus: provisões políticas e reflexão teológica. Das *Variae* ao *Comentário aos salmos*

5.3.1. *"Não podemos impor uma religião, porque ninguém está obrigado a crer contra sua vontade"*[31]

Entre os principais testemunhos sobre os judeus na era de Teodorico, vamos encontrar algumas de suas cartas, conservadas nos *Variarum libri duodecim*, de Cassiodoro[32]. Nessa obra[33] vamos encontrar quatro episódios

---

31. "Religionem imperare non possumus, quia nemo cogitur ut credat invitus."
32. Cassiodoro, F. M. A., *Variarum libri XII*, Fridh, A. J. (ed.), "CCSL", 96, Turnhout, Brepols, 1973.
33. Sobre as *Variae* de Cassiodoro e sobre ele próprio, consultei: Zimmermann, O. J., *The late latin vocabulary of the Variae of Cassiodorus, with special advertence to the tecnical terminology of administration*, "SMNRL", 15, Washington DC, Catholic University of Ame-

que se referem aos judeus e um aos samaritanos. Todos se desenrolam entre os anos de 509 e 526, envolvendo comunidades situadas em diversas cidades: Gênova no ano de 509 e 511; Roma por duas vezes, provavelmente sempre no ano de 511 (uma vez por causa do incêndio de uma sinagoga e uma vez em função de uma controvérsia entre católicos e samaritanos para a posse de uma ex-sinagoga); em Milão, enfim, em 526[34]. A mim, chamou a atenção o primeiro episódio genovês.

---

rica Press, 1944; Krautschick, S. *Cassiodor und die Politik seiner Zeit*, Bonn, Habelt, 1983; Viscido, L. *Studi sulle Variae di Cassiodoro*, Soveria Mannelli (CZ), Rubberttino, 1987; Fridh, A. J., *Terminologie et formules dans les Variae de Cassiodore. Études sur le développement du style administratif aux derniers siècles de l'antiquité*, Stockholm, Studia graeca et Latina Gothoburgensia, 1956; Mommsen, Th., Ostgotische Studien, in: *Gesammelte Schriften 6. Historische Schriften*, Berlim, Reimer, 1910, 362-484; Rugini, L., Società provincial, società romana, società bizantina in Cassiodoro, in: Leanza, S. (ed.), *Atti della settimana di studi su Flavio Magno Aurelio Cassiodoro*, Soveria Mannelli (CZ), Rubbettino, 1986, 245-261; Mazza, M., La historia tripartite di Flavio Magno Aurelio Cassiodoro Senatore. Metodi e scopo, in: Leanza, S. (ed.), *Atti della settimana di studi su Flavio Magno Aurelio Cassiodoro*, op. cit., 210-244.

34. Sobre os judeus na Antiguidade cristã e sobretudo nos séculos que vão do IV ao VI, cf. Blanchetière, F. La législation antijuive de Théodose II, in: *Ktèma*, 6 (1981) 125-129; Blumenkranz, B., *Die Judenpredigt Augustins. Ein Beitrag zur Geschichte der jüdisch-christlichen Beziehungen in den ersten Jahrhunderten*, Basel, Von Helbing und Lichtenhan, 1946 (Basler Beiträge zur Geschichtswissenschaft); Id., Augustin et les juifs; Augustin et le judaïsme, in: *Recherches Augustiniennes*, 1 (1958) 225-241; Id., *Juifs et chrétiens dans le monde Occidental (430-1096)*, Paris, Mouton, 1960; Id. *Les auteurs chrétiens latins du Moyen Age sur les juifs et le judaïsme*, Paris, Mouton, 1963; Bori, P. C. *Il vitello d'oro*, Torino, Boringhieri, 1981; Ferorelli, N. *Gli ebrei nell'Italia meridionale dall'età romana al secolo XVIII*, Bologna, Arnaldo Forni, 1966; Juster, J., *Les juifs dans l'empire romain*, vol. I, Paris, Geuthner, 1914; Limor, O.; Stroumsa, G. G. (ed.), *Contra judaeos. Ancient and medieval polemics between Christians and jews*, Tübingen, Mohr Siebeck, 1996; Lugaresi, L. (ed.), *Gregorio di Nazianzo. La morte de Giuliano l'apostata. Orazione V*, Firenze, Nardini, 1997, 27-51; Pesce, M.; Simonetti, M. (ed.), La Bibbia nella polemica antiebraica, in: *Analli di storia dell'esegesi*, 14,1 (1997); Rabello, A. M., *Giustiniano, ebrei e samaritani alla luce delle fonti storico-letterarie, ecclesiastiche e giuridiche*, 2 vol. Milano, Giuffrè, 1987 e 1988; Ruggini, L., Ebrei e orientali nell'Italia settentrionale fra il IV e il VI secolo d.C. in: *Studia et documenta historiae et juris*, 25 (1959) 180-308; Id., *Economia e società nell'Italia annonaria. Rapporti fra agricoltura e commercio dal IV ao VI secolo d.C.* Milano, Giuffrè, 1961; Id., Pagani, ebrei e cristiani. Odio sociologico e odio teologico nel mondo antico, in: *Gli ebrei nell'Alto medioevo I, XXVI settimana di studi sull'Alto medioevo*, Spoleto, CISAM, 1980, 15-101; Id., Tolleranza e intolleranza nella società tardo-antica. Il caso degli ebrei, in: *Ricerche di storia sociale e religiosa*, 23 (1983) 27 ss.; Saitta, B., I giudei nella Spagna visigota da Recaredo a Sisebuto, in: *Quaderni catanesi di studi classici e medieval*, 2 (1980) 221-263; Sharf, A., *Byzantine jewry from Justinian to the fourth crusade*, London, Routledge & Kegan Paul, 1971, 19-41; Simon, M., *Verus Israel. Étude sur les relations entre chrétiens et juifs dans L'Empire Romain*, BEFAR, 166, Paris, de Boccard, 1948; Smallwood, B. M., *The jews under Roman rule from Pompey*

A restauração de uma sinagoga em Gênova em 509

A carta 27 do livro segundo da *Variae* é endereçada de Teodorico aos judeus de Gênova e pode ser datada entre 507 e 511, provavelmente por volta de 509[35]. Eis o texto:

> O rei Teodorico, a todos os judeus que estão em Gênova.
> Uma vez tendo sido consultados, desejamos exprimir nosso consentimento, mas não gostamos que haja infrações da lei por causa dos nossos benefícios, sobretudo no que se refere ao culto a Deus. Por isso, aqueles que estão privados da graça divina que não se atrevam a manifestar insultos. Por esse motivo, defendemos que com a presente decisão coloqueis apenas nas paredes de vossa sinagoga uma proteção para as paredes, concedendo uma permissão a vossos pedidos, na medida em que o permitem as leis do império. E que não seja permitido acrescentar ornamentos ou tentar ampliar o edifício. E se não vos absterdes de comportamentos ilícitos, experimentareis que não é possível fugir da severidade da antiga sanção. Damos permissão apenas no que se refere à cobertura das paredes e seu reforço, e não vos pode faltar uma prescrição por trinta anos. Por que desejais aquilo de que deveríeis fugir? Assim permitimos, mas desaprovamos com razão a aspiração daqueles que permanecem no erro: não podemos impor a religião, porque ninguém está obrigado a crer contra a sua vontade[36].

---

to Diocletian, Leiden, Brill, 1976, 235-250; VOGLER, CH., Les juifs dans le code Téodosien, in: Le BRUN, J. (ed.), *Les chrétiens devant le fait juif. Jalons historiques* Paris, Beauchesne, 1979, 35-75 (Le point théologique, 33); WILKEN, R., The jews and Christian apologetics after Theodosius' Cunctos populos, in: *Harvard theological review*, 73 (1980) 451-471.

35. Cf. KRAUTSCHICK, *Cassiodor und die Politik seiner Zeit*, op. cit., 65, nota 1.

36. "Universis iudaeis genua consistentibus theodericus rex. Sicut exortati iustum cupimus praebere consensum, ita per nostra beneficia fraudes fieri legibus non amamus, in ea parte precipue, in qua divine reverentiae credimus interesse. Non ergo insultare videantur elati, divinitatis gratia destituti. Quapropter tegumen tantum vetustatis parietibus superimponere synagogae vestrae praesenti uos auctoritate censemus, petitionibus vestris aetenus licentiam commodantes, quatinus constituta divalia permiserunt. Nec aliquid ornatos faz sit adicere vel in ampliandis sedibus evagari. Et noueritis vos severitatem minime defugere veteris sanctionis, si rebus non abstinetis illicitis. In ipsis vero parietibus cooperiendis vel fulciendis tantum licentiam damus, si vobis tricennalis non potest obesse praescriptio. Quid appetitis, quae refugere deberetis? damus quidem permissum, sed errantium votum laudabiliter improbamus: religionem imperare non possumus, quia nemo cogitur ut credat invitus."

Primeiramente, não se deve desprezar o quadro ideológico-religioso. A carta começa logo com a imediata declaração de que a permissão para os pedidos só poderá ser concedida na medida em que for justo, e que as concessões régias não pretendem encorajar qualquer desobediência às leis. Fica clara, assim, a impressão desagradável de que se quer limitar minimamente os pedidos dos destinatários judeus. Depois, declara-se que: "Assim, os que estão privados da graça divina que não se atrevam a manifestar insultos". O presumido erro religioso dos judeus tem como consequência sua subordinação social e uma postura de submissão. Não se admitirá soberba por parte dos judeus. Na parte final da carta se mostra claramente a posição religiosa: "Por que desejais aquilo de que deveríeis fugir?"[37] O sentido da frase expressa uma reprimenda aos judeus: eles procuram proteção no que diz respeito à sinagoga, a qual porém não deveria ser objeto de sua preocupação, mas de sua recusa, se, como devido, aderissem à verdadeira religião. Em suma, a carta busca exprimir explicitamente o contraste que sente de forma muito viva seu redator. Por um lado, os judeus pedem aquilo que está em contraste com a verdadeira religião, por outro, o poder político concede aquilo que à luz da verdadeira religião não deveria ser concedido. Para deixar isso claro, o texto procura explicitar a motivação teórica que contém a contradição candente: "não podemos impor a religião, porque ninguém está obrigado a crer contra a sua vontade"[38]. A autoridade política que deveria criar obstáculos à religião hebraica ("desaprovamos justo as aspirações daqueles que permanecem no erro") não pode obrigar a abraçar a verdadeira fé. De maneira surpreendentemente clara, com essa frase acaba-se formulando a motivação do comportamento político-religioso de Teodorico. Uma motivação teórica que busca superar a tensão entre direito e ideal religioso cristão (que desejaria a conversão dos judeus e a contenção máxima de sua religião). Ao final, tentarei retomar esse enunciado. Por ora, porém, temos de recordar que, apesar da concessão da garantia de trinta anos de respeitar os direitos adquiridos precedentemente, Teodorico não permite que amplie a sinagoga, mas apenas uma restauração. Seu posicionamento é bastante restritivo ("concedendo uma

---

37. Sobre o comportamento cristão antigo a respeito dos judeus, cf. LIMOR, STROUMSA (ed.), *Contra judaeos*, op. cit. (cf. supra, nota 34).
38. Quem deu atenção a essa frase foi SAITTA, B., Religionem imperare non possumus. Motivi e momenti della politica di Teoderico il grande, in: *Quaderni catanesi*, 8 (1986) 63-88 (cf. também p. 86-87 e a nota 75); ID., La civilitas di Teoderico. Rigore amministrativo, tolleranza religiosa e recupero dell'antico nell'Italia ostrogota, Roma, L'Erma di Bretschneider, 1993 (Studia histórica, 128).

permissão a vossos pedidos, à medida que os permitem as leis do império"). Teodorico atém-se simplesmente às leis (*constituta*) dos imperadores precedentes[39]. Aqui não parece ficar clara qualquer postura particularmente favorável aos judeus.

Uma sinagoga samaritana de Roma (Variae 3,45)

A carta 45 do livro terceiro foi escrita por Teodorico a Arigerno, provavelmente em 522[40]. A carta apresenta um contraste evidente entre o teor do intento político-jurídico e a linguagem através da qual é apresentada. Muito embora se trate de uma minoria dentro da minoria, ou seja, de samaritanos, Teodorico não exclui que possa ser verdadeira e que, apesar das aparências, a casa em questão possa realmente ter sido anteriormente uma sinagoga. Nesse caso, será preciso que Arigerno faça justiça. Por isso, o *rei* está pronto para defender um direito dos samaritanos em Roma que foi violado pela Igreja católica. Por isso, a linguagem denota claramente o contexto cultural e mostra o que significa socialmente a apresentação de uma querela samaritana contra a Igreja católica ou uma eventual solução da contenda a favor dos samaritanos. As duas hipóteses exigem que se respeite pelo menos formalmente a hierarquia social. A carta inicia deixando claro que se trata de calúnia e reforça essa informação na conclusão. Mas porque essas calúnias referem-se a um tema religioso é conveniente que sejam eliminadas. Transparece que a querela dos samaritanos é uma "ofensa à divindade" (*contumelia divinitatis*) e quando se afirma que pede proteção ao rei se vê logo que se trata da "superstição samaritana", enquanto o lado adversário é a "sacrossanta Igreja romana". Mas é bastante óbvio que se trata de fórmulas amplamente usadas e testemunhadas, e seu uso e arranjo não tiram seu significado social. O interesse está precisamente no contraste entre a defesa do eventual direito dos samaritanos e a necessidade de se exprimir a eles com uma forte linguagem depreciativa, tanto voltado à natureza de sua identidade de grupo ("superstição", "descaramento"[41]) quanto à provável natureza caluniosa (*"calumniae"*, *"contumélia"*) de seu protesto. Como pano de fundo da carta vemos uma tensão entre ordem social religiosa e direito. Mesmo que o ato do rei esteja plenamente favorável

---

39. Cf. Fridh, *Terminologie*, op. cit., 79.
40. Ruggini, *Ebrei e orientali nell'Italia Settentrionale fra il IV e il VI secolo d.C.*, op. cit., 207 e nota 54.
41. "Superstitio, improba fronte."

ao segundo, ou seja, ao direito, a linguagem com que se exprime é favorável ao primeiro, isto é, à ordem social desejada pela religião cristã.

À comunidade hebraica de Gênova são reassegurados os direitos precedentes (*Variae* 4,33)

A carta 33 do livro IV foi escrita aos judeus de Gênova por Teodorico em 511[42]. Aparentemente, o pedido dos judeus da cidade era que se deveria conservar a eles os privilégios concedidos pela legislação romana precedente ("quanto se decretara nas leis previdentes antigas a respeito dos costumes judaicos"[43]). De fato, Teodorico estabelece que "tudo que foi estabelecido pelas disposições legais sobre vocês que seja conservado sem modificações"[44]. Uma primeira questão diz respeito ao significado que se deve atribuir aos "instituta" (costumes, normas) dos judeus, que parecem ser os destinatários dos privilégios[45]. Mas não fica claro sobretudo o contexto de seu pedido. Sabemos pela carta precedente que afirmava que eles tinham tido problemas em ver reconhecido o direito de ampliar sua sinagoga e que também Teodorico tinha encontrado dificuldade em concordar com isso. Isso, e o próprio fato de apelar ao rei, implica a existência de uma tensão em Gênova no que diz respeito aos judeus. Mas aqui nos parece que os contrastes se situam no nível das autoridades públicas genovesas e não das populares. Parece que os judeus encontram dificuldade para serem reconhecidos pelas autoridades locais, tanto eles quanto os privilégios já estabelecidos pelo direito romano precedente. O fato de Teodorico demorar-se sobre a conservação das leis precedentes e que essa justificação ocupe mais da metade da carta indica como havia uma dificuldade por parte das autoridades políticas genovesas em reconhecer esses direitos pretendidos pelos judeus. A explicação pode ser encontrada na carta enviada dois anos anteriores. Nela, Teodorico afirmava a necessidade de ater-se aos direitos já estabelecidos precedentemente pelo direito romano, sem conceder nem mais nem menos. Em suma, aquela carta permitia aos judeus lançar mão

---

42. KRAUTSCHICK, *Cassiodor und die Politk seiner Zeit*, op. cit., 65.
43. "Quae iudaicis institutis legum provida antiquitas decrevit". Em particular "provida antiquitas" é expressão típica de Cassiodoro (*Variae* 4,19,5; 4,33,10; 4,35,2; 6,21,2; 7,10,2; 7,47,30; 9,18,2; 11,35,15).
44. "Ut quaecumque legum statuta moverunt circa vos illibata serventur."
45. Cf. a distinção entre "hebraicae institutiones" e "lex" in: AGOSTINHO, *Contra Faustum*, 22,2,24.

dos direitos do passado, mas continha nada mais que um reconhecimento indireto. Deve ter surgido então uma intriga que agora é esclarecida por Teodorico. Nessa segunda carta, portanto, o verdadeiro interlocutor não são os judeus, mas a autoridade pública genovesa. É a ela que ele se dirige de fato quando afirma que o respeito do direito precedentemente sancionado é um ato de reverência para consigo: "a defesa das leis é um indício de civilidade e o respeito dos princípios precedentes é testemunho de devoção também para conosco"[46]. Com o aumento da ocupação de postos de responsabilidade política por parte dos cristãos, os direitos que os judeus haviam conquistado durante o império romano eram cada vez mais escassos. Os judeus tentavam resistir a esse processo apelando para a autoridade suprema. E nisso, então, são apoiados por Teodorico.

Em Roma, escravos cristãos assassinam patrões judeus e são condenados. Segue-se um incêndio de sinagogas (Variae 4,43)

Como consequência da condenação de escravos cristãos que assassinaram seus patrões judeus surgiu um tumulto que culminou no incêndio de uma sinagoga. Os judeus de Roma haviam se dirigido ao conde Arigerno e este a Teodorico, que escreve ao senado da cidade de Roma provavelmente em 511[47]. Fica difícil perfilar a fisionomia exata da contenda. Parece ser um confronto social (empregados contra patrões). Também parece que os culpados do homicídio tenham sido punidos, e por isso tenha nascido uma revolta popular que culminou no incêndio da sinagoga. Como havia muitas em Roma, deveria tratar-se daquela a que pertenciam os patrões dos escravos. Teodorico parece temer uma expansão da violência pública contra os judeus: "A fim de que ao ver o incêndio provocado não acabe surgindo uma imitação nefasta nos corações do vulgo [...] não queremos que surja algo detestável de que se possa depois acusar a dignidade romana"[48]. O aceno ao vulgo deixa transparecer uma hostilidade da massa contra os judeus. A postura de Teodorico, aqui, é de proteger os judeus, assegurando o respeito do direito de ambas as partes contendentes. Ademais, não sabemos como o senado colocou em prática as diretivas do rei.

---

46. "Custodia legum civilitatis indicium et reverentia priorum principum nostrae quoque testatur devotionis exemplum."
47. Sobre a datação, cf. Krautschick, *Cassiodor und die Politik seiner Zeit*, op. cit., 68.
48. "Ne detestabiilis aspectus incendii ad imitationem nefandam uulgi pectora comprehendat [...] nolumus aliquid detestabile fieri, unde romana grauitas debeat accusari."

A incerteza sobre a real situação do fato deixa espaço para interpretações. Parece-me difícil negar que esse episódio manifeste uma tensão popular anti-hebraica nos extratos sociais inferiores da população. Trata-se de uma tensão que pode degenerar posteriormente em episódios anti-hebraicos de massa. Um segundo elemento claro é que os judeus de que se trata aparecem aqui como pertencentes a classes bem abastadas. Esse fato foi sublinhado por Bernhard Blumenkranz[49]. É preciso evitar, porém, simplificar as coisas: abastados eram apenas aqueles judeus que detinham escravos, não todos os judeus romanos. Um terceiro elemento é a clara diferença social dos judeus na percepção e no imaginário do resto da população. É claro que se pode discutir o grau diferenciado de integração, defendendo como faz Blumenkranz que os judeus não se distinguissem de maneira especial por seus hábitos, língua, artes e profissões[50]. Mas permanece o fato de que, apesar da integração, eles eram vistos como um grupo alheio, etnicamente individual (se por *ethnos* se compreender também o conjunto da cultura própria de um grupo social). O problema aqui é se a tensão anti-hebraica possa ser devida apenas à contingência, isto é, por exemplo, à "política de abertura comercial empreendida por Teodorico"[51] ou antes se trate de uma tendência já de certo modo endêmica na população cristã. Qualquer que seja a origem, a tensão anti-hebraica parece já estar difundida então na população cristã, também em outras regiões da Itália. Essa tensão fica clara também para além das obras de Cassiodoro, uma obra que nos remete a um episódio basicamente na mesma época. O anônimo Valesiano conta, por exemplo, o fato, célebre e muito discutido, do incêndio de algumas sinagogas em Ravena[52].

---

49. BLUMENKRANZ, B. *Juifs et chrétiens dans le monde occidental (430-1069)*, Paris-La Haye, Mouton & Cle, 1960; ID., Augustin et les juifs, Augustin et le judaisme, in: *Recherches augustiniennes*, I (1958) 225-241; ID., *Juifs et chrétiens, patristique et Moyen Age*, Londres, Ashgate, 1977.

50. BLUMENKRANZ, *Juifs et chrétiens dans le monde occidental*, op. cit.

51. SIRAGO, V., I Goti nelle Variae di Cassiodoro, in: LEANZA (ed.), *Atti della settimana di studi su Flavio Magno Aurelio Cassiodoro,* op. cit., 192.

52. Anonimo Valesiano XIV,81-82 (MGH AA IX,1: *Chronica minora*, 326); SOMEKH, A. Teoderico e gli ebrei di Ravenna, in: CARILE, A. (ed.), *Teoderico e i goti tra Oriente e Occidente*, Ravenna, Longo, 1995, 137-149.

Sinagogas danificadas em Milão (*Variae* 5,37)

No ano de 526[53], Teodorico responde com a carta 37 do livro V[54] a reiterados pedidos dos judeus de Milão requerendo sua proteção (*tuitio*). Por fim, o rei decide concedê-la[55]. Os pedidos referem-se a dois temas. O primeiro é que os judeus são objeto de maus-tratos (*praesumptione laceratos*). O segundo é que os direitos que eles têm em relação à sinagoga não são respeitados (*quae synagogam vestram pertinent perhibetis iura rescindi*). Teodorico concede a própria proteção no que diz respeito "àquilo que compete de direito à vossa sinagoga"[56]. Os privilégios são reconhecidos e protegidos por trinta anos. Quem deve atentar para os privilégios que o direito romano assegurara aos judeus no que diz respeito às sinagogas são inequivocamente os eclesiásticos. Teodorico adverte-os em dois aspectos: a) "nenhum eclesiástico poderá infringir com atos de violência o que compete de direito à vossa sinagoga"; b) "nem se ocupe de vossos afazeres com aspereza inoportuna"[57]. Os eclesiásticos milaneses são convocados a portarem-se discretamente não apenas no respeito à religião (*religionis cultu*), mas também nas relações humanas (*actuum conversatione*). O ponto fundamental é que tanto aqui quanto em Gênova são colocados em discussão os direitos adquiridos pelos judeus. A situação que se delineia parece ser a seguinte: depois das restrições feitas por Teodósio II e da queda do império, parece que a tendência eclesiástica começou a se fortalecer na Itália setentrional, limitando os direitos adquiridos pelos judeus no império romano, uma tendência que será sancionada logo através da publicação do *Codex Iustinianus* (que surge entre 526 e 534). A época de Teodorico parece ser um intervalo no qual os antigos privilégios não só são protegidos pelo rei até onde isso é possível, mas são inclusive ampliados. Mas essa tendência se vê cada vez mais ameaçada. É bastante interessante observar os contornos religiosos dessa decisão específica de Teodorico. A carta começa com uma justificação religiosa do ato do rei: os benefícios da

---

53. Essa é a datação de Krautschick, *Cassiodor und die Politik seiner Zeit*, op. cit.

54. A carta é datada de Teoderico e Cassiodoro, que nesse momento é *magister officiorum*.

55. Zimmermann, *The late latin vocabulary*, op. cit., 254: "Tuitio, the legal protection given to individual persons by the gothic king against aggressors. This protection was granted directly by the king and appeared in two forms, adversus gothos illa, adversus romanos illa (*Variae*, 7,39: *formula tuitionis*)".

56. "Quae synagogae vestrae iure competunt."

57. a) "nullus ecclesiasticus, quae synagogae vestrae iure competunt, violentia intercedente pervada"; b) "nec vestris se causis importuna acerbitate permisceat".

justiça (*beneficia iustitiae*) não podem ser negados sequer àqueles de quem se sabe ainda estarem na fé[58]. E isso para obedecer a uma visão ideal precisa, a manutenção da *civilitas*. Mas há um outro objetivo dessa proteção benigna da lei, a saber, conduzir os judeus à conversão: "e, assim, aqueles que buscam obter a justiça humana, experimentando o sabor das coisas boas, comecem a meditar sobre o juízo divino"[59]. A conclusão da carta retoma o mesmo tema: "concedemos o que nos pedis, mas por que, judeu, estás a pedir a tranquilidade temporal quando não podes encontrar a paz eterna?"[60] A proteção poderia também não ser concedida. Não passa de um gracioso ato de benevolência. Mas isso implica também outra consequência, dessa vez polêmica, em relação aos eclesiásticos anti-hebraicos: não é com a violência que se poderá levar os judeus à conversão, mas com a concessão da justiça e do direito. O modelo da moderação religiosa é proposto a católicos e judeus. Não só os eclesiásticos devem se comportar civil e moderadamente, mas também os judeus não devem prevaricar, buscando "violar sem civilidade" direito e pessoas da Igreja[61]. Também aqui fica patente a tensão entre ideal religioso, que desejava que os judeus ocupassem uma posição politicamente subordinada, e direito romano, que garantia a liberdade, tensão que encontra uma mediação operada à luz da ideia da *Civilitas*[62]. Agora podemos retornar à frase que encerrava o primeiro texto examinado das *Variae*: "Não podemos impor a religião, porque ninguém pode ser obrigado a crer contra a própria decisão". Apesar da beleza da formulação, não nos devemos deixar enganar em virtude de uma leitura

---

58. "Nec illis qui adhuc in fide noscuntur errare."
59. "Atque ideo discant rerum bonarum suavissimum saporem ut, qui humanam iustitiam nituntur quaerere, sollicitudinis incipiant divina iudicia cogitare."
60. "Concedimus quae rogastis, sed quid, iudaee, supplicans temporalem quitem quaeris, si aeternam réquiem invenire non possis?"
61. "Nec vos quod ad praefatas ecclesiae ius vel personas legibus pertinere constiterit, inciviliter atrectare temptatis."
62. À qual se oporia uma eventual ação de contraofensiva conduzida *inciviliter*. Sobre o ideal da *civilitas* em Teoderico, cf. recentemente REYDELLET, M., Théodoric et la civilitas, in: CARILE (ed.), *Teoderico e i goti tra Oriente e Ocidente*, op. cit., 285-296: "La civilitas est le respect de la légalité et de la légitimité". Reydellet defendeu que o princípio da *Civilitas*, longe de promover uma fusão entre os diversos grupos da sociedade italiana, buscava mantê-los separados: "Un principe limitatif de la fusion entre romains et germains. Elle souligne en effet l'idée que Théoderic règne sur deux catégories des sujets don't chacune a sa tâche propre" (ibid.) Mas Reydellet, como a maioria dos pesquisadores, esquece totalmente que existiam também os judeus. Um grande lapso. No caso dos judeus, o respeito às leis tradicionais não significa de fato uma igualdade de direitos com os cristãos, mas coincide com a reafirmação da sua posição subordinada.

pouco histórica. Essa frase não é interpretada no sentido das doutrinas da tolerância, elaboradas entre o final do século XVII e o início do XIX. Ela não busca, portanto, estabelecer uma paridade entre todas as religiões e confissões religiosas com relação ao Estado, como compreendia John Locke em sua *Carta sobre a tolerância*. A religião hebraica só é tolerada na base dos direitos adquiridos pelas comunidades hebraicas singulares, na sequência de decisões imperiais precedentes. Mas isso não busca assegurar a igualdade jurídica dos judeus e dos cristãos, nem da religião hebraica com relação à cristã. Ao contrário, aquela declaração de princípio busca assegurar que, numa situação de desigualdade reconhecida e aprovada, os judeus não sejam obrigados a converter-se contra sua vontade. De um ponto de vista teórico e de princípio, a religião hebraica não deveria ser permitida, todavia o próprio cristianismo impede que se converta à força quem não quer crer. Por outro lado, os direitos adquiridos pelas comunidades hebraicas em eras precedentes não são ampliados. As autoridades locais parecem, inclusive, ignorá-los. É só a autoridade suprema que, de vez em quando, assegura o respeito a solicitações dos interessados.

5.3.2. "Cum divinitas patiatur diversas religiones esse, nos unam non audemos imponere"

Se prescindirmos do problema da origem ou dos antecedentes do enunciado de Cassiodoro, se nos apresenta então um outro texto paralelo das *Variae*, mesmo que trate de um problema de tolerância religiosa dentro do cristianismo. Estamos em 535[63] e Cassiodoro, *praefectus praetorio*, redige uma carta de Deodato a Justiniano, sobre o caso de Ranilda, uma goda convertida do arianismo à Igreja católica. Deodato quer assegurar a Justiniano que Ranilda será protegida e que ele desautoriza aqueles que agem de outro modo. Ranilda não tem de que se arrepender de sua conversão: "para que não se arrependa de ter mudado de religião"[64]. A justificação que ele alega é, portanto, bem articulada e de importância bastante significativa:

> Não presumimos poder julgar sobre esses argumentos pois não dispomos de um mandato específico sobre eles. De fato, visto que a divindade tolera

---

63. KRAUTSCHICK, *Cassiodor und die Politik seiner Zeit*, op. cit., 95.
64. "Ut tali facto eam non paeniteret mutate religione." Cf. WOLFRAM, H., *Storia dei goti*, Roma, Salerno Editrice, 1985, 560: No volume, o autor apresenta o quadro jurídico que permeava a "passagem de uma religião à outra; a via não era de mão única, mas foi percorrida mais pelos godos do que pelos romanos".

a existência de diversas religiões, nós não ousamos impor uma única. Acreditamos de fato ter lido que devemos apresentar livremente sacrifícios a Deus, não porque alguém nos comande e nos obrigue a tal. E se qualquer um ousar agir de outro modo se opõe claramente às ordens celestes[65].

Primeiramente, formula-se uma teoria geral que justifica a liberdade da religião. Trata-se de uma teoria teológica e não jurídica no sentido de que não está baseada na história do direito: é o próprio deus que defende a existência de diversas religiões. De modo que o poder político não pode impor uma só religião: "visto que a divindade tolera a existência de religiões diversas, nós não ousamos impor uma única"[66]. Em segundo lugar, esclarece-se a fundamentação teórica desse enunciado: a Deus devemos prestar culto de modo livre e não comandados por alguém que nos obrigue a tal. Nas cartas que examinamos anteriormente, Teodorico garantia proteção aos judeus com base no direito romano precedente. Ora, a justificação, ao contrário, não é extraída do direito romano, mas da própria Bíblia.

5.3.3. À busca de uma justificação bíblica

O próprio verbo *legimus* deixa entrever a referência a um texto bíblico. Não se deve deixar passar ao alto, porém, que a frase "devemos apresentar sacrifícios a Deus de modo livre"[67] é tirada do Salmo 54, que no versículo 8 recita: "De bom grado te oferecerei sacrifícios; Senhor, celebrarei o teu nome, pois ele é bom... e eu olho com desdém para os meus inimigos"[68]. No *Comentário aos Salmos*[69], redigido em Constantinopla no período que

---

65. "Earum siquidem rerum iudicium non praesumimus, unde mandatum specialiter non habemus. Nam cum divinitas patiatur diversas religiones esse, nos unam non audemos imponere. Retinemos enim legisse nos voluntarie sacrificandum esse domino, non cuiusquam cogentes imperio: quod qui aliter facere temptaverit, evidenter caelestibus iussionibus obviavit".
66. "Cum divinitas patiatur diversas religiones esse, nos unam non audemos imponere."
67. "Nos voluntarie sacrificandum esse domino."
68. "Voluntarie sacrificabo tibi et confitebor nomino tuo, Domine, quoniam bonum est."
69. Sobre a *Expositio Psalmorum*, cf. O'Donnell, J. J., *Cassiodorus*, Berkeley-Los Angeles (CA)-Londres, University of California Press, 1979; Schlieben, R. *Cassiodors Psalmenexegese. Eine Analyse ihrer Methoden als Beitrag zur Untersuchun der Geschichte der Bibelauslegung der Kirchenväter und der Verbindung christlicher Theologie mit antiker Schulwissenschaft*, Göppingen, Kümmerle, 1979; Id., *Christliche Theologie und philologie in der Spätantike. Die Schule wissenschaftlichen Methoden der Psalmenexegese Cassiodor*, Berlim-New York, de Gruyter, 1974; Hahner, U., *Cassiodors Psalmenkommentar. Sprachliche Untersuchungen*, München,

vai de 540 a 550[70], Cassiodoro irá retomar por seis vezes o versículo, 5 no comentário ao próprio Salmo 54, mas sempre com intenção especificamente espiritual, e não utilizando o salmo para assegurar uma forma de tolerância religiosa. Cassiodoro retoma esse versículo também ao comentar o Salmo 71 para destacar que Jonadabe[71] "servia a Deus com um desejo, sem ser constrangido, como está escrito 'voluntariamente farei sacrifícios a ti'"[72]. Também aqui o uso da expressão "sem ser constrangido" (*incoacto desiderio*) significa "não comandado por alguém que nos constrange" (*non cuiusquam cogentes imperio*) e o "ninguém está obrigado a crer contra a própria decisão" (*nemo cogitur ut credat invitus*) da carta de 511. Na realidade, em muitos aspectos Cassiodoro depende de Agostinho, que nos *Enarrationes in Psalmos*, comentando o Salmo 71, atribuído à tradução grega Septuaginta aos filhos de Jonadabe, transmitira a interpretação do nome que vamos encontrar também em Jerônimo[73]: "Ionadab, significa: espontâneo de Deus" (*Ionadab: domini spontaneus*):

> O salmo é dos filhos de Jonadabe. Cujo nome significa "espontâneo de Deus", porque é necessário servir a Deus com vontade espontânea, isto é, boa, pura, sincera e perfeita, não com o coração mentiroso, o que vem indicado também naquela passagem onde se diz: farei sacrifícios a ti voluntariamente[74].

Agostinho escreve "non ficto corde dominus serviendum est". Em seu comentário ao Salmo 71, Cassiodoro corrige "deo incoacto desiderio serviebat", isto é, introduz o tema do constrangimento que não está no texto agostiniano. Se depois formos ler, ainda nas *Enarrationes in Psalmos*, no comentário agostiniano ao Salmo 54, veremos que também naquele caso falta qualquer interpretação política da frase "voluntarie sacrificabo tibi".

Arbeo Gesellschaft, 1973; WALSCH, P. G. *Cassiodorus. Explanation of the Psalms, translated and annotated*, vol. III: Psalms 101-151[Psalms 102 (101)-150], New York-Mahwah (NJ), Paulist Press, 1991; ADRIAEN, M. (ed.), *Magni Aurelii Cassiodori Expositio Psalmorum*, Turnhout, Brepols, 1958 (CCSL, 97-98).

70. Sobre o período constantinopolitano de Cassiodoro e sobre as valências políticas do comentário aos salmos naquele contexto, cf. MAZZA, *La historia tripartita*, op. cit., 223-229.

71. Sobre Jonadabe, cf. 2 Reis 10,15-17; Jeremias 35,1-11.

72. "Deo incoacto desiderio serviebat, sicut scriptum est voluntarie sacrificabo tibi."

73. JERÔNIMO, *Liber interpretationis hebraicorum nominum*, Lagarde, 39,5.

74. "Filiorum ionadab psalmus est; quod nomen interpretatur domini spontaneus; quoniam spontanea, hoc est bona, pura, sincera et perfecta voluntate, non ficto corde dominus serviendum est; quod etiam illud indicat ubi dictum est: voluntarie sacrificabo tibi" (Sl 39).

É precisamente a equiparação com Agostinho que ressalta a diferença. Com Cassiodoro, a interpretação agostiniana do Salmo 54 e do Salmo 71 é modificada e ampliada, de modo que o texto bíblico possa adotar um significado político. Visto que *voluntarie* significa *incoacto desiderio*, e não só *non ficto corde* ou não *ex necessitate*, como compreendia Agostinho nas *Enarrationes*, sobre o Salmo 54 [§ 10, linha 34], pode-se afirmar que em Cassiodoro existe um fundamento bíblico no princípio segundo o qual não se pode obrigar ninguém a abraçar uma fé diferente daquela que se professa. É muito importante que a motivação da impossibilidade de impor um constrangimento pelo poder político seja motivada na necessidade de que o ato de fé corresponda a uma disposição espontânea da vontade, não obrigada por qualquer força externa. As palavras que exprimem essa convicção são inequívocas: "spontaneus", "voluntarie", "incoacto desiderio"; ao que se opõem "invitus", "imperare", "imponere". A consequência da teoria pela qual o ato de fé e a adesão a uma religião deve ser fruto de vontade livre é a postura do poder político. Também aqui as expressões literárias de que se serve Cassiodoro são sintomáticas: "imperare non possumus"; "non audemus imponere". Se o primeiro fundamento da teoria de Cassiodoro se encontra no "ninguém poderá ser constrangido a crer contra a própria decisão", existe, porém, um segundo fundamento distinto. Trata-se de uma teoria sobre o posicionamento de Deus em relação à pluralidade das religiões. É Deus que permite a diversidade religiosa: "a divindade tolera a existência de religiões diversas"[75]. A teoria político-religiosa apresentada por Cassiodoro e Deodato em 535 é diferente daquela que Cassiodoro e Teodorico apresentaram em 511. Naquele ano, dizia-se que não se pode impor uma religião a mando do soberano porque ninguém pode ser forçado a crer contra a vontade. Em 535, porém, se afirma que o próprio Deus permite a pluralidade das religiões, e por essa razão a autoridade política não pode impor uma única religião. No primeiro caso, a impossibilidade de constranger politicamente depende da natureza do ato de fé. A questão era se o poder político pode impor aos judeus a religião oficial cristã e, sobretudo, se é lícito ao poder político constranger os judeus a tornar-se cristãos. Por isso, aquele anunciado teórico, como já afirmei anteriormente, não fundamenta a liberdade de todas as religiões com relação ao Estado, como no pensamento tolerante e liberal moderno[76]. Na perspectiva de Cassiodoro

---

75. "Cum diunitas patiatur diversas religiones esse."
76. Sobre tolerância no mundo antigo, cf. LECLER, J., *Storia della tolleranza nel secolo della riforma*, 2 vol., Brescia, Morcelliana, 1967; GARNSEY, P., Religious Toleration in Classical An-

e Teodorico, as religiões e as respectivas formas associativas religiosas não são todas iguais frente à autoridade política suprema. Existe uma religião politicamente privilegiada ante as demais. Assim, os judeus, na medida em que negam o cristianismo, em princípio nem sequer teriam direito aos privilégios que lhes foram concedidos pelas autoridades do passado. O que lhes dá segurança são dois elementos. Primeiramente, o respeito da tradição jurídica precedente que lhes assegurara uma série de direitos. Em segundo lugar, o princípio teórico pelo qual não se pode aderir por coerção à fé a que todos deveriam aderir. Na segunda proposição, ao contrário, a de 535, o problema tem outras características. Afirma-se ali que a pluralidade religiosa dentro de uma sociedade é necessária na medida em que é quista pelo próprio Deus, e, por isso, o poder político não pode impor a todos uma única religião. Na realidade, a carta acrescenta como segunda motivação também a justificação feita em 511: de que a adesão a uma religião deve ser livre. Mas a presença dessa segunda motivação (que estabelece uma ligação entre as duas cartas, e muito provavelmente exprime o pensamento mais profundo de Cassiodoro) não nos deve permitir esquecer que a primeira motivação é bem distinta: o pluralismo religioso deve ser assegurado pelo soberano porque é permitido pelo próprio Deus[77]. Deve-se

tiquity, in: SHEILS, W. J. (ed.), *Persecution and toleration in classical antiquity*, Oxford, Oxford University Press, 1-27. Tem-se repetido muitas vezes, como afirma, por exemplo, François Paschoud, que "as noções de tolerância e de liberdade de consciência são exclusivamente modernas. Com a precisa nuance que essas têm no atual debate científico, não parecem ir além do Século das Luzes" (PASCHOUD, F., L'intolleranza cristiana vista dai pagani, in: BEATRICE, P. F., *L'intolleranza cristiana nei confronti dei pagani*, Bologna, EDB, 1990, 157). Mas me parece exagerada a afirmação de Paschoud que diz: "o pagão do século IV acabrunhado no exercício de sua religião não pode sequer conceber a ideia teórica da liberdade dos cultos" (loc. cit., 158): isso parece ser contradito por expressões como as de Símaco: "Quid interest qua quisque prudentia verum requirat? Uno itinere non potest perveniri ad tamgrande secretum" (*Relatio III*, 10). Cf. também PICOTTI, G. B., Osservazioni su alcuni punti della politica religiosa di Teodorico, in: CENTRO ITALIANO DI STUDI SULL'ALTO MEDIOEVO, *I goti in Occidente. Problemi*, Spoleto, Centro Italiano di Studi Sull'Alto Medioevo, 1956, 173-226, 235-262 (CISAM, 3).

77. Teresa Sardella apresentou uma interpretação historiográfica da postura de Teodorico nos confrontos sobre a tolerância religiosa no que tange à natureza das fontes e do comportamento político-religioso concreto de Teodorico no cisma laurenciano. As fontes (entre as quais também a passagem das *Variae* 2,27 precedentemente examinada), a seu ver, "não se pode excluir [...] que possam pertencer ao gênero da anedótica típica". Na passagem das *Variae* seria "o pensamento de Cassiodoro se sobressairia enormemente ao de Teodorico" (SARDELLA, T., *Società, chiesa e stato nell'età di Teodorico. Papa Simmaco e lo scisma laurenziano*, "Armarium", 7. Soveria Manneli, CZ, Rubertino, 1996, 126). Na realidade a análise ao *Comentário aos salmos* de Cassiodoro e da outra passagem das *Variae* que contém uma

atentar que formulações tão solenes como as de 535 tenham sido escritas numa carta endereçada a Justiniano, revelando assim seu peso e intenção políticos. No que diz respeito ao nosso tema, é verdade que a formulação se dá no contexto do confronto religioso intercristão, entre arianos e católicos e não entre cristãos e judeus, como aconteceu cerca de 25 anos antes. Mas também é verdade que as formulações de 511 (*religionem imperare non possumus quia nemo cogitur ut credat invitus*) são bastante parecidas, não deixando de encontrar na própria teologia o princípio justificativo da tolerância religiosa. Então Cassiodoro inspirava-se no direito romano e na *civilitas*. No ano de 526, a teoria da *civilitas* ainda ocupava o máximo espaço nas justificações teóricas, indiretamente endereçadas ao clero milanense. Agora, porém, Cassiodoro procura na própria Bíblia um apoio a sua teoria. E, por fim, conclui: "Se alguém se aventurar a agir de modo diverso, se opõe claramente às ordens celestes"[78].

Um comportamento político contrário seria contra os preceitos divinos expressos na Bíblia[79]. A razão pela qual Cassiodoro encontra uma justificação na Bíblia, ou seja, na vontade de Deus revelada, para o comportamento tolerante de seu soberano, está provavelmente no fato de que não era possível apelar a uma tradição jurídica de tolerância para com os assim chamados hereges. Mas a tradição jurídica, ao contrário, poderia ser invocada nos confrontos dos judeus aos quais, no passado, haviam sido assegurados direitos que se tratava de conservar agora. Nos confrontos com os hereges, ao contrário, era necessário recorrer a uma fonte de autoridade

---

afirmação teórica clara sobre tolerância religiosa e que Sardella não leva em consideração, permitem distinguir, ao que parece, muito claramente as duas perspectivas. Mas Sardella tem razão sobretudo quando mostra como, em seu comportamento concreto no que se refere às questões de caráter religioso, Teodorico "entrou no mérito alternando escolhas partidárias em benefício ora de um, ora de outro candidato, que vinham determinadas também em parte pelo poder de pressão de uma das duas facções, mas também da situação específica e das dificuldades que em determinado momento o governo godo na Itália teve de enfrentar em suas relações com o imperador" (loc. cit., 127). "A mistura entre questão religiosa [...] e os interesses do mundo laico até dentro da Igreja" (loc. cit., 129) é total. O episódio do diácono católico que se converteu ao arianismo para comprazer o rei e que Teodorico mandou matar é um outro caso que coloca em dúvida a linha de tolerância religiosa do rei. Por fim, o mesmo conceito de tolerância religiosa aplicado na época de Teodorico poderia ser discutido, segundo Sardella, opinião partilhada também por G. B. Picotti (op. cit., 126, n. 31, que cita Picotti, G. B., *Osservazioni su alcuni punti della politica religiosa di Teoderico*, op. cit., 180) e por muitos outros ainda.

78. "Quod qui aliter facere temptaverit, evidenter caelestibus iussionibus obviavit."
79. Que "coelestibus iussionibus" seja compreendido nesse sentido, fica esclarecido também pelo confronto com *Expositio* Ps 77, linha 81.

diferente. Estamos diante de uma evolução. Mas talvez não haja controvérsia. É justo a tradição do direito e o ideal da *civilitas* que permitem a Cassiodoro encontrar na Bíblia uma correspondência daquelas ideias, tentando assim resolver aquela tensão que se manifestara diversas vezes em suas cartas entre ideal religioso e direito. Parece-me bastante significativo que a teoria política que Cassiodoro busca trazer do Salmo 54 (e do título do Salmo 71) esteja ausente do comentário ao salmo em sua *Expositio psalmorum*, em que teria sido plausível encontrá-la. Assim, podemos lançar a hipótese de que essa teoria se desenvolve no contexto da política dos reis ostrogodos, mas não resiste na sequência[80]. Agora, temos de nos perguntar sobre a paternidade das ideias de liberdade religiosa que encontramos nas duas cartas redigidas por Cassiodoro para os reis, de quem era ministro, Teodorico antes e Deodato depois. Foram os reis ostrogodos que introduziram essa linha de tolerância religiosa, ou será que ela deve ser atribuída a Cassiodoro ou, ainda melhor, à tradição jurídica da qual ele deveria ser o guardião? Teodorico, que fora educado na corte bizantina, estava longe de ser um líder tolo e ignorante, incapaz de controlar seu ministro em questões de política religiosa[81]. O fato de, como ariano, pertencer a um grupo religioso distinto dos bizantinos e a uma etnia diferente dos ostrogodos tornava-o especialmente sensível à necessidade de salvaguardar os direitos dos diversos grupos. Ademais, a própria estrutura da dominação ostrogoda exigia a salvaguarda da identidade religiosa dos dominadores. O direito romano constituía a ossatura da tradição administrativa dos territórios italianos que ele mantinha em pé, garantindo assim o respeito dos direitos consolidados. Isso fornecia, ao mesmo tempo, uma base ideológica elevada para o seu domínio. As cartas do *Variae* que examinamos foram redigidas, é claro, por Cassiodoro, mas são obras de um ministro que serve de intermediário entre a tradição jurídica existente, a linha política de seu soberano e a propensão ideológica própria, que pode progredir apenas à medida que é aceita ou se torna aceitável pelo soberano. Esses documentos de governo são profundamente distintos das obras teológicas de Cassiodoro nas quais, ao contrário, se exprime mais amplamente o pensamento de

---

80. O uso do versículo do Salmo 54 para fundamentar o não constrangimento à conversão pode ser encontrado em MAGNO, GREGÓRIO, *Registrum epistolarum 9*, ep. 196,23. Quando se trata de conversão, escreve Gregório, não se deve usar de coação: "Quia haec circa eos temperantia magis utenda est, ut trahatur ab eis uelle, non ut ducantur inviti, quia scriptum est: voluntarie sacrificabo tibi; idem: et ex voluntate mea confiteor illi". Mas o contexto político de um pluralismo religioso parece não estar presente em Gregório.

81. Cf. BARY, B., Illeterate Emperors, in: *Historia*, 38 (1989) 124-126.

um autor. As justificações teóricas e teológicas que são expressas nas duas cartas com tanta clareza são seguramente obra de Cassiodoro, mas também exprimem as convicções profundas dos reis ostrogodos, conferindo-lhe aquela plausibilidade jurídica e religiosa que só um teórico de grande qualidade quanto Cassiodoro poderia escrever. Mas o próprio Cassiodoro dificilmente poderia ter feito essas formulações se não tivesse sido estimulado pela situação político-religiosa que seus reis queriam promover. Desse ponto de vista, aquelas cartas são verdadeiramente obra de ambas as partes inseparavelmente: tanto dos reis ostrogodos quanto de seu ministro.

5.3.4. Os judeus no Comentário aos salmos

A essa altura é oportuno perguntar-se se em outras obras de Cassiodoro se encontram elementos que ajudam a compreender o comportamento com os judeus que se manifesta nas cartas das *Variae*. Essa pesquisa permitiria também distinguir a perspectiva de Cassiodoro da do rei Teodorico. Retornemos ao *Comentário aos salmos* de que já falamos difusamente no capítulo 2. Mario Mazza tem razão quando critica a supervalorização dessa obra por parte de O'Donnell, que teria descoberto em Cassiodoro sobretudo a "nobilíssima tentativa de salvar a alma" e não a "mais prosaica de salvar o corpo — e junto com esse também os bens materiais e o prestígio social e político"[82]. Mas minha utilização do *Comentário aos Salmos* não vai na linha anunciada por Mazza. Ao retratar a visão que tinha Cassiodoro sobre o problema hebraico, proponho-me a fazer uma leitura mais clara dos textos que nos foram legados nas *Variae* e assim compreender a relação entre a visão religiosa e a linha política. Isso porque, no *Comentário aos salmos*, emergem *certamente* o pensamento e as convicções religiosas profundas de Cassiodoro, ou pelo menos aquelas que ele pensava que devessem ser expostas e transmitidas dentro de seu projeto cultural educativo. Do *Comentário aos salmos* emerge uma atenção específica ao que Cassiodoro chama constantemente de "iudaei". Há cerca de 600 passagens que os mencionam diretamente. Cassiodoro pressupõe ininterruptamente a continuidade dos judeus de sua época com os dos diversos períodos bíblicos. As características dos judeus são todas derivadas de não ter crido em Cristo, e de tê-lo levado à morte. A responsabilidade da totalidade dos judeus na morte de Cristo e sua obstinação sucessiva em não se converter determina uma mudança profunda, tanto de sua identidade quanto de seu

---

82. Mazza, *La historia tripartita*, op. cit., 210-211.

destino histórico. Cassiodoro se faz porta-voz de uma concepção difusa da teologia histórica, na qual os judeus teriam sido punidos por terem matado o Cristo e por sua incredulidade, com uma pena de caráter histórico-político: a conquista de sua terra por parte dos romanos, a devastação de Jerusalém, a dispersão por entre todos os povos. Como se vê, não se trata de uma reflexão puramente religiosa, mas de uma justificação teológica da condição política atual dos judeus. Ademais, a própria natureza dessa teoria é político-religiosa porque insiste no assunto de que a culpa religiosa dos judeus teve uma punição política por parte de Deus. A subordinação política torna-se a pena da culpa religiosa. Encontramo-nos diante de um dos pilares da teologia política cristã e, é claro, Cassiodoro não foi o seu inventor. O objetivo da condição de submissão política dos judeus é para forçá-los à conversão. Um esclarecimento mais detalhado da identidade e do destino político dos judeus, segundo Cassiodoro, pode ser visto também naquelas frases em que os judeus são equiparados com os pagãos e os hereges[83]. Trata-se de categorias de pessoas que não podem pretender direitos iguais com relação aos dos cristãos ortodoxos: "Judeus e donatistas desistam de pretender especialmente para si aquilo que sabe bem pertencer à generalidade das pessoas"[84].

5.3.5. Os judeus e o direito romano segundo Cassiodoro

Se agora retornarmos às cartas de Teodorico, talvez seja possível interpretá-las de forma mais dialética do que a visão que prescinde do fundo político-religioso do pensamento de Cassiodoro. Essas cartas pareciam estar eivadas de uma tensão consistente sobretudo na necessidade de conciliar

---

83. "Inimicos autem dicit, id est haereticos, siue iudaeos" (26,236); "prius enim dixit inimicorum, id est iudaeorum; subiungit et a persequentibus me, hoc est paganis, vel a diversis haereticis, qui ecclesiam dei fraudolentis machinationibus insequuntur" (30,318); "loquitur enim falsitatis contra veritatem, quando iudaei messiam proclamant adhuc esse venturum; quando ariani creaturam dicunt dominum creatore, quando pagani Saturnum, Iouem" (30,364); "qui cogitant mihi mala, sive de iudaeis sive de haereticis sive potest accipi de paganis" (34,94); "aliena effice conventicula paganorum, sive superstitiones insanissimas iudaeorum" (44,337); "superior versus respicit ad paganos, iste autem ad iudaeos et fictos pertinet christianos" (61,106); "Nam sensos iste iudaeorum persuasiones et haereticorum prava dogmata falce veritatis abscidit" (64,144); "capita inimicorum sunt auctores iudaicae quidem seditionis, sed et haereticorum sine dubitatione doctores" (67,435); "iniqui sunt evidenter haeretici, vel iudaei, quorum perversa loquacitas nescio quas sibi narrare videtur ineptias, quando relicto ordine veritatis, inventionibus probantur studere falsissimas" (118,1462).

84. "Quapropter designant iudaei vel donatistae sibi specialiter vindicare quod ad universitatem magis prevenisse cognoscunt" (8,49-51).

duas tendências distintas, a saber, da questão teológico-política dos judeus e a da visão estatal que está em continuidade com o império romano e assegura a permanência do direito. A leitura do *Comentário aos Salmos* nos permitiu compreender as origens teológicas daquela tensão. No pensamento teológico de Cassiodoro a questão hebraica é central. A consequência necessária de ter refutado e matado o Cristo é a subordinação política dos judeus em sua condição de dispersão. Até que se convertam, continuarão privados de uma verdadeira e própria identidade e da possibilidade de um verdadeiro espaço político. Suzanne Teillet atribuiu a Cassiodoro a formação de "une idéologie romano-gothique"[85]. Ele exprimiria a ideia de nação romano-gótica, na qual os dois povos, os godos e os romanos, formam uma comunidade política. Esse ideal permite a Cassiodoro obscurecer as divergências religiosas entre arianos e católicos que, como recordou Mario Simonetti[86], detinham uma função principal mesmo para o reino de Teodorico e tiveram grande influência também na dificuldade do período final de seu reino. Mas a tolerância de Cassiodoro com os judeus tem um limite político bem preciso. Eles jamais poderão fazer parte da comunidade dos povos que ele propõe. O *Comentário aos salmos* contém uma afirmação de extraordinária importância a esse propósito. Comentando a

---

85. TEILLET, S. *Des goths a la nation gothique. Les origines de l'idée de nation en Occident du Ve au VIIe siècle*, Paris, Les Belles Lettres, 1984, 281-303; WOLFRAM, H., *Storia dei goti*, Edição italiana revista e ampliada pelo autor, CESA, M. (ed.) Roma, Salerno Editrice, 1985.

86. SIMONETTI, M., L'incidenza dell'arianesimo nel rapporto tra romani e barbari, in: *Passaggio dal mondo antico al Medio Evo da Teodosio a San Gregorio Magno; convegno Internazionale (Roma, 25-28 maggio 1977)*, Roma, Accademia nazionale dei Lincei, 1980, 367-379. Teodorico, "esse grande rei, plenamente ciente das dificuldades que facilmente poderia gerar-lhe o contraste religioso entre seus ostrogodos arianos e os súditos italianos de fé católica, nessa matéria mantém uma neutralidade escrupulosa, deixando que as duas nacionalidades cultivassem tranquilamente suas religiões. Mas mesmo essa clareza política não conseguiu impedir o surgimento de dificuldades. Até quando no império do Oriente prevaleceu a política filomonofisista determinada pelo henótico do imperador Zenão, Teodorico gozava de mais facilidade porque favorecia a política do bispo de Roma, contrária ao henótico; e por isso os católicos, em contraste com o Oriente, se colocam necessariamente ao seu lado. Mas assim que o imperador Justiniano abrigou o henótico, a aristocracia romana começou a esperar a liberação esperada de Constantinopla. As dificuldades que perturbaram os últimos anos do reino de Teodorico derivaram em parte também desse motivo [...]. Os poucos dados que propusemos parecem suficientes para deixar compreender que a incidência do contraste entre arianos e católicos se determinou segundo formas distintas e com várias intensidades nos diversos reinos romanos bárbaros. Todavia, jamais deixou de ser relevante, como parecem mostrar alguns estudiosos modernos, e não poderia ser de outro modo, dada a importância fundamental que atribuíam os antigos a tudo que tivesse qualquer relação com a religião" (ibid.).

frase do Salmo 59 "dispersa-os com a tua força" ("disperge illos in virtute tua"), Cassiodoro escreve: "Realmente, muito embora estejam submissos ao direito romano, vivem segundo os costumes próprios, onde quer que se encontrem dispersos"[87]. Os judeus para ele não estão perfeitamente integrados com seu ideal de romanidade, porque vivem segundo costumes que não são os do *ius romanus*. E isso é, para ele, evidentemente, uma ferida na coesão romano-cristã da sociedade que ele persegue. Para ele, todas as gentes "externas" devem ser submetidas a uma única lei como exprime claramente uma passagem das *Variae*:

> Quando regulamos sob a lei costumes de povos estrangeiros, quando se submete ao direito romano quem quer que se associe à Itália, tanto é necessário que a própria sede da civilidade demonstre o máximo respeito às leis a fim de que a graça da dignidade resplenda através do exemplo do respeito às regras[88].

Cassiodoro busca "moderar" "sub lege" também os "mores" dos judeus. Quereria que também esses, como as "gentes exterae" e como qualquer outro que se associe à Itália, se submetam ao *ius romanum*. Esse ideal fica evidente também numa outra declaração de Cassiodoro: "Nós nos alegramos que vivam segundo o direito romano aqueles que desejamos libertar com as armas, mas não dedicamos às coisas menor preocupação do que a que dedicamos à guerra"[89]. A teoria política de Cassiodoro considera com suspeição, assim, a tenacidade dos judeus em conservar seus próprios costumes, que, todavia, nada mais são que seu modo de aplicar a lei religiosa tradicional hebraica, a *halacha* que se inspira na Torá bíblica. O ideal de cristandade romana de Cassiodoro implica uma uniformização dos costumes e das leis dos diversos grupos que fazem parte da única sociedade. Lança-se luz aqui numa questão de importância enorme e fatal para a história dos judeus: a de sua adesão imperfeita à uniformidade dos costumes e das leis das sociedades cristãs, por causa da fidelidade à própria tradição religiosa. Se, para Teodorico, os judeus, em sua diversidade reconhecida pelo direito romano precedente, são parte dos romanos, o mesmo não parece ser para

---

87. "Nam quamvis iuri romano sint subditi, suo tamen more vivunt ubique dispersi" (58,291-292).

88. "Si exterarum gentium mores sub lege moderamur, si iuri romano servit quicquid sociatur Italiae, quanto magis decet ipsam civilitatis sedem legum reverentiam plus habere, ut per moderationis exemplum luceat gratia dignitatum?" (*Variae* I,27,2 ss.).

89. "Delectamur iure romano vivere quos armis cupimus vindicare, nec minor nobis est cura rerum moralium quam potest esse bellorum" (*Variae* 3; *Epist.* 43,2 ss.).

Cassiodoro, pelo menos não para o Cassiodoro teórico, o qual, em nível prático, consegue encontrar uma solução da contradição.

5.4. Origem não cristã da tolerância entre religiões

Qual era então a origem da teoria que Cassiodoro tentava conciliar com a revelação bíblica? Para delinear seu esboço, trata-se de percorrer novamente alguns momentos da história dessa concepção. Devo a Antonio Carile o conselho de ler a *Relatio III*, de Aurelio Simmaco, sobre o altar da Vitória[90], um documento de 384. Nesse texto, Símaco, herdeiro da tradição religiosa romana e da filosofia helenística-romana, de tendência sobretudo estoica[91], apresenta claramente a teoria filosófica da necessidade ou inevitabilidade de uma pluralidade de caminhos religiosos contra a pretensão de exclusividade dos representantes do monoteísmo cristão. Símaco escrevia, então:

> Todos têm seus costumes e os seus ritos: a mente divina distribuiu às cidades diversos guardiões do culto. Como é doada a alma a quem nasce, assim são concedidas ao povo as divindades que dirigem sua vida[92].

Na realidade, essa teoria justifica a pluralidade das religiões apenas na base da diversidade dos povos, e sobre a própria vontade de Deus, sem

---

90. Sobre esse texto, cf. SIMMACO, A., *L'altare della vittoria*, CANFORA, F. (ed.), Palermo, Sellerio, 1991. Sobre a questão controversa da remoção do altar da cúria senatorial, cf. CANFORA, F., Di un'antica controvérsia sulla tolleranza e sull'intolleranza, in: SIMMACO, *L'altare della Vittoria*, op. cit., 27-37. Cf. também VERA, D., *Commento storico alle "Relationes" di Q. Aurelio Simmaco*, Pisa, Giardini editori e stampatori, 1981. Cf. ainda DIONIGI, I. (ed.), *La maschera della tolleranza. Ambrogio, Epistole 17 e 18. Simmaco, Terza relazione*, Milano, Rizzoli, 2006.

91. Cf. CANFORA, *Di un'antica controvérsia*, op. cit., 51-53: "A ideia *Summus Deus*, do que inspira o pensamento religioso pagão do quarto século, de Jâmblico a Juliano a Símaco e a Macróbio, remonta, na verdade, a muitos anos antes da época de Jâmblico, de Porfírio e de Plotino, aos inícios do século III, na época em que, por obra da dinastia dos Severos, se dá uma política de tolerância de todos os cultos, junto com o desenvolvimento de um espírito novo de sincretismo ascético nos quadros de uma concepção universal da religião [...]. Mas, assim, a ideia de uma religião universal como a do *Summus Deus* provém [...] sobretudo da concepção estoica do *summum bonum*, que ressurgiu com fortes traços de religiosidade nos primeiros dois séculos do império e nos séculos III e IV (e até posteriormente) vai se tornando cada vez mais numa fórmula que já não se distingue mais claramente da cristã".

92. "Suus enim cuique mos, suus ritus est: varios custodes urbibus cultus mens divina distribuit; ut animae nascentibus, ita populis fatales genii dividuntur" (*Simmachi relatio* III,8).

garantir a pluralidade das religiões dentro de um único povo. Pode tornar-se a base para a admissão de uma pluralidade religiosa dentro de uma cidade apenas quando tiver sido reconhecido o direito a um povo estrangeiro de viver na cidade junto com o povo originário. A frase de Símaco ("a mente divina distribuiu às cidades diversos guardiões do culto"[93]) e aquela de Cassiodoro-Teodato ("visto que a divindade tolera a existência de diversas religiões, não ousamos impor uma só religião"[94]) parecem coincidir em sua substância, apesar da diferença das formulações literárias. Mas a diferença fundamental está no fato de que a primeira ainda defende a necessidade de uma única religião dentro de cada cidade. Mas Símaco apresenta também uma segunda concepção, diferente da primeira, que justifica a tolerância entre religiões diversas dentro de uma única organização estatal:

> Por isso pedimos paz aos deuses da pátria e aos deuses nativos. É justo afirmar que o que quer que todos adoram é, na realidade, uma única coisa. Todos contemplamos os mesmos astros, o céu é comum, o mesmo mundo envolve a todos nós. Quem se importa qual é o percurso pelo qual cada um procura a verdade? Com uma única estrada não se pode chegar a um assim tão grande segredo[95].

Aqui, a transcendência do mistério exige e justifica a pluralidade das filosofias religiosas. Nenhuma tentativa de explicação e nenhuma prática correspondente de vida religiosa pode pretender exaurir a totalidade do grande *secretum*. Aqui Símaco aborda o problema da parte do homem e de suas criações filosóficas, enquanto antes abordava-o pela perspectiva divina e de sua decisão de destinar uma divindade distinta a cada povo. De pontos de vista distintos, as duas afirmações de Símaco convergem: a cada povo Deus destinou divindades distintas; nenhuma via humana pode pretender alcançar a compreensão do grande *secretum*. O limite da teoria tolerante de Símaco está no fato de que ele continuava a defender que a religião tradicional deveria ser necessariamente a religião oficial do império. Assim, sua luta pública era determinada pelo desejo de opor-se à destruição do altar da Vitória, por obra dos cristãos que estavam em vias de triunfar. Em função da importância política daquele altar, e a natureza da divindade que assiste a Roma em questões políticas, sua defesa tornava-se

---

93. "Varios custodes urbibus cultus mens divina distribuit."
94. "Nam cum divinitas patiatur diversas religiones esse, nos unam non audemus imponere."
95. O texto de Símaco encontra-se em Canfora, *L'altare della Vittoria*, op. cit., 150.

um enorme símbolo de caráter político. Todavia, as argumentações que ele apresentava tinham como escopo a convivência dos cultos tradicionais com os cristãos. A teoria da pluralidade das vias deveria assegurar aquela convivência. Essa assumia um valor ainda maior frente à resposta desdenhosa e exclusivista de Ambrósio que negava qualquer possibilidade teórica à convivência tolerante do cristianismo com as religiões tradicionais. Na realidade, a teoria da pluralidade das vias religiosas estava longe de ser original. Inclusive em sua formulação literária, Símaco repetia aquilo que, vinte anos antes, Temístio de Paflagônia, outro pensador e homem político de grande destaque, teorizava imediatamente depois da morte do imperador Juliano[96]. Naquele caso, a situação era exatamente oposta à que enfrentava Símaco. Juliano praticara uma política de repressão do cristianismo que estava na base de motivações teóricas amplas. Temístio propõe ao novo imperador que modifique radicalmente a política, promovendo uma grande paz religiosa entre os defensores das religiões tradicionais e a cristã e provavelmente também a hebraica. Defendendo essa política religiosa pacificante, ele propõe, no discurso *Per il consolato dell'imperatore Gioviano*, uma grande visão teórica. É claro que também ali os limites são a ideia de que as religiões tradicionais e não o cristianismo (ou outra entre as religiões sucessivas) devam constituir a religião oficial. Por outro lado, sua consciência política levava-o muito provavelmente a prever o período de uma reação cristã. Não se deve esquecer que sua formulação nasce de uma profunda concepção filosófica e religiosa, balizada na experiência da convivência positiva entre os diversos grupos religiosos e nutrida da amizade entre grandes representantes das diversas posições. Ademais, é só com o pensamento moderno europeu que se consegue alcançar um ideal no qual todas as religiões deveriam conviver livremente dentro de um estado religiosamente neutro. O grande defensor desse pensamento, como se sabe, é Locke, com sua *Carta sobre a tolerância*[97]. Mas também em Locke existem limites à tolerância no sentido de que os católicos não podem ser tolerados enquanto colocam em perigo justo a tolerância, com seu constante desejo de instaurar um soberano católico. Depois, os ateus não são toleráveis enquanto, privados do temor de um juízo divino após a morte,

---

96. Maisano, R. (ed.), *Discorsi di Temistio*, Torino, UTET, 1995; cf. também Vanderspoel, J., *Themistius and the imperial court. Oratory, civic duty, and paideia from Constantius to Theodosius*, An Arbor (MI), University of Michigan Press, 1995, 23-27, 148-154. Vanderspoel defende a problemática de uma dependência de Temístio em relação a Porfírio (ibid., 25).

97. Locke, J., *Lettera sulla tolleranza*, Roma-Bari, Laterza, 1994.

correm o risco de não observar as leis e violar assim o pacto sobre o qual se funda a convivência. Ademais, recentemente, Michael Walzer, em seu livro *Sulla tolleranza*[98], mostrou de maneira convincente que não se pode falar de tolerância em absoluto e em abstrato, mas apenas dentro de sistemas políticos específicos, e uma vez que esses se modifiquem modifica-se também a natureza da tolerância[99]. Temístio defende a necessidade da liberdade de escolha individual em matéria de religião:

> Também ali é um imitador de deus, que da predisposição à religiosidade fez um elemento presente na alma de todos os homens, enquanto o modo de exercer a própria devoção [*ton tropon de tes therapeias*] fez de tal modo que dependesse da vontade de cada um. Quem impõe algum constrangimento, portanto, impede a liberdade de escolha concedida por Deus [*ten exousian en o theos sunechoresen*]. [...] permanece imutável enternamente a lei divina e a tua, pela qual o espírito de cada um é livre para escolher nas devoções o caminho pelo qual crê (68A-B)[100].

Depois ele passa à segunda das concepções fundamentais nesse contexto, a da pluralidade legítima das vias religiosas:

> Por isso não irás impedir a nobre corrida de religiosidade [*to kentron peri to theion spoudes*] [...] compreendes que, sendo um só o juiz grande e verdadeiro, a estrada para chegar a ele não é única [*odon d'ep'auton ou mian ferein*]: existe a via mais difícil e aquela mais rápida, a via pedregosa e a plana, mas de algum modo se dirigem àquela única meta, e nosso empenho na corrida deriva justo do fato de que nem todos percorremos a mesma estrada. Se deixasses em aberto uma única via, trancando todas as demais, obstruirias o espaço destinado à competição. Foi sempre essa a natureza dos homens, e o dizer "quem sacrifica a um, ou ao outro dos deuses" já existia mesmo antes de Homero. Sinto-me tentado a afirmar que é o próprio Deus que não se agrada que entre os homens haja uma harmonia total. A natureza ama esconder-se, disse Heráclito, e antes dela o seu próprio artífice ama esconder-se, ele que é venerado e adorado por

---

98. WALZER, M., *Sulla tolleranza*, Roma-Bari, Laterza, 1998.
99. Discordo, porém, de SORDI, M., Tolleranza e intolleranza nel mondo antico, in: SINA, M. (ed.), *La tolleranza religiosa. Indagini storiche e riflessioni filosofiche*, Milano, Vita e pensiero, 1991, 9, quando afirma que "os pagãos *não queriam a tolerância*, mesmo que demonstrassem querê-la, mas o reconhecimento de que a única religião pública era ainda e apenas a pagã" (grifos meus). Trata-se, ao contrário, de uma tolerância real, mesmo que diferente daquela desejada pelo pensamento do século XVIII europeu.
100. Sigo a tradição de MAISANO, *Discorsi di Temistio*, op. cit., 279-281.

nós justo porque a possibilidade de conhecê-lo não está ao alcance de todos, não é imediatamente visível e não se consegue alcançá-la sem esforço e "com uma única mão"[101].

Com Temístio, estamos, pois, diante de um pensamento orgânico em que os diversos elementos estão bem ordenados entre si. Trata-se de uma síntese clássica da tolerância religiosa. Em alguns ambientes das classes dirigentes do império estava difundida no século IV, assim, uma visão henoteísta das religiões tradicionais, em que se justificava a necessidade de uma pluralidade de vias de salvação e a necessidade da liberdade de culto e de escolha entre as diversas vias disponíveis, almejando por uma convivência entre os diversos componentes religiosos, positiva para o império. A dura reação exclusivista de Ambrósio[102] levanta um problema de interpretação histórica de grande relevância. Em que medida o monoteísmo cristão e, antes dele, o judaico estavam conectados com um comportamento exclusivista em relação às outras religiões, e em que medida, antes, existem manifestações históricas não exclusivistas do monoteísmo judaico e cristão, visto que a tradição cristã ocidental não conhece apenas o exclusivismo de Ambrósio, mas também o pluralismo de Cassiodoro? Em todo caso, resta o fato que a posição de Ambrósio irá tornar-se majoritária no cristianismo até que, graças à guinada iluminista, comecem a surgir Estados laicos. Segundo a posição de Ambrósio, os cristãos — com base na presumida posse da verdade absoluta —, uma vez tendo alcançado o controle do poder político, devem adotar um comportamento intolerante para com as outras religiões consideradas inferiores. Forma-se, assim, um bloco sistemático teológico-prático, no qual uma verdade religiosa presumidamente absoluta se torna religião de Estado que se opõe e combate com instrumentos repressivos uma tríade religiosa negativa, à qual não se reconhecem direitos igualitários: pagãos, judeus, hereges. O fato indicado por John Vanderspoel[103] de que, nas *Retratações*, Agostinho afirma ter abandonado a posição pluralista

---

101. Ibid., 281-283.
102. Cf. Ambrósio, Epistole XVII e XVIII, in: Canfora, *L'altare della Vittoria*, op. cit., 166-243.
103. Cf. Vanderspoel, J., The Background to Augustine's Denial of religious plurality, in: Meynell, H. A. (ed.), *Grace, politics and desire. Essays on Augustine*, Calgary, University of Calgary Press, 1990, 179-193. Cf. também Id., *Themistius and the imperial court*, loc. cit., 25, nota 91: "Augustine retracted (*Retract.* 1.4.3) a statement on religious plurality that he had made at *Soliloq.* 1.13.23 (*sed non ad eam [i.e., sapientiam] una via pervenitur*) precisely because he withdrew from his (Porphyrian) Neoplatonist views as he developed as a Christian thinker".

segundo a qual existem diversos caminhos de salvação — derivada de seus posicionamentos neoplatônicos precedentes — a favor de um posicionamento exclusivista, parece confirmar que as origens da posição tolerante se encontram nos antigos ambientes filosóficos não cristãos. Na realidade, as origens da ideia pluralista parecem encontrar seu nascedouro, também e quiçá de forma mais sólida, na tradição jurídica romana. Já o próprio Édito de Milão atesta a força de uma teoria jurídica pluralista dentro do império romano. Vejamos o texto que nos foi transmitido numa formulação que nos foi dada por Latâncio:

> Concedemos aos cristãos a faculdade livre e absoluta de seguir a própria religião [...] [mas] também aos demais foi concedido igualmente um poder aberto e livre, para a tranquilidade de nosso tempo, de maneira que qualquer um tenha a capacidade livre de adotar o que quiser[104].

Aqui, destacam-se quatro elementos: a necessidade da liberdade de escolha do indivíduo no ato religioso, a pluralidade das religiões legítimas, o fato de que a concepção de liberdade de culto pelos cristãos deve ser acompanhada por um respeito da liberdade dos outros de seguir sua própria religião, que a pluralidade das religiões é um bem para o império. O que lemos nas *Variae* de Cassiodoro, ademais, deixou claro que a tolerância ostrogoda com os judeus tem sua raiz também no direito romano precedente, sendo — ao contrário — ameaçada pela tendência cristã de compreender os direitos dos judeus com base no fato de que eles refutam a religião que os cristãos consideram verdadeira. Enfim, a teoria de uma pluralidade de manifestações da divindade ou, se se prefere, do sagrado é a característica típica da religiosidade assim chamada politeísta, em relação à monoteísta[105]. Como escreveu Marta Sordi, existe uma condição, radicada em eras antiquíssimas no mundo romano, por cuja condição intrínseca da validade de cada ato religioso se dá a liberdade com que é exercido: uma condição que se exprime na fórmula epigráfica, já atestada em idade arcaica e comuníssima na idade imperial, que vamos encontrar na dissolução de todo e qualquer voto: *votum solvit libens merito*"[106]. As religiões

---

104. "Nos liberam atque absolutam colendae religionis suae facultatem isdem christianis dedisse [...] intellegit dicatio tua etiam aliis religionis suae vel observantiae potestatem similiter apertam et liberam pro quiete temporis nostri esse concessam, ut in colendo quos quisque delegerit, habeat liberam facultatem"; *De mortibus persecutorum* 48 (SC 39,117). Cf. Eusébio, HE X,V,4-8 (Bardy, C., SC 55, Paris, 1958, 105-106).

105. Burkert, W., *Antichi culti misterici*, Roma-Bari, Laterza, 1991, 8.

106. Sordi, *Tolleranza e intolleranza nel mondo antico*, op. cit., 8.

greco-romanas e o direito romano constituem, assim, dois dos principais canais que difundiram a concepção segundo a qual há diversos e legítimos modos de adorar a divindade, ou pela qual há um direito das diversas divindades a serem adoradas como elas próprias querem. A pluralidade das vias religiosas nessa tradição ampla e variada é um fato óbvio. Os limites dessa teoria tolerante estão no respeito da tradição e no respeito da religião cívica. Nessa tradição, vem atestada também uma segunda concepção: o ato de culto, por sua natureza, deve ser espontâneo e sem constrangimento[107].

5.5. Tolerância religiosa no primeiro cristianismo?

A questão que se coloca aqui é a seguinte: essa tolerância religiosa antiga encontrou historicamente algum espaço no monoteísmo cristão primitivo? As pesquisas sobre as fontes cristãs antigas levam a iluminar uma multiplicidade de atestações protocristãs da convicção segundo a qual o ato de culto deve ser sempre livre[108]. Serve como exemplo para todos esses casos o texto fundamental de Tertuliano, *Ad scapulam* 2:

> Todavia, pertence ao direito humano e à liberdade de natureza que cada um adore aquilo que julga justo, e a religião de um outro não me traz dano nem vantagem. Mas também não pertence à religião constringir a religião que, antes, deve ser abraçada voluntariamente e não de modo forçado, pois também os sacrifícios requerem uma disposição voluntária. Assim, pois, se nos constringisse a sacrificar, não daríamos nada aos nossos deuses. Ninguém deseja sacrifícios da parte de quem não quer oferecê-los, a menos que alguém ame o conflito. Ora, um Deus não ama o conflito[109].

A essa passagem, acrescenta-se também *Apologeticum* 24:

> Um honra a Deus, o outro Júpiter; um ergue suas mãos suplicantes ao céu, outros na direção do altar da fé; um, pregando, conta as nuvens, um outro, os barrotes do teto; um consagra a própria alma ao próprio Deus, outros a alma de um cabrito. Mas deve-se prestar atenção ao fato de incorrer em

---

107. Id., 2-8.
108. Cf. Beatrice, *L'intolleranza cristiana nei confronti dei pagani*, op. cit.
109. "Tamen humani iuris et naturalis potestatis est unicuique quod putaverit colere; nec alii obest aut prodest alterius religio. Sed nec religionis est cogere religionem, qua sponte suscipi debeat, non vi, cum et hostiae ab animo libenti expostulentur. Ita etsi nos compuleritis ad sacrificandum, nihil praestabitis diis vestris; ab invitis enim sacrificia non desiderabunt, nisi si contentiosi sunt; contentiosus autem deus non est."

delito de irreligiosidade também o tolher a *liberdade de religião e interditar a escolha da divindade, de modo que não me seja permitido prestar honra a quem quero, mas me veja obrigado a honrar quem não quero. Ninguém quer ser honrado de quem não quer fazê-lo, nem sequer um homem.* Na realidade, até aos egípcios é dada a faculdade de praticar uma superstição assim tão vã [...]. Por outro lado, toda e qualquer província ou cidade tem o seu deus [...]. Só nós estamos impedidos de professar uma religião própria. Ofendemos os romanos e não somos considerados romanos, porque não prestamos honra a um deus dos romanos[110].

Nas frases que grifei, Tertuliano refere evidentemente uma teoria amplamente difundida no mundo romano. Essa teoria romana tem dois elementos: que a presença de muitas religiões é legítima, e que o ato de culto deve ser exercido livremente e não sob constrangimento. Não se trata de teorias cristãs. A força das argumentações de Tertuliano está no fato de que seu interlocutor não cristão partilha desses dois pressupostos e assim deve chegar à conclusão apresentada pelo autor: a liberdade para os cristãos de exercitar o próprio culto sem serem constrangidos a praticar cultos inaceitáveis. Acrescenta-se que, nesse momento, em Tertuliano, o cristianismo aceita a pluralidade e a convivência das religiões como um fato legítimo: "Pertence ao direito humano e da liberdade natural venerar aquilo que cada um considera ser certo"[111]. Nada mais quer do que ser uma das religiões aceitas no império. Mas está praticamente ausente dos primeiros textos cristãos a outra teoria, a saber, da pluralidade das vias de salvação. Uma coisa, porém, é aceitar a convivência com base numa teoria filosófico-jurídica; outra coisa é defender que as diversas religiões,

---

110. Tradução de O. Tescari (http://www.tertullian.org/italian/apologeticum.htm. Acesso em: jun. 2018). "Colat alius deum, alius iovem; alius ad caelum manus suplices tendat, alius ad aram fidei [manus]; alius nubes numeret orans, alius lacunaria; alius ad aram fidei [manus]; alius nubes numeret orans, alius lacunaria; alius suam animam deo suo voveat, alius hirci. Videte enim, ne et hoc ad irreligiositatem elogium concurrat, adimere libertatem religionis et intercidere optione diuinitatis, ut non liceat mihi colere quel velim, sed cogar colere quem nolim. Nemo se ab inuito coli volet, ne homo quidem. Atque adeo et Aegyptiis permissa est tam vanae religionis potestas [...]. Uniquique etiam prouinciae et civitati suus deus est [...]. Sed nos soli arcemur a religionis proprietate! Laedimus romanos nec romani habemur, quia nec romanorum deum colimus". Sobre essa passagem, cf. Stroumsa, *Tertullian on idolatry and the limits of tolerance*, op. cit. (trad. it. *La formazione dell'identità Cristiana*, Brescia, Morcelliana, 1999, 167-179).

111. Humani iuris et naturalis potestatis est unicuique quod putaverit colere (*Ad scapulam*, 2).

juridicamente legítimas, sejam todas consideradas caminhos de salvação na visão de Deus. Digo que está praticamente ausente porque algumas passagens dos Atos dos Apóstolos poderiam dar a entender algo um tanto diferente, mesmo que aqui não seja possível abordar com profundidade a questão. Atos dos Apóstolos 17,26-27 e 30-31 parece conhecer, de um lado, a teoria segundo a qual Deus quis caminhos religiosos distintos para cada povo ("ele determinou tempos fixos, e traçou os limites do hábitat dos homens: era para que eles procurassem a Deus; talvez o pudessem descobrir às apalpadelas"), mas depois defende que essa fase da história já está prestes ao fim: "E eis que Deus, sem levar em conta esses tempos de ignorância, anuncia agora aos homens que todos, e em toda parte, têm de se converter. Com efeito, ele fixou um dia em que deve julgar o mundo com justiça, pelo homem que designou". Pier Franco Beatrice, na introdução do volume por ele organizado sobre a intolerância cristã nos confrontos com os pagãos, escrevia[112]:

> O próprio autor da assim chamada Carta a Diogneto, por volta da metade do século II, afirmava que Deus não exerce a violência pois não condiz com ele. Deus, evidentemente, prefere a adesão que brota da convicção interior. "Esse é o que Deus enviou. Quem poderia pensar que fosse para serem tiranos, para assustar, aterrorizar? Certamente que não! Enviou-o com mansidão e bondade, como um rei manda seu filho rei, enviou-o como Deus entre os homens, para salvar, para persuadir, não para fazer violência; a violência não convém a Deus [*ou biazomenos: bia gar ou prosestin totheo*]". Esse ensinamento encontrou seguidores convictos em pensadores da estatura de Irineu de Lion[113], Clemente de Alexandria[114], Hipólito[115]. Então, a liberdade de consciência é requerida em altos brados por apologetas cristãos latinos como Tertuliano[116] e Lactâncio[117].

Até esse ponto podemos concordar com Beatrice. Mas não concordo quando ele afirma que a liberdade de consciência

> constituía então um progresso moral de grande alcance, um novo princípio que, por um lado, se tornava estranho e subversivo com relação ao

---

112. BEATRICE, *L'intolleranza Cristiana nei confronti dei pagani*, op. cit., 8-9.
113. IRINEO, *Adv. Haer.* IV,37,1; IV,37,3; IV,39,3; V,1,1.
114. CLEMENTE DE ALEXANDRIA, *Quis dives salvetur?* 10,2; 21,2.
115. HIPÓLITO, *Philos.*, X,33,13.
116. TERTULIANO, *Apol.*, 2,4,6; *Ad scapulam*, 2,2.
117. LACTÂNCIO, *Div. Inst.* V,19,11-13; V,19,23.

paganismo antigo, no qual a religião estava intimamente conexa com a política, e que, por outro lado, antecipava profeticamente as soluções modernas do liberalismo europeu.

Deixo de lado o conceito de liberdade de consciência, que me parece demasiadamente preso às discussões europeias a partir do final do século XVII (penso, por exemplo, em Bayle e na sua teoria do direito à liberdade de consciência errônea). Divirjo, porém, com sua proposta de reconduzir ao primeiro cristianismo a concepção da liberdade necessária de qualquer ato de culto, pois essa concepção é típica do universo religioso romano. O fato de a religião romana estar intimamente ligada com a política é, porém, um fato verídico. Mas também sobre esse tema deveríamos fugir de simplificações. Segundo Marta Sordi, por exemplo, a postura cristã em relação à tolerância religiosa depende estreitamente do posicionamento romano. A meu ver, Sordi tem um posicionamento demasiadamente absoluto quando afirma que "o mundo antigo não é tolerante". Mas logo em seguida corrige-se, acrescentando uma limitação e uma exceção: "Certamente os gregos não o foram". Ao contrário, "a mentalidade dos romanos parece ser bem mais aberta, cientes de serem eles próprios o fruto de [...] uma unidade política e moral capaz de integrar o *novum* e o *alienum*, mas não estranho à *republica nostra* e honesto [...]. A impostação jurídica do romano em relação à divindade nasce do conceito que inspira toda a religiosidade romana, o conceito de *pax deorum* e é isso que diferencia o modo romano de se comportar frente ao novo na questão religiosa do modo grego"[118]. No caso de Baccanali, é justamente

> *o direito da divindade de ser adorada como ela quiser* [grifos meus], mesmo para além das tradições fixadas pelos *maiores*, que induz cônsules e senadores, já nos inícios do século II e antes da influência da filosofia grega, a levar em consideração a consciência dos indivíduos: "si quis tale sacrum solemne et necessarium duceret...". [...] Também na convicção de que o culto a ser buscado seja um culto privado de qualquer validade ou até maluco [...] fica claro nos romanos o temor "ne fraudibus humanis vindicandis divini iuris aliquid immixtum violemus" (Liv. 39,16,7), de modo que o senado, por fim, concede a quem afirma não poder omitir o culto proibido *sine religione et piaculo* obter a permissão do adminis-

---

118. Sordi, *Tolleranza e intolleranza nel mondo antico*, op. cit., 1-2.

trador do magistrado da cidade para celebrá-lo em grupos de não mais que cinco pessoas[119].

Em suma, segundo Sordi, no universo romano, o princípio da tolerância, ou melhor, o princípio da liberdade religiosa nasce diretamente do mesmo tronco donde nascem a intolerância e a perseguição, ou seja, da concepção da *pax deorum*[120].

É a ignorância — o reconhecimento explícito de tal ignorância — sobre a natureza da divindade — qualquer que seja ela — que impõe ao Estado romano a aceitação das diversas escolhas religiosas que podem ser exercidas pelas consciências dos indivíduos, de maneira livre[121].

Sordi, como mostramos anteriormente, reconhecera que, para os romanos, "a condição intrínseca da validade de qualquer ato religioso é a liberdade com que é realizado"[122], afirma depois, como que se esquecendo desse aspecto da questão, que "a única possibilidade de tolerância do Estado antigo nascia da consciência de sua ignorância sobre a natureza da divindade"[123]. Não concordo com essa opinião, porque a natureza mais profunda da religiosidade antiga, grega e romana, não é a ignorância, mas antes a convicção de que o sagrado, ou se se prefere a divindade, se manifesta necessariamente de maneira plural e sempre legítima. A pluralidade dos lugares de culto está intrinsecamente ligada com a pluralidade das manifestações do sagrado. O monoteísmo hebraico e depois cristão, ao contrário, está ligado à concepção de que apenas o próprio Deus é verdadeiro e

---

119. Id., 4.
120. Segundo Sordi, o princípio romano da *pax deorum* é um princípio pelo qual os homens fazem um pacto com a divindade que "implica a convicção de uma dependência radical do homem com a divindade e uma postura autêntica e profundamente religiosa" (Id. 6). O princípio pode ser sintetizado na frase de Lívio V,51,5: "Omnia prospera evenisse sequentibus deis, adversa spernentibus". Cf. também Id., Pax deorum e libertà religiosa, in: *Atti del V Colloquio giuridico*, Roma, Pontificia Università Lateranense, 1985, 341 ss.; *Pax deorum*, CISA, ii, 1985), 14 ss. Na realidade esse princípio não é apenas romano e pode ser encontrado idêntico no Deuteronômio. Ele só é superado graças a uma explicação científica dos eventos, ou mediante uma concepção mais profunda da religião (por exemplo, a misericórdia insondável de Deus ou a natureza intrinsecamente não utilitária do ato de culto). Mas a dificuldade presente nessas concepções mais profundas da religião vai percorrer sem cessar toda a história, tanto do judaísmo quanto do cristianismo, e seria um equívoco atribuir apenas aos romanos a ideia de que "omnia prospera evenisse sequentibus deis, adversa spernentibus". Não estamos diante de uma concepção tipicamente pagã de que o cristianismo pudesse se distinguir.
121. Sordi, *Tolleranza e intolleranza nel mondo antico,* op. cit., 8.
122. Id.
123. Id., 12.

os deuses, ao contrário, dos demais grupos religiosos sejam falsos, simplesmente ídolos (cf., por exemplo, 1Ts 1,9; 1Cor 8,4; Gl 4,8-9[124]). O problema não é secundário, porque está ligado a uma questão que aparece de modo recorrente. O próprio Beatrice se colocava na questão de saber como foi possível aquela "guinada surpreendente de intolerância empreendida pelas autoridades no curso do século IV pelos sucessores cristãos de Constantino, sejam eles ortodoxos ou filoarianos"[125]. Beatrice procurava explicar essa guinada pelo fato de que posturas de intolerância e fanatismo cristão se manifestaram também antes de Constantino. Sua tese é a seguinte:

> Parece-me poder afirmar [...] que na época constantiniana amadureceram ideias e comportamentos que já estavam germinando na convivência difícil e atormentada dos séculos precedentes dos cristãos com os pagãos. É claro que os episódios que antes eram esporádicos, e até de uma certa frequência preocupante, no curso do século IV se transformaram numa ação política de massa, orquestrada firmemente por imperadores e bispos, que acabará por assinalar toda a história religiosa europeia, desde a Antiguidade Tardia até a Idade Moderna[126].

Stroumsa, cerca de dez anos depois, propõe uma questão bem parecida:

> Um dos principais paradoxos históricos espelhados no desenrolar-se do cristianismo antigo é sua transformação, no curso do século IV, de uma *religio illicita*, em busca de reconhecimento e tolerância, numa religião institucionalizada que se negava assegurar aos outros (e aos próprios desejos nascidos no seu seio, os hereges) aquilo que estava buscando ela própria até um passado bem recente[127].

Segundo Stroumsa, a resposta não pode ser encontrada numa tendência genérica "radicada na natureza humana" que leva todo vencedor a esquecer dos sofrimentos a que esteve submetido, infligindo os mesmos métodos aos outros[128]. Limitando sua análise à frase de Tertuliano no *Apologeticum*, anteriormente citado, Stroumsa defende que "o cristianismo, diversamente dos cultos indígenas e tradicionais, considera a religião romana

---

124. Sobre isso, cf. Pesce, M., *Le due fasi della predicazione di Paolo. Dall'evangelizzazione alla guida delle comunità*, Bologna, Edizioni Dehoniane, 1994.
125. Beatrice, *L'intolleranza cristiana nei confronti dei pagani*, op. cit., 8-9.
126. Id., 12.
127. Stroumsa, *La formazione dell'identità cristiana*, op. cit., 167-168.
128. Ibid.

não simplesmente outra religião legítima e concorrente, mas uma religião *falsa*"[129], porque, "visto que os deuses romanos não são deuses verdadeiros, a religião romana não é verdadeiramente uma religião, e os cristãos não podem ser acusados de um crime contra a religião". Por fim, a identidade cristã não tem confins étnicos porque se formula "em termos exclusivamente religiosos" e assim chega a uma "osmose territorial, linguística e social total com as maiorias pagãs"[130]. Em suma, na própria natureza da verdade cristã reside a necessidade de uma intolerância nos confrontos com o paganismo. Tertuliano não quer esclarecer "as razões da percepção do cristianismo como *religio illicita* por parte dos romanos"[131]. No fundo, as declarações de aceitação da pluralidade de religiões por parte de Tertuliano são instrumentais, têm função retórica para obter a liberdade para os cristãos. Stroumsa conclui assim: "Nos séculos II e III, os intelectuais cristãos debatiam suas ideias para obter tolerância, mas não estavam dispostos a aceitar — ou não estavam em condições — a prerrogativa fundamental da tolerância religiosa: um certo relativismo em matéria de religião"[132]. O ensaio de Stroumsa é genial e rico de inúmeras perspectivas estimulantes. Mas me parece que Tertuliano apresenta alguns aspectos diferentes, sobretudo no texto *Ad Scapulam*, que Stroumsa não leva em consideração. Aquele texto não fundamenta religiosamente a legitimidade do pluralismo religioso, mas contém uma afirmação de caráter geral que não pode ser reduzida a um comportamento retórico, visto possuir caráter filosófico e jurídico ("humani iuris et naturalis potestatis est unicuique quod putaverit colere"). Mas o que mais me interessa é a presença em Tertuliano da concepção pela qual qualquer ato de culto deve ser necessariamente livre, teoria que a meu ver tem raízes não cristãs, mas romanas. Tertuliano se apropria dessa concepção. Ademais, o *topos* da liberdade necessária em oferecer sacrifícios também poderia estar na base da formulação de Cassiodoro.

5.5.1. Observações conclusivas

Nestas páginas me propus analisar os percursos históricos de duas concepções típicas da tolerância religiosa, dentro das formas históricas do monoteísmo judaico e cristão: a concepção pela qual qualquer ato de culto

---

129. Id., 171.
130. Id., 177.
131. Id., 171.
132. Id., 168.

a Deus deve ser livre e sem coação, e aquela pela qual, de um ponto de vista religioso, seriam legítimas diversas vias, diversas religiões ou modos de adorar a Deus. O problema não deve ser colocado de modo abstrato e a-histórico. Como se houvesse uma concepção atemporal do monoteísmo e como se devêssemos validar as diversas formas históricas de tolerância religiosa à base de concepções modernas ou contemporâneas ou fora da lógica concreta dos sistemas políticos. Primeiramente, na própria raiz bíblica, a formulação monoteísta deve servir-se de concepções, como o conceito de sagrado, *qadosh*, que não têm origem monoteísta, colocando em vigência, assim, necessariamente, dinâmicas típicas do politeísmo, isto é, dinâmicas da necessária manifestação plural da sacralidade[133]. Os monoteísmos se põem sempre como uma crítica a uma situação religiosa não monoteísta, e assim carregam em si próprios de modo inextrincável as estruturas culturais a que reagem. Mas não são tanto as reflexões gerais e abstratas que podem nos ajudar a compreender as capacidades tolerantes do judaísmo e do cristianismo quanto seu comportamento histórico. O fato de que a Bíblia hebraica e cristã não seja a raiz de onde nasce a tolerância religiosa não impediu os teóricos judeus e cristãos de reconhecer justificações bíblicas da tolerância. Isso significa que eles percebiam a Bíblia e a própria tradição religiosa como coerente com os ideais de tolerância e pluralismo religioso que encontravam na práxis e nas teorias de sua época. Os sistemas religiosos monoteístas revelam-se assim abertos, globais, em constante diálogo com todos os aspectos da práxis e das concepções circunstantes. É isso, repitamos, o que fazem sempre de novo os seres humanos.

---

133. DESTRO, A.; PESCE, M., Les monothéismes et l'exclusivité du sacré. Le Pentateuque, Paul et l'Evangile de Jean, in: FRIEDRICH NAUMANN-STIFTUNG, *Monothéismes et modernité. Colloque International organisé à l'Acropolium de Carthage* (2-3-4 novembre, 1995), Tunis-Bonn, OROC et Friedrich-Naumann-Stiftung, 1966, 151-175.

CAPÍTULO 6
As grandes religiões diante dos problemas da sociedade contemporânea

A ideia central deste capítulo é que as mudanças das religiões nos últimos séculos dependem em grande parte do fato de que elas são forçadas a reagir ao impacto da modernidade. As religiões atuais, suas correntes e seus movimentos não são autônomos com relação à modernidade. Ao contrário, essas são formas diversas (e divergentes entre si) de reagir a ela e reformulam os núcleos essenciais da experiência histórica da religião, que pertencem ao conjunto dos fatores principais da modernidade e em relação dialética com eles. Cheguei a essa convicção através de muitos anos de estudo e, por isso, me parece necessário apresentá-la às novas gerações, apesar da evidência dos limites e da simplificação destas páginas[1].

6.1. A situação inicial: coincidência entre religião e sociedade

Nas últimas duas décadas do século XVIII, às portas da Revolução Americana e Francesa, as três principais religiões da área europeia, mediterrânea, médio-oriental e americana (ou seja, o judaísmo, o cristianismo

---

1. Cf. FILORAMO, G., *Che cos'è la religione. Temi, metodi, problemi*, Torino, Einaudi, 2004; ID., *La chiesa e le sfide della modernità*, Roma-Bari, Laterza, 2007; FACCHINI, C., Narrating, visualizing, performing, and feeling a religion, in: BOCHINGER, C.; RÜPKE, J. (ed.), *Dynamics of religion. Past and present*, Berlin, de Gruyter, 2016, 273-296; ID., Religioni et età contemporanea, in: POMBENI, P.; CAVAZZA, S. (ed.), *Manuale di storia contemporanea*, Bologna, Il Mulino, 2012; ID., Voci dell'ebraismo liberale. Costruire una religione moderna, in: BIDUSSA, D. (ed.), *Ebraismo*, Torino, Einaudi, 2008, 171-196.

e o islamismo), apresentavam-se cada uma delas subdividida numa multiplicidade de grupos e correntes, muitas vezes em contraposição entre si. O cristianismo era representado sobretudo por quatro grandes constelações de Igrejas: as Igrejas ortodoxas (difundidas sobretudo no universo russo, centro-europeu, Bálcãs e Oriente Médio, e cujas autoridades principais localizavam-se no patriarcado de Constantinopla e de Moscou), as Igrejas assim chamadas não calcedônicas (localizadas sobretudo no Egito, na Etiópia e no Oriente Médio), a Igreja católica, e por fim, as Igrejas protestantes nascidas após a Reforma do século XVI (as quais, nos séculos posteriores continuaram a gerar uma quantidade enorme de Igrejas e movimentos). As Igrejas católica e protestante estavam difundidas sobretudo na Europa ocidental e nas Américas, enquanto sua presença continuava aumentando no resto do mundo junto com o movimento de expansão colonial e econômica do Ocidente, do que eram principalmente a expressão. O judaísmo se apresentava de maneira mais uniforme: o judaísmo rabínico era amplamente dominante, dentro do qual desenvolvera-se no correr do século XVIII o chassidismo, enquanto o antigo caraísmo, se não desaparecido, já se apresentava numericamente como insignificante. As comunidades hebraicas estavam difundidas tanto dentro do império otomano quanto no império austro-húngaro, no universo russo e no europeu, na América do Norte e do Sul em condições de inferioridade política, tanto em relação aos dominantes cristãos quanto aos islâmicos. Na antiga terra dos pais, Israel, chamada de Palestina pelos romanos, que conquistaram através das armas, porém, os judeus não tinham uma presença significativa. A sua pátria, na época, portanto, estava sob o domínio do império otomano, uma potência política religiosamente islâmica, e a população havia sido islamizada cerca de mil anos antes, aderindo então em larguíssima maioria ao islamismo. Os judeus vivem em pequenas comunidades deslocadas em todas as partes do mundo; na Europa, no império otomano, e no Oriente Médio, nas colônias fundadas pelos europeus em todas as partes do mundo, na América do Norte e do Sul e também na Índia e na China. O islã era representado sobretudo pelos sunitas, que seguiam as quatro chamadas escolas principais: a escola hafanita (numericamente principal e difusa sobretudo em muitas regiões do império otomano, na Índia, na Ásia central e no Afeganistão); a escola malaquita (Magreb, Egito e África oriental); a escola xafeíta (Indonésia, Arábia do Sul, África oriental Egito); e a escola habalita (Arábia Saudita). A segunda grande corrente do Islã era o sufismo, organizado em irmandades. O terceiro principal grupo islâmico é o xiismo (também dividido em correntes), presente sobretudo nos atuais Irã, Iraque e Paquistão. O ponto fundamental que quero sublinhar é que, até as portas das revoluções americana e francesa, essas três religiões estavam profundamente radicadas nos diversos aspectos da vida da sociedade. Assim, os países de tradição cristã podiam ser considerados cristãos não de forma arbitrária, enquanto os de tradição muçulmana consideravam-se obviamente sociedades islâmicas. Com isso, não estamos afirmando que as sociedades do final do século XVIII eram cristãs ou islâmicas, porque inspirassem fielmente a seguir os mais puros princípios morais formulados pelos melhores representantes daquelas religiões. Afirma-se, ao contrário, que qualquer manifestação da vida pública e privada estava profundamente permeada de tradições religiosas: a organização do espaço, os ritmos do tempo, a maneira de perceber os fenômenos naturais e a transformação do mundo, os símbolos sociais fundamentais, os ritmos individuais, familiares e políticos. Se os aspectos mais profanos se exprimiam com símbolos religiosos, por outro lado, as tradições religiosas estavam tão profundamente influenciadas pelos modos de vida concretos da época de modo que se tornava impossível uma distinção entre sociedade e tradição. A religião tinha uma ligação intrínseca com os espaços materiais e com a própria luta dos grupos políticos até o ponto de se profanizar completamente. Em suma, política e religião, embora distintas, viviam numa relação dialética muito próxima. Não é o caso de afirmarmos que todos os grandes tratados de politologia, desde o século XVI ao XVIII, sejam também tratados de teologia. Também as comunidades hebraicas que viviam em situação de minoria e subordinação política nas sociedades cristãs ou islâmicas eram compostas de judeus, para os quais a vida comunitária se misturava com a vida religiosa. Mas, e isso é um fato de importância fundamental, o judaísmo não se derramava na sociedade em que se encontravam e viviam os judeus e que permanecia monoliticamente ou cristã ou islâmica; ele determinava apenas a vida interna das comunidades hebraicas e a vida familiar e pessoal dos judeus. Esse sistema social baseado na profunda intersecção entre uma sociedade e uma única religião se desestruturou quando se viu impedido institucionalmente por alguns novos princípios organizadores da sociedade política. A guinada se deu nos países em que o princípio de distinção entre religião e política, entre religião e vida social, se torna um princípio normativo geral da sociedade. A Revolução Americana na região da América do Norte e a Revolução Francesa na região europeia-ocidental constitui o evento de tentativas institucionais de organizar uma sociedade em que as manifestações públicas não fossem dominadas por instituições, mas pelas expressões públicas de uma única religião. Não estamos afirmando que quando se dá esse princípio de distinção se inicia a Idade Contemporânea. Se afirmássemos tal coisa, deveríamos admitir que em muitas regiões do mundo a Idade Contemporânea nem sequer se iniciou, ou aconteceu muito tempo depois (basta pensar em grande parte do mundo islâmico). Dizemos, antes, que a guinada se dá quando se impede a uma única religião de se constituir em estrutura de uma sociedade. Como veremos mais adiante, existiam pelo menos dois modos distintos em que essa exigência foi traduzida em princípios teóricos e em modelos institucionais. O primeiro é o modelo dos Estados Unidos, o segundo é o francês.

6.2. Os temas do confronto

Entre os três fatores que nesses dois séculos determinaram as religiões monoteístas, comecemos a falar do primeiro. Trata-se da difusão de organizações estatais que apelavam aos direitos humanos. A constituição federal dos Estados Unidos de 1787 e a Constituição francesa de 1791 são dois dos resultados desse processo. Mas o que nos interessa de modo especial é que nos últimos vinte e cinco anos do século XVIII na América do Norte e na França firmou-se a convicção de que cada indivíduo particular, independentemente de ser homem ou mulher, rico ou pobre, pertencente a qualquer povo, raça ou religião, possuía, por natureza, direitos inalienáveis. Esses direitos eram: o direito à felicidade; o direito à liberdade; o direito à incolumidade e segurança da própria vida; o direito à posse de bens para realizar a própria vida segundo seus próprios desejos; o direito de pensamento livre e de crer livremente em qualquer forma religiosa. É absolutamente importante dar-se conta: 1. De que é o indivíduo que detém os direitos e não a comunidade; 2. De que esses direitos são naturais, isto é, lhe são inerentes pelo simples fato de nascer; 3. Que qualquer que seja a instituição estatal, governo ou poder político tem como objetivo principal favorecer o desenvolvimento dos direitos do indivíduo e de protegê-los. Isso significa que não existe nenhum tipo de comunidade, nem sequer a da família e nem sequer a religiosa, que pode pretender ter mais direitos do que o indivíduo. O homem individual é o máximo valor existente. Assim, o indivíduo toma consciência de, por natureza, deter em si um valor absoluto. O fato de que esses direitos pertençam ao indivíduo por natureza significa que eles não lhe são atribuídos por uma assembleia política que também poderia revogá-los. São direitos inalienáveis: ninguém pode renunciar a eles e ninguém poderá negá-los em nome de um princípio mortal ou político mais elevado. Nos anos de 1770 e 1780 esses princípios foram estabelecidos na América do Norte e na França como base fundamental de todo e qualquer ordenamento político. Eles se tornam a base fundamental das constituições e qualquer lei que os viole torna-se consequentemente anticonstitucional e acaba sendo abolida. De agora em diante, as organizações estatais defendem o direito de o indivíduo ter liberdade de pensamento e liberdade religiosa. Isso significa que, num território ou dentro de qualquer Estado, se deve permitir a existência de tantas religiões quantas são as religiões escolhidas pelos indivíduos. O princípio segundo o qual num território deve dominar uma única religião é assim imediatamente negado. O Estado não pode ser expressão de uma única religião, deve ser laico, pois deve defender a possibilidade de que todos os indivíduos possam aderir a qualquer religião que queiram. A ideia de que o direito à felicidade e à liberdade etc. sejam naturais, isto é, posses dos indivíduos por nascimento e por natureza, não é um princípio antirreligioso, porque muitos dos pensadores do século XVIII eram homens de fé que acreditavam que a natureza fora criada por Deus. Portanto, eles pensavam que o próprio Deus queria que os indivíduos fossem dotados de direitos naturais inalienáveis. Isso significa que estava nascendo um novo tipo de religião, pela qual a defesa dos próprios direitos e daqueles dos outros correspondia a fazer a vontade de Deus. Reconhecer a Deus significa reconhecer os direitos que ele quis doar ao ser humano. As religiões que defendiam, antes, que o sacrifício dos direitos pessoais e a renúncia de defendê-los fosse o valor máximo encontravam-se agora em dificuldades. As religiões que pretendiam impor-se por lei num determinado território desejando, assim, a criação de Estados cristãos ou islâmicos, encontravam-se em dificuldade. Dentro das grandes religiões foram nascendo muitos posicionamentos diversos, alguns dos quais aceitavam integralmente os novos princípios, outros os negavam de maneira absoluta e outros, ainda, os aceitavam apenas parcialmente. As diversas religiões (cristãs, hebraicas e islâmicas, mas também hinduístas e budistas) dividiram-se ou foram se diferenciando interiormente, fazendo surgir diversas correntes e grupos, ainda ativos atualmente. Muito pouco se compreende das religiões dos últimos dois séculos quando não se leva em consideração essa reação na direção dos direitos naturais dos indivíduos, cuja afirmação representa talvez a maior guinada da história da metade do século XVIII até os dias atuais. O próprio conceito de pessoa sofre uma mudança. A família, a Igreja, o próprio povo e a *Ummah* islâmica não são mais o valor máximo, mas cada ser humano em si. A exigência primária não é mais a defesa da família, da Igreja, do povo ou da Ummah islâmica, mas a defesa dos direitos dos indivíduos.

A mulher conquista o mesmo valor do homem. O direito à própria felicidade e à própria liberdade torna-se o direito primário e o objetivo principal da vida. O limite da própria liberdade e da própria felicidade só pode ser cerzido pela liberdade e pela felicidade dos outros, no sentido de que ninguém pode pretender defender os próprios direitos naturais, prejudicando o direito dos outros. Mas não existem normas superiores que possam obrigar um indivíduo a renunciar a própria liberdade ou felicidade. O próprio conceito de indivíduo, que ora se torna singular e autônomo, sofreu uma mudança radical. A afirmação dos direitos naturais dos indivíduos é uma novidade com relação à história precedente. Representa uma guinada cultural de grande importância relativa ao mundo medieval e ao mundo antigo. Grande parte do mundo islâmico não conheceu antes do século XX esses princípios, e também grande parte do mundo cristão da Europa oriental quase não teve conhecimento deles durante o século XIX. A afirmação dos direitos naturais dos indivíduos implicava em primeiro lugar que o Estado deveria se fundamentar em princípios independentes das tradições religiosas e significava a criação de sociedades religiosamente pluralistas. Mas em segundo lugar implicava a formação daquilo que podemos chamar de uma sociedade civil, isto é, um espaço público neutro em que poderia se fazer presente e exprimir-se uma ampla variedade de opiniões, e na qual tornava-se lícita certa variedade de estilos de vida. Assim, dentro da sociedade cada religião só poderia conservar um dos polos de valor, de concepções de mundo e de modelos comportamentais. E, acima de tudo, as autoridades religiosas não mais poderiam pretender — onde se realizavam aqueles modelos — que o conjunto total da sociedade aderisse às suas próprias concepções e aos seus modelos comportamentais. É claro que o ideal proposto por Locke em sua *Carta sobre a tolerância*, pela qual as Igrejas deveriam ser apenas associações livres dentro do Estado, devendo ser todas toleradas uma vez que respeitassem as leis, teria permanecido sempre um ideal.

O segundo desafio para as religiões nos últimos dois séculos está no desenvolvimento extraordinário da ciência moderna. O progresso tecnológico-científico levou à criação de sociedades industrializadas que produziam, com a urbanização de massas de camponeses, uma inversão dos modos e costumes de vida tradicionais. Os novos meios de transporte marítimos, terrestres e recentemente também aéreos, os novos meios de comunicação e o progresso tecnológico bélico conferiam às sociedades ocidentais um poder cada vez maior. O efeito disso foi o colonialismo. Segundo muitas opiniões, tudo isso levava a reconhecer a vitória do pensamento científico sobre as tradições religiosas que procuraram criar-lhe obstáculos. Por outro lado, a ciência continuava sua erosão progressiva da visão religiosa tradicional do mundo. Por volta da metade do século XIX vemos a difusão da teoria do evolucionismo elaborada por Charles Darwin (*A origem das espécies*, de 1859), enquanto os progressos da medicina (basta pensarmos nas descobertas de Louis Pasteur sobre bactérias) criavam a convicção de que a ciência estava trabalhando intensamente para o melhoramento das condições de vida dos homens. Em alguns países europeus, sobretudo católicos, a burguesia, sendo a principal artífice desse progresso, ia se afastando cada vez mais das práticas religiosas. A fé no progresso gerado pelo conhecimento científico e pela industrialização parecia representar para muitas pessoas a nova fé universal.

O terceiro fator é representado pela análise racional das religiões, que se desenvolveram no Ocidente sobretudo a partir do século XVII. No estudo das religiões, trata-se, antes de tudo, da aplicação das ciências históricas, e a partir da segunda metade do século XIX, das ciências sociais (primeiramente a sociologia, depois a antropologia cultural), até chegar às outras ciências, por exemplo a psicologia e a psicanálise. A ciência histórica, em especial, defendia que as três religiões monoteístas, apesar de sua pretensão de apresentar aos homens um conjunto doutrinal e ético baseado numa revelação imutável de Deus, era, na realidade, fruto de uma evolução histórica. As pesquisas históricas defendiam que as concepções dogmáticas e os preceitos morais propostos pelas diversas religiões à obediência dos fiéis na atualidade, afirmando ser as concepções e os preceitos de todos os tempos, eram, na realidade, diferentes daqueles que a mesma religião elaborara em eras precedentes. Os mesmos textos sagrados das três religiões eram submetidos a questionamentos filológico-históricos. À luz de uma quantidade imensa de estudos pacientes, os historiadores sustentavam que a Bíblia hebraica, o Novo Testamento e o Alcorão foram se formando lentamente em diversas épocas, pela influência de pessoas e grupos, cada um dos quais introduzindo ali suas próprias concepções e cultura. O que as religiões apresentavam como revelação de Deus se mostrava ao historiador como produto do homem. Por outro lado, o enorme desenvolvimento das instituições científicas no século XIX provocou uma ingente massa de expedições arqueológicas que, a partir da segunda metade daquele século, produziram uma extraordinária quantidade de material arqueológico e literário sobre o Oriente antigo e sobre idades helenístico-romanas, das idades Antiga e Medieval. Os pesquisadores do final do século passado e dos primeiros decênios do século atual detinham assim um conhecimento sobre as origens das três religiões monoteístas, e sobre as culturas em que essas se formaram, superior àquela que detinham os grandes teólogos e homens religiosos de todas as três tradições. Por outro lado, as filosofias vigentes na segunda metade do século XIX estavam todas tomadas pela ideia de progresso, seja na versão idealista ou na ideia marxista ou positivista. Nessa perspectiva, as religiões apareciam como um estágio inferior do progresso da humanidade. Elas deveriam ser superadas na idade do espírito absoluto (Hegel), enquanto para uma concepção positivista mediana quanto mais difundida fosse uma explicação científica do mundo, tanto mais diminuiriam na sociedade as crenças religiosas. É nesse contexto que nasce o conceito de secularização, que hoje questionamos, quando se compreende um processo crescente de eliminação da função da religião na esfera política, econômica, filosófica e artística.

O quarto fator se constitui de novos estilos de vida e de relações éticas e sociais entre as pessoas. Paralelamente ao desenvolvimento científico-industrial, foram se difundindo modelos de vida estreitamente ligados ao uso de novos instrumentos produzidos pela sociedade científico-tecnológica e na confiança num progresso que se fundava em conhecimentos positivos. A Exposição Universal de Paris e a construção da Torre Eiffel (1889) representa um dos momentos simbólicos em que esses resultados e ideais foram apresentados como máximo sucesso. As grandes capitais europeias, Paris, Londres, Berlim, constituíam os lugares simbólicos onde eram praticados os novos modelos de vida. Esses lugares acabaram se tornando locais de concentração internacional, produzindo novas formas de pensamento e de arte. Nas primeiras décadas do século XX, surgiu um impressionante número de movimentos artísticos revolucionários e criativos, antitradicionais, e não raro com caráter utópico, no âmbito das artes plásticas, da música e da literatura. Contemporaneamente nascia a psicanálise e novas visões científicas. Reestudando hoje aqueles movimentos e aquelas tendências científicas, podemos destacar, em alguns aspectos, uma influência subterrânea das tradições religiosas (por exemplo, a importância indireta do judaísmo no judeu leigo Freud e no surgimento da psicanálise), mas o aspecto que queremos destacar é que as principais correntes que caracterizam a cultura da primeira metade do século XX europeu formaram-se fora, em geral e em crítica explícita, das religiões tradicionais, o modo de vida que defendiam e os modelos político-sociais e cognitivos que propunham. A história dos últimos dois séculos do cristianismo, judaísmo e islamismo deve ser compreendida como a história dos diversos modos de responder ao impacto desses quatro fatores do mundo contemporâneo sobre os quadros religiosos e culturais precedentes. A partir dessa perspectiva, a história das três religiões nesses dois últimos séculos é uma história comum: elas se viram na tarefa de enfrentar os mesmos problemas. É evidente que sua diversidade recíproca, e a diversidade de relações entre instituições religiosas e instituições políticas que caracterizam as três religiões, teve um papel decisivo em determinar as respostas. Todavia, permanece o fato de que as respostas dadas pelas três religiões aos problemas que tiveram que enfrentar provocaram a formação de diversas correntes e grupos religiosos que as caracterizam atualmente. É preciso afirmar assim que será apenas um estudo comparado das três religiões que irá nos permitir compreender essa problemática em seu conjunto.

6.3. Liberdade religiosa e laicidade do Estado: o sistema americano e o francês

A afinidade entre a Declaração dos Direitos Humanos americana (primeira formulação em Virgínia em 1776) e a francesa (1789), assim como entre as respectivas aplicações à liberdade religiosa, não nos deve deixar esquecer de uma diferença radical. É importante lembrar que no sistema dos Estados Unidos jamais houve qualquer empecilho para a manifestação pública da religião. Ao contrário, se atribui uma importância fundamental à religião para a vida pública. Enquanto no sistema francês a Declaração dos Direitos segue no sentido de limitar o poder das Igrejas, no sistema americano é o Estado que busca limitar-se. A semelhança das diversas posições religiosas singulares e das diversas comunidades religiosas com relação ao Estado não significa que essas comunidades não possam se fazer presente na vida pública com suas Igrejas, suas escolas religiosas, os próprios hospitais, iniciativas de caridade, associações, jornais etc. A presença pública das comunidades religiosas é antes amplamente favorecida, pois a religião é um pilar essencial e insubstituível da vida privada e política. O que se exige é que a presença pública de todas as Igrejas se dê no respeito da liberdade dos indivíduos e de outras igrejas, sem conflitos e sem perturbar a paz pública. Os esquemas interpretativos adaptados às experiências históricas de alguns países europeus como a França (e em parte a Itália e a Espanha) não podem ser aplicados a uma situação institucional como a dos Estados Unidos. O esquema de uma luta de dois séculos entre o Estado, que tenta limitar os privilégios e o poder da Igreja, e a Igreja, que vê nessa tentativa um projeto de descristianização e se opõe a isso buscando restaurar uma sociedade organizada com base nos princípios cristãos, não serve para explicitar a experiência americana e o posicionamento concreto das Igrejas, incluindo a católica, com relação aos fenômenos da vida social e política daquele país. Por esse motivo, consideramos que o conceito de secularização, compreendido como um processo de redução progressiva ou como tentativa política de eliminar a presença das religiões na esfera pública, é inadequada para explicar a presença de religiões nas sociedades dos últimos dois séculos. Há outro fator que se deve levar em conta, a saber, que as religiões e as instituições que as representam publicamente têm desempenhado um papel divergente nas diversas situações políticas e culturais. O esquema de uma oposição das Igrejas aos movimentos de independência nacional, que é típico da experiência italiana, em que o Ressurgimento encontrou na hierarquia eclesiástica e no catolicismo um firme obstáculo e uma aversão que se estendeu por décadas, mesmo depois da conquista da unidade nacional, não deve ser considerado universal. Na Grécia, por exemplo, a luta pela independência nacional do domínio otomano (alcançado em grande parte pela Grécia em 1821 e pela Macedônia em 1912) encontrou na Igreja ortodoxa um apoio prático e moral fundamental e contínuo. Apesar das diferenças, isso se aplica em outros casos, por exemplo, para a Bulgária, onde os mosteiros tiveram um papel de difusão da consciência nacional. A Igreja ortodoxa (ou seja, suas instituições e seus membros) sente-se como parte integrante da identidade do povo grego e do seu destino. Não é por acaso que a Igreja ortodoxa grega é uma Igreja nacional e o patriarcado de Atenas, constituído logo após a independência nacional, se considera *autocéfalo* e independente do de Constantinopla. A oposição entre Estado e Igreja, que é essencial para a história de alguns países europeus, e muitas vezes até considerada um fator fundamental de progresso, não pode ser considerada um caráter universal.

6.4. O renascimento do religioso

Depois, temos de levar em conta que a relação das três religiões com os principais fatores da sociedade contemporânea também se modifica, e de maneira determinante, na sequência daqueles fenômenos de renascimento da importância e da função das religiões que se manifestam decisivamente depois da Primeira Guerra Mundial em conexão à queda da confiança nos ideais de progresso e frente aos resultados trágicos da política europeia. Assistimos assim a uma guinada específica das Igrejas cristãs que se caracteriza por fenômenos usualmente contraditórios entre si, que às vezes só interessam às elites, e às vezes se constituem em verdadeiros e próprios movimentos de massa: renovação teológica (teologia dialética no protestantismo, teologia histórica no catolicismo); movimentos sociais (encíclica social *Rerum novarum* e atenção ao problema social no catolicismo; socialismo religioso no ambiente protestante); sensível retorno da burguesia europeia às Igrejas; movimento ecumênico e pacífico; autocrítica das Igrejas com seu passado.

Um segundo momento de forte renascimento religioso se manifesta no cristianismo por volta do final do regime comunista na Europa oriental na Rússia e em diversos países da ex-União Soviética. Esse fenômeno interessa sobretudo às Igrejas ortodoxas, que envolvem a grande maioria da população religiosa daquelas regiões, mas diz respeito também ao catolicismo, como se vê na Polônia, que por um certo período de tempo guiou o resgate religioso e político anticomunista. Em todos esses casos o renascimento religioso apresenta algumas características peculiares: o retorno à tradição religiosa é visto como estando em pleno acordo com a reivindicação da própria identidade nacional e cultural depois da ditadura comunista que procurara erradicar o sentimento religioso das populações. A religião é vista, portanto, como defesa da liberdade individual e coletiva, como elemento constitutivo da identidade. A modernidade filosófica aparece, pois, como a raiz daquela visão desumanizante encarnada pelo comunismo e que só pode ser superada com um retorno às raízes e os valores religiosos assumidos como base da vida social e política. O retorno da religião como fundador da identidade de um povo assume um caráter preocupante nas guerras étnicas da ex-Iugoslávia, onde o fator religioso é visto como diferenciação exclusiva e conflitual da identidade étnico-cultural. De algum modo, paralelo a esse renascimento religioso cristão é o renascimento islâmico. Na origem do ressurgimento árabe nos anos de 1950, os componentes religiosos foram substancialmente secundários. A religião já se torna um fator decisivo e motriz da vida política ao final dos anos de 1970 a partir do Irã, onde os chefes religiosos xiitas guiam a revolução, organizando depois uma república islâmica (1979). Esse sucesso político do islã, ou pelo menos de uma de suas correntes, revigora as assim chamadas tendências islâmicas que compreendem o islã como a única força capaz de dar uma resposta ao subdesenvolvimento, à dependência política e econômica e às modernas formas de neocolonialismo. Nesses casos, o islã é compreendido como uma ideologia que deve informar todo e qualquer aspecto da vida privada e pública, e como base fundamental do Estado e de suas leis. Pensa-se com isso poder erradicar aquela influência ocidental que se manifestava como um dano para o desenvolvimento dos países de maioria islâmica. Sintomaticamente agora esse processo está tomando conta também da Turquia, um país que lá pelos anos de 1930, sob a direção de Mustafa Kemal Atatürk, percorrera um caminho praticamente oposto. Naquela época a estrada do progresso era vista por Atatürk num processo que poderia ser definido como secularização. A ocidentalização havia se manifestado com a introdução na Turquia de corpos legislativos emprestados de países ocidentais europeus. O alfabeto árabe fora substituído pelo europeu. A religião não era negada, mas banida do espaço público: as personalidades religiosas não podiam aparecer em público com vestes religiosas, o véu das mulheres era proibido em público, as irmandades foram fechadas. Também no campo hebraico assiste-se a um fenômeno de certo modo parecido, embora com características totalmente diferentes. As últimas fases da política israelita têm registrado uma importância cada vez maior dos componentes religiosos mais nacionalistas e ortodoxos. Ora, a necessidade da construção de uma vida religiosa hebraica integral no Israel bíblico vai ganhando sempre mais espaço. Assim, movimentos religiosos nacionalistas hebraicos tendem a substituir a tradição laica e socialista do período heroico da fundação do Estado de Israel. Diante desses fenômenos, os politólogos e os cientistas sociais mostraram não estarem preparados. As análises politológicas e sociológicas removeram durante longas décadas os fenômenos religiosos de suas análises. Hoje, ao contrário, os estudiosos estão bem mais atentos à persistência da adesão religiosa e se perguntam quais extratos da população estavam interessados no passado aos assim chamados fenômenos de cristianização, mesmo os que às vezes pareciam gerais. Portanto, hoje temos muito mais cuidado a fim de evitar uma visão evolutiva ingênua, já que com o progressivo e irrefreável desenvolvimento da ciência e dos princípios democráticos ocidentais, as religiões vão exaurindo seu papel fundamental de fator impulsionador da vida social e de formação de cultura de inteiras comunidades. O conceito de secularização, ademais submetido a tantas definições de modo a ter-se colocado fora de uso, não consegue explicar os diversos momentos de renascimento religioso. Interrogamo-nos assim sobre a persistência do fenômeno religioso e sobre as metamorfoses da presença do sagrado em contextos socioculturais como os contemporâneos, tão diferentes daqueles nos quais as religiões se manifestavam no passado.

6.5. A resposta do judaísmo aos desafios da Idade Contemporânea

Os judeus, que por séculos se encontravam na Europa em condições de subordinação política, no ano de 1791, na França, pela primeira vez, conquistavam direitos iguais aos demais cidadãos. Significou um momento decisivo na história religiosa europeia, apesar de que já haviam sido dados alguns passos nesse sentido, por exemplo, no código penal josefino. Deixando de falar dos atrasos causados pela Restauração com a difusão da igualdade de direitos, os judeus de então encontravam-se vivendo na sociedade como cidadãos apresentados na cena pública sem qualquer distinção em relação aos demais. Isso permitia a assim chamada emancipação, isto é, a possibilidade de exercer todas as artes e profissões, ter acesso a cargos públicos em qualquer nível da administração do Estado, de praticar livremente seu próprio culto, de ter acesso à instrução pública tanto como discentes quanto como docentes, de manifestar publicamente as próprias opiniões etc. Mas isso também significava que todo o sistema religioso de vida tradicional e toda a concepção tradicional da relação do judeu com o mundo circunstante deveriam ser submetidos a uma revisão radical. Até aquele momento, os judeus consideravam-se essencialmente membros do povo de Deus que procuravam estruturar todos os aspectos da vida hebraica sobre a base da lei de Deus, a Torá bíblica reinterpretada pela tradição rabínica. O grande desafio exposto pela emancipação aos judeus era o seguinte: como ser plenamente cidadãos dos estados em que viviam e continuarem a ser membros do povo judeu, como respeitar a tradição religiosa vivendo dentro do sistema de vida das sociedades industriais, partilhando os objetivos, os ideais de vida, a visão científica do mundo. A religião hebraica reagiu à nova situação com uma reformulação profunda da tradição que deu lugar a respostas muito diferenciadas. As principais são o judaísmo reformado, o judaísmo conservador e o judaísmo ortodoxo. Com certa quantidade de outros movimentos que não podemos recordar aqui, temos que mencionar também os grupos religiosos que via de regra são definidos como ultraortodoxos, alguns dos quais (como o de Chabad-Lubavitch) remontam à tradição chassídica.

Inspirado na Haskala, surge na Alemanha um movimento de reforma religiosa: o *Reformjudentum*. Em 1818, em Hamburgo, foi fundado um templo que se inspirava nas propostas reformistas de Israel Jacobson (1768-1828): liturgia mais breve, introdução do órgão, pregação vernácula. Nos anos de 1840, o judaísmo reformado sofreu uma organização e uma série de sínodos lhe definiu a fisionomia. O elemento ético-religioso do judaísmo era distinto do ritual e do político: a integração implicava o abandono da esperança messiânica e do retorno à Terra de Israel. Salomon Formstecher (1808-1889), por exemplo, no *Die Religion des Geistes* (1841) e *Mosaische Religionslehrer* (1860), apresentou o judaísmo como monoteísmo ético e religião revelada do espírito que se realizava no Iluminismo e liberalismo, considerados como cumprimento das promessas messiânicas. Hermann Cohen (1842-1918), em *Deutschtum und Judentum* (1916) e *Die Religion der Vernunft aus den Quellen des Judentums* (1919), repelia a perspectiva sionista, visto que o messianismo se cumpria no processo de realização da ética, essência do judaísmo. Leo Baeck sintetiza dramaticamente as questões do judaísmo reformado. Antissionista, defensor dos direitos judaicos sob o nazismo, repeliu a emigração e sobreviveu à prisão nos campos de concentração de Theresienstadt. Em sua obra mais célebre, *A essência do judaísmo* (1905[1], 1912[2]) defendeu o judaísmo como monoteísmo ético: a percepção da santidade de Deus que fundamenta a liberdade do imperativo ético constitui a essência do judaísmo. A reforma emigrara para os Estados Unidos já no ano de 1824 em Charleston (Carolina do Sul). Nos anos de 1880, vigorava o judaísmo americano. No ano de 1885, com a assim chamada Pittsburg Platform, o Reform Judaism definiu uma visão histórico-evolutiva do judaísmo, negando o valor normativo ao Talmude, propondo uma desorientação e o abandono do nacionalismo hebraico. Em tudo isso, foi determinante Isaac Mayer Wise (1819-1900), pai do movimento reformatório americano. Mas a difusão da ortodoxia nos Estados Unidos e o crescimento do antijudaísmo europeu atenuaram esse posicionamento. A Columbus Platform de 1937 recuperava o conceito de povo e a importância do hebraico na liturgia modificando a postura em relação ao sionismo. Na Alemanha, no ano de 1845, Zacharias Frankel (1801-1875) se afastou do movimento reformatório não concordando com a forte redução do hebraico na liturgia. Surgiu, então, uma tendência que seria grande sucesso sobretudo nos Estados Unidos neste século: o *Konservatives Judentum*, que representa uma via intermediária entre a reforma e a ortodoxia. Se é necessário adaptar às mudanças culturais todos os elementos historicamente determinantes, existe, todavia, uma substância não sujeita à evolução. Sempre na Alemanha, surgiu a corrente neo-ortodoxa. A fidelidade à tradição não contrasta com a emancipação, com a participação plena na vida do Estado, nem com o progresso e a ciência. *Die Religion im Bunde mit dem Fortschrift* é o significativo título de uma obra do iniciador Samson Raphael Hirsch, rabino em Frankfurt em 1851. Nos Estados Unidos, a corrente neo-ortodoxa foi se solidificando cada vez mais nesse século. Por ortodoxia se compreende tanto o judaísmo da Europa Oriental, que ficou de fora das lutas pela emancipação e integração e às tentativas de reforma, quanto os atuais movimentos chassídicos, assim chamados de ultraortodoxos. Apesar de distintas, todas essas tendências estão eivadas pela questão do retorno à terra dos pais, que é parte essencial da identidade judaica enquanto povo. O sionismo se fez o promotor desse retorno à terra dos pais. O movimento só irá surgir nos anos noventa do século XIX, depois da renovação de tendências e perseguições antijudaicas na segunda metade do século. O sionismo representa uma resposta específica à questão colocada pela emancipação: os judeus, por constituírem-se num povo, não podem participar do desenvolvimento contemporâneo dos povos a não ser instituindo um Estado próprio em sua terra tradicional. O sionismo transforma a ligação entre o povo de Israel e sua terra de um patamar religioso para um nacionalista e propõe o retorno à terra como uma ação política, e não como iniciativa de Deus que envia o Messias. Por outro lado, conserva as categorias do povo de Israel e da Terra de Israel, religiosas em sua origem. Assim, a secularização é apenas parcial. A instituição de um Estado hebraico teve que envolver necessariamente elementos religiosos. O pai do sionismo foi Theodor Herzl (1860-1904), que, estimulado pelo antijudaísmo do Caso Dreyfus, escreveu *Der Judenstaat* no ano de 1896, e organizou em 1897 o primeiro congresso mundial sionista. A ideia de um Estado hebraico sobre uma base não religiosa, realizado com ações político-diplomáticas, tomou corpo depois da Declaração Balfour (1917) e do mandato britânico na Palestina (1922). Foi só a queda do império otomano (1917) que criou as condições políticas para se alcançar aquele direito nacionalista à terra que os outros povos possuíram no século precedente. Com a fundação do Estado de Israel no ano de 1948 concluir-se-á o processo de obtenção dos direitos iniciado no ano de 1791. Na realidade, de 1933 a 1948 foi se dando uma guinada radical. Com a aniquilação de seis milhões de judeus europeus, a existência de um Estado hebraico conquistava um destaque sem precedentes, e também a defesa da tradição acabou se reforçando. Em qualquer manual de História contemporânea, não se pode deixar de mencionar o fato de que a emancipação dos judeus na Europa no curso dos séculos XIX e XX provocara o surgimento e o desenvolvimento de uma nova e terrível forma de antissemitismo. O antissemitismo revela, portanto, os limites da capacidade dos sistemas políticos e das culturas europeias de aceitar a presença de minorias importantes e de outras culturas. O antissemitismo se revela como um mal sistêmico mais que uma irracional manifestação do mal. Por causa do antissemitismo, as correntes não sionistas vão perdendo cada vez mais terreno: a defesa do Estado de Israel tornava-se fundamental para as comunidades europeias e americanas. Também do ponto de vista religioso se iniciava uma nova era: pela primeira vez na história a religião judaica, em Israel, se encontrava dentro de um Estado fundado sobre o sionismo, a forma secularizada da religião. Por outro lado, estavam surgindo cada vez mais tendências sionistas integralmente religiosas, mesmo dentro da ortodoxia.

6.6. A resposta do cristianismo católico aos desafios da Idade Contemporânea

A reação da Igreja católica aos quatro fatores indicados aqui nos dois séculos que vão desde a Revolução Francesa até hoje é difícil de ser sintetizada. Primeiramente, as reações se modificam a depender do fato se o catolicismo representa maioria ou minoria num determinado país e, sobretudo, dependendo dos sistemas político-institucionais dentro dos quais está inserido. Não se pode fazer um discurso unitário, por exemplo, para o catolicismo francês e italiano, por um lado, e pelo catolicismo americano por outro. Via de regra, os pesquisadores têm distinguido dois modos distintos na Igreja católica de reagir às situações políticas que se deram na sequência aos princípios da Revolução Francesa: uma postura de intransigência e um catolicismo mais liberal. Para cada uma dessas correntes, se pode desenhar uma constelação de nuances e tendências diversas, muito bem descritas pelos manuais. A postura de intransigência, a corrente prevalente, tendia a reconstituir a situação precedente à Revolução Francesa, isto é, uma situação em que a cultura da sociedade coincide substancialmente com a religião católica. Nenhum dos quatro fatores supramencionados era aceito de princípio. Um posicionamento parecido de renúncia só poderia subsistir como oposição e desembocava na organização de iniciativas minoritárias de caráter social e cultural apenas católicas. O fato de que essa era a posição oficial da hierarquia católica dificultou sobremaneira a difusão da tendência oposta, aquela do catolicismo liberal ou do catolicismo que se identificava com a linha jurisdicionalista dos imperadores de Habsburgo. Essas últimas tendências católicas aceitavam substancialmente a ordem de separação entre Estado e Igreja, tanto na versão francesa quanto na versão liberal ou habsburgo, e se identificavam com os objetivos e a cultura da comunidade nacional, reservando ao cristianismo um papel de caráter mais voltado exclusivamente ao religioso, não político.

Para que essas tendências pudessem se tornar majoritárias teria sido necessária a autorização da hierarquia eclesiástica. De fato, um elemento sistêmico do catolicismo, impossível de ser eliminado, apesar das tentativas para tanto, é a distinção entre sacerdócio e laicato, entre Igreja docente e discente. Mas a hierarquia eclesiástica não poderia ter mudado o próprio comportamento até que se modificasse a doutrina com a qual a Igreja interpretava a si mesma e seu papel na sociedade. Deram-se, então, dois grandes momentos nos quais um conspícuo número de intelectuais católicos procurou reformar integralmente a doutrina católica tradicional. O primeiro, chamado de modernismo, teve seu florescimento entre os anos de 1890 e 1910. Foi reprimido com dureza extrema pela hierarquia eclesiástica e seu objetivo falhou, muito embora naquele tempo tenham sido afrontados todos os grandes temas do impacto entre religião e sociedade contemporânea. O segundo momento se deu entre a metade dos anos de 1930 até a metade dos anos de 1960. Menos virulento, bem mais paciente e exaustivo em sua extraordinária capacidade de reconstruir os principais aspectos da história do cristianismo, esse esforço de reexame histórico e teológico foi resultado de diversas escolas e instituições em vários países europeus e americanos. Talvez a linha principal que pautou esse conjunto de estudos, difíceis de serem unificados, reside na tentativa de demonstrar que a visão do cristianismo, sustentado pela hierarquia católica durante a Contrarreforma, no Antigo Regime e no século XIX, era bem diferente daquela do cristianismo antigo dos primeiros séculos. A teologia oficial, em outros termos, não era verdadeiramente tradicional. Fazia-se necessária uma mudança institucional e doutrinal, uma nova síntese adaptada aos tempos atuais, que se inspirasse principalmente no cristianismo antigo. Essas convicções ganharam espaço na Igreja católica e desembocaram no Concílio Vaticano II (1962-1965). As novas formulações doutrinais e as orientações práticas da Igreja católica que se seguiram vão substancialmente na linha de uma nova relação da Igreja com a sociedade (que implica também a aceitação do princípio de liberdade religiosa e das declarações dos direitos humanos) e uma concepção mais espiritual da natureza da Igreja como povo de Deus que tem o seu centro em Cristo e na assembleia litúrgica. Mas se trata de uma concepção aberta à dimensão social com uma atenção especial dirigida aos pobres e aos fracos. A Igreja do Concílio Vaticano II sancionava igualmente uma clara convivência com uma análise racional da religião, as ciências históricas, principalmente, mas em geral todas as ciências, apesar da reserva em avaliar seus resultados sempre a partir de um ponto de vista teológico. A Igreja católica também procurou instaurar uma relação diferente com as outras Igrejas cristãs e com as outras religiões. A tão buscada (apesar de difícil) reunificação dos cristãos era concebida assim não mais como um simples retorno das demais Igrejas à Igreja católica, mas pelo menos, em certa medida, como um processo no qual as Igrejas, compreendida a católica, deveriam se submeter a um esforço e reforma. Também em relação às demais religiões, a Igreja católica procurou instaurar um comportamento menos antitético do que no passado. Fez, portanto, uma apresentação não polêmica, buscava uma colaboração no plano da defesa dos valores morais comuns e aceitava o pluralismo religioso dentro da sociedade, que no passado havia sido hostilizado. Em especial, quanto ao judaísmo, a Igreja católica começou, embora tardiamente (1965), uma séria autocrítica das doutrinas teológicas (primeira de todas as do deicídio do qual os judeus de todas as épocas continuavam a ser responsabilizados) que contribuíram para a formação daquele antissemitismo que desembocara no extermínio dos judeus europeus pelas mãos do nazismo, do fascismo e de seus aliados. Por fim, recorda-se que o Concílio Vaticano II introduziu algumas reformas institucionais e organizacionais significativas na Igreja: uma internacionalização e colegialidade mais intensa nos órgãos diretivos (mas sem renunciar a teoria e a práxis do primado do papa), a instituição de conferências episcopais regionais que ao longo do tempo permitiram uma pluralidade de experiências nas diversas regiões do mundo, colocando um ponto final nas tentativas de uniformidade comandada pela sede central de Roma. A consciência das diversidades culturais exigia a "desocidentalização" e a assim chamada "enculturação" do cristianismo (para usar aquela terminologia difundida nos ambientes teológicos) que permitirá ao cristianismo se posicionar não como exportação colonial dos países europeus, mas como resposta às necessidades profundas das diversas tradições culturais. Discutiu-se longamente se a nova orientação adotada pela Igreja católica com o Concílio Vaticano II foi depois colocada fielmente em prática ou se acabou sendo traída, e se realmente representa uma superação radical da posição contrarreformista ou do regime antigo católico. Interessa-nos aqui, apenas, sublinhar que o resultado principal do impacto do catolicismo com os desafios da sociedade contemporânea consistiu, depois de um longo período de tentativas falhas, numa reformulação da Igreja e de suas relações com a sociedade contemporânea. Com outras palavras, o impacto com a sociedade contemporânea não provocou uma quebradeira nas diversas Igrejas. O nascimento de uma Igreja veterocatólica, em conexão com o Concílio Vaticano I, e de uma Igreja quase cismática, a dos seguidores de Lefebvre, depois do Concílio Vaticano II, representam fenômenos sociologicamente bastante secundários. A reorganização da Igreja, porém, criou as condições para o nascimento (ou o desenvolvimento) de uma multiplicidade de movimentos que exprimem uma gama extraordinária de posicionamentos. Quem quisesse compreender os modos da presença da Igreja católica hoje, no mundo contemporâneo, deveria estudar as situações das diferentes regiões geográfico-eclesiásticas (por exemplo, a linha seguida pelas diversas conferências episcopais) e as diferentes concepções da Igreja e de sua relação com a sociedade, como elas são vividas e teorizadas pelos grandes movimentos difundidos mundialmente.

6.7. As respostas do cristianismo protestante aos desafios da Idade Contemporânea

A teologia e a reflexão protestante manifestam nos séculos XIX e XX uma criatividade excepcional, bem maior do que a manifestada pelo catolicismo. Basta pensarmos em nomes como o de Immanuel Kant, Georg Wilhelm Friedrich Hegel, Friedrich Schleiermacher, Søren Aabye Kierkegaard, Adolf von Harnack, Karl Barth, Rudolf Bultmann, Paul Tillich. Sua influência sobre o catolicismo foi enorme. Isso é um sintoma do fato de que a dialética entre Igrejas protestantes e católicas é um elemento sistêmico da recente história ocidental. Mas não é necessário pensar no protestantismo como lugar da liberdade e no catolicismo como o lugar do conservadorismo. Numa resenha recente, Paolo Ricca apontou os três aspectos fundamentais da teologia protestante do século XIX no despertar, no protestantismo liberal e na ortodoxia. Também o protestantismo manifesta, pois, uma forte corrente conservadora. É bem verdade que o modernismo católico foi fortemente influenciado pelos historiadores e teólogos protestantes de orientação liberal, que representavam a ala que procurou identificar-se com mais decisão com os objetivos progressistas do final do século. Mas é bastante comum esquecer que também o protestantismo conheceu, na virada do século, um fenômeno parecido com o da polêmica antimodernista. Na faculdade teológica de Princeton, nos Estados Unidos, por exemplo, se manifestou alguma coisa semelhante na passagem entre os dois séculos. Não se tratava de um caso isolado. Já no século XVII, a ortodoxia calvinista se opôs com métodos autoritários à difusão da teologia cartesiana e às reinterpretações da Bíblia à luz das novas conclusões científicas. A história dos séculos XVIII e XIX está repleta de episódios de luta da ortodoxia contra as manifestações mais radicais da teologia protestante.

Se ortodoxia e teologia liberal representam os dois polos opostos, o despertar, segundo Ricca, foi a orientação teológica e de religiosidade ativa "de há muito mais importante para a vida da Igreja" protestante do século passado. "O fato de que o protestantismo do século XIX se criou de forma mais viva e significativa dentro do plano do testemunho cristão, é quase sempre devido" a isso. "Os protestantes despertos — continua Ricca — usualmente não se tornam teólogos, mas pregadores, evangelizadores, missionários, instituidores de obras sociais, fundadores de 'sociedades' de vários tipos que foram e continuam sendo instrumentos essenciais da ação cristã no mundo". Mas no século XX, dentro do protestantismo, viria a se manifestar um fenômeno que me parece bastante diferente daquele da oposição entre ortodoxia e teologia liberal, ou seja, entre instituição eclesiástica e tentativa de adequação das tendências da burguesia progressiva europeia. O maior fenômeno de renovação teológica do século, a teologia dialética, foi uma tentativa de refundação radical da teologia protestante, mas não no sentido de adequação às tendências da sociedade. Essa nascia exatamente da percepção oposta: a da necessidade de julgar, à luz do núcleo mais autêntico da mensagem do Evangelho, as orientações e fenômenos político-sociais contemporâneos. Não se tratava primariamente de eliminar da religião aquilo que é inaceitável ao mundo moderno, mas, antes, num renascimento que toca o próprio centro da tradição protestante. Não uma teologia e uma Igreja de acordo com o espírito dos tempos, mas uma teologia da crise e do anúncio de uma alternativa possível. Não é por acaso que os representantes da teologia dialética deram vida à Igreja confessante, a qual contra os *Deutsche Christen* manifestava sua não concordância quanto à prevalente orientação nazista da sociedade alemã. Um segundo aspecto desse renascimento religioso protestante é o movimento ecumênico que surge na vigília da Primeira Guerra Mundial. A conexão entre pacifismo e ecumenismo será uma característica dos anos posteriores, como mostram as atividades do bispo luterano Nathan Söderblom durante o primeiro conflito mundial e no período entre as duas guerras, sobretudo nos anos de 1930, durante o adensamento previsível da tragédia. Esse fenômeno de renascimento religioso é compreendido histórica e comparativamente. É visto provavelmente como paralelo daquele renovamento do espírito do catolicismo que desembocará no Vaticano II, assim como se vê comparativamente a teologia liberal e o modernismo. Como exemplo de uma religiosidade protestante que fez da defesa dos direitos naturais dos indivíduos a própria expressão da fé cristã, apresento o pastor batista americano Martin Luther King. Para ele, a defesa e a luta em prol dos direitos civis não é algo de acrescido e separado da própria fé e do próprio modo de viver o cristianismo. Ser cristão significa lutar pela defesa e a promoção dos direitos civis dos negros, mas obviamente também dos brancos. Martin Luther King é um exemplo de uma religião cristã que aceitou plenamente a declaração dos direitos do final do século XVIII, tomando-a como base da própria fé e da própria práxis.

6.8. As respostas do cristianismo ortodoxo aos desafios da Idade Contemporânea

As Igrejas ortodoxas originariamente ligadas ao patriarcado de Constantinopla no curso do século XIX acabaram se transformando em Igrejas nacionais. Para algumas, isso se deu em seguida à luta de independência do império otomano. A Igreja grega ganha independência no ano de 1833, a romena no ano de 1865, a búlgara em 1870. O nexo entre identidade nacional e religião ortodoxa foi bastante forte também para a ortodoxia sérvia e para a albanesa. É justo afirmar então que, "entre o século XVIII e XIX, na Europa oriental a nacionalidade tem dependência com a religião". Esse nexo nacionalidade-religião vem confirmado também quando observamos o universo russo. Até 1917, a Igreja russa era muito dependente do Estado, ao qual ela oferecia um grande apoio nacionalista. A ortodoxia russa do século XIX e da primeira metade do século XX representa a parte mais viva da ortodoxia e manifesta uma capacidade criativa extraordinária em nível missionário (evangelização da Sibéria e das populações muçulmanas do Volga e dos Urais), tanto sobre o pensamento teológico quanto sobre a religiosidade vivida. Assim, o século XIX representa um verdadeiro renascimento religioso da ortodoxia, fato que dificulta novamente a aplicação do termo *secularização*. As intervenções do Estado no século XVIII que confiscam propriedades da Igreja (Catarina II) provocam igualmente um renascimento religioso estritamente espiritual, sobretudo no que se refere à renovação monástica e sua influência sobre a população. Nas duas vias percorridas pela classe dirigente russa para o progresso e o desenvolvimento da Rússia, a da escravidão e a da ocidentalização, a religião ortodoxa se fez presente sobretudo na primeira. Isso significa que, também desse ponto de vista, se deve colocar em questão o esquema da secularização, mesmo se o papel da revitalização cultural exercido pela religião toma o rumo de um enraizamento profundo na cultura dos povos russos e não a da distinção ocidental francesa entre religião e política, entre modo de vida moderno e tradições religiosas. É significativo o fato de que, na ortodoxia russa, se verifiquem movimentos de reforma religiosa popular com tendência radical, como os de inspiração tolstoiana. O grande escritor Liev Tolstói foi, na realidade, também um grande pensador religioso que propôs — como sublinhou largamente Pier Cesare Bori — uma reforma radical do cristianismo com base racional. O seu ideal de educação religiosa das classes mais humildes e o seu pacifismo radical tiveram um influxo mundial que vai além dos contornos do cristianismo. Basta pensar na influência direta que teve sobre a formação da concepção da luta não violenta em Gandhi. Também esses aspectos de reforma (e renascimento religioso, dentro da ortodoxia russa) são lidos comparativamente com os do modernismo católico, da teologia liberal protestante alemã e francesa e do renovamento católico do calvinismo americano.

6.9. As respostas do islã aos desafios da Idade Contemporânea

Todas as subdivisões do islã contemporâneo podem ser medidas em seu modo de enfrentar o problema da modernização (ocidentalização) ou não das sociedades baseadas no islamismo. As subdivisões tradicionais que mencionamos no início continuam existindo, e quando excetuamos o nascimento de uma nova religião que se afasta do tronco islâmico, a religião Bahai, o confronto com a sociedade contemporânea não gera novas subdivisões teológicas. A mudança consiste na formação de movimentos e tendências que perpassam de algum modo transversalmente as divisões tradicionais. Simplificando podemos identificar, com uma postura tradicionalista, outras duas grandes tendências principais: uma reformista e uma islamista, cada uma das quais abrigando uma ampla variedade de posições em seu seio. Por volta do final do século XIX e início do século XX se pressente a necessidade de um confronto da tradição religiosa com os sistemas de pensamento ocidental e com a pressão expansionista e colonial do Ocidente. Verifica-se assim uma corrente de reformismo. Ela caminha, de algum modo, paralela ao modernismo católico e ao judaísmo reformado, sobretudo no problema que enfrenta e não nos seus resultados. Não chega a produzir qualquer distinção nos textos sagrados e na tradição normativa entre um núcleo a ser conservado e elementos que já não têm validade na sociedade contemporânea, e sobretudo porque, diferentemente do judaísmo reformado, não vê surgir qualquer congregação autônoma com um culto em língua não árabe. Entre os autores que, entre o final do século XIX e as primeiras décadas do século XX, afrontaram a questão de como a religião islâmica pode contribuir para o desenvolvimento dos países islâmicos em seu confronto com o Ocidente, o mais importante talvez seja Muhammad 'Abduh (1849-1905). Ele procura submeter a tradição corânica a uma análise de certo modo racional, que leve em consideração a ciência e a filosofia ocidental moderna. É interessante notar que a oposição entre, 'Abduh e os tradicionalistas tenha se dado no Egito, justo nos anos de 1890, enquanto na Europa católica se desenrola a primeira fase dos debates modernistas. Na época, as classes dirigentes do mundo islâmico da região mediterrânea e do Oriente Médio estão divididas entre tradicionalistas e modernizantes. O pensamento reformista é favorável à elite ocidentalizante. Mas logo a situação se modifica. A colonização por parte dos países europeus, posterior ao domínio otomano, pouco a pouco vai desativando a tendência reformista. Trata-se, porém, de um longo fenômeno. Aqui nem sequer podemos descrever a função da religião nos diversos processos que levaram à formação de estados independentes no Magreb e no Oriente Médio dos anos de 1930 a 1970. Nos anos de 1930, a revolução de Atatürk na Turquia representa uma tentativa exitosa de ocidentalização e de fundação de um Estado laico com um sistema democrático pluripartidário. Trata-se de um caso único na história dos países tradicionalmente islâmicos. Na Turquia, a religião não exerceu um papel propulsor nesse processo, mas as correntes reformistas do islã foram amplamente favorecidas. Também, no caso do Egito, não foi a religião que exerceu um papel propulsor, mas um nacionalismo árabe de tendência socialista. Ao final dos anos de 1920 nasce no Egito uma terceira orientação religiosa, destinada a assumir um papel cada vez mais decisivo. Propondo um profundo renascimento religioso baseado na tradição, ele elabora uma nova relação entre islã e desenvolvimento da sociedade que não é o das correntes tradicionalistas. Trata-se dos Irmãos Muçulmanos (1929) que propõem uma reislamização do povo. A Irmandade Muçulmana irá se propor à revolução nasseriana socialista justo porque privada de base religiosa. Trata-se do primeiro grande movimento islamista. Por correntes islâmicas compreende-se as que se propõem a colocar a lei do Alcorão como única e absoluta base de qualquer aspecto da vida privada e pública de um Estado. Nas correntes islâmicas, é preciso ter em mente a diferença entre o islã xiita e o islã sunita. No xiismo existe um poder religioso institucional que tem a prerrogativa de interpretar o texto sagrado e a tradição. Por isso, ele apresenta um direcionamento firme para a ação política, e uma base autoritativa que define, sem poder ser refutada, a lei religiosa que forma a base da organização da vida social e política. Essa autoridade de um clero islâmico não existe na tradição sunita, o que tornam menos eficazes e unitárias as tendências islâmicas. Depois do sucesso da revolução dirigida no islã pelas tendências islamitas xiitas, os movimentos islamistas foram ganhando cada vez mais terreno no mundo islâmico, inclusive na Turquia, nos anos de 1980 e 1990. As tendências religiosas do islã na Europa e na América se diferenciam primariamente por causa dos diversos sistemas políticos nos quais se difundem. O sistema americano e inglês, diversamente do sistema francês, não constringem a religião para a esfera do privado. Por isso, o multiculturalismo pode se afirmar mais facilmente na Inglaterra e nos Estados Unidos, permitindo aos cidadãos de religião islâmica se organizar em comunidades, enquanto na França o sistema favoreceu mais a integração ou assimilação. Todavia, a tendência islâmica prevalente nas últimas décadas levou por toda parte à criação de comunidades religiosas que não só manifestam publicamente o próprio credo religioso, mas se organizam "islamicamente" no próprio seio (o assim chamado comunitarismo). Isso se deu sobretudo na Grã-Bretanha. A situação atual se caracteriza assim pelo confronto entre sistemas políticos, como o europeu e o americano, e uma tradição muitas vezes islâmica na versão islamista. Essas duas tradições aparecem às vezes como radicalmente divergentes. Os sistemas políticos europeus e americanos afirmam a necessidade de uma sociedade civil não dominada por uma única religião, e por outro lado se formaram numa tradição na qual o desenvolvimento da ciência e do pensamento crítico obrigou a religião cristã e judaica a uma longa reflexão racional sobre as próprias origens e história, na tentativa de distinguir aspectos humanos e aspectos revelados pela própria tradição. A religião islâmica (como ademais, certa parte da tradição cristã ortodoxa), desde o século XVII até hoje, majoritariamente por causa do domínio otomano, é experimentada num estado de isolamento e de um recuo que impediu que tivessem um fecundo confronto com a ciência e o pensamento crítico moderno e com a experiência plurissecular das lutas pela liberdade religiosa. Assim, uma das tarefas que nos desafiam hoje é saber como é possível dar-se a coexistência de tendência tão profundamente estranha e antitética.

CAPÍTULO 7
Quais são os paradigmas para se compreenderem as redefinições de Jesus e do cristianismo na Idade Moderna?

Quando se estuda um texto presente na Bíblia, como um dos quatro evangelhos canonizados, à luz da concepção canônica constituída pelo Antigo Testamento, fica claro que aquele texto seja lido à luz da teoria sobre a unidade dos dois Testamentos e dentro de uma cristologização da Bíblia hebraica. Quando se estuda Jesus à luz das definições dogmáticas dos grandes Concílios antigos, por exemplo, os de Niceia e de Calcedônia, é evidente que os evangelhos serão interpretados na base da teoria dogmática das duas naturezas, humana e divina, copresentes na pessoa de Jesus. Mas, então, como se deve estudar a figura de Jesus e em que perspectiva? Dentro da instituição católica, em que a exegese é parte de um sistema teológico e está em função de uma teologia do Novo Testamento e uma teologia sistemática que depende do dogma católico? Dentro de uma instituição das Igrejas da Reforma ou da ortodoxia? Dentro de um sistema científico que compreende todos os fenômenos religiosos mediante uma história comparada das religiões? Através de uma história geral da cultura e do desdobramento dos fatos históricos em seu conjunto?

Eu estudo a figura histórica de Jesus usando qualquer fonte que a crítica histórica demonstra ser capaz de me fornecer conhecimentos históricos confiáveis. Não pressuponho *a priori* que alguns textos sejam confiáveis enquanto inspirados por Deus. A necessidade de submeter ao exame da crítica histórica também os textos contidos no cânone bíblico (e por isso considerados inspirados e normativos pelas Igrejas cristãs) não deriva de refutação nem de aceitação da teoria da sua inspiração divina, mas do fato de que entre si apresentam divergências e contradições, um fato que obriga a interrogar sobre sua credibilidade histórica, sobre as fontes utilizadas, sobre o grau de conhecimento crítico que detinham seus autores e fontes sobre os fatos. É preciso estudar os textos, portanto, com o método histórico normal, que depois da Idade Moderna requer sua colocação numa história das religiões e numa história da cultura. Nessa perspectiva, o conjunto dos conceitos historiográficos e da terminologia usada para estudar os fenômenos religiosos não depende da conceitualização confessional nem da teológica, nem da dogmática, mas da conceitualização das ciências humanistas. A exegese e a história do cristianismo não são parte da teologia. A essa consciência metodológica e epistemológica fomos chegando aos poucos num longo processo dialético com as instituições eclesiásticas nas quais suas categorias epistemológicas se revelaram infundadas cognitivamente (conceito de inspiração, de cânone etc.). Por isso a história da formação do aparato científico hoje permite e faz parte necessariamente da exegese e das pesquisas sobre Jesus.

O fato é que as instituições eclesiásticas permanecem e até se tornam cada vez mais determinantes no clima cultural atual, em que os fatos religiosos são estudados preponderantemente dentro das faculdades teológicas. Assim, um estudo científico sobre Jesus e o primeiro cristianismo entra necessariamente em conflito com a interpretação dos mesmos fenômenos históricos por parte dos especialistas que se movem dentro das categorias mentais das faculdades teológicas de suas Igrejas.

Mas existe também um segundo motivo que torna necessária uma busca histórica das pesquisas sobre Jesus na Idade Moderna. Os problemas das pesquisas sobre o Jesus histórico são certamente em certa parte novos e diferentes com relação ao passado, assim como as soluções apresentadas pelos especialistas. Todavia, estudando a história da exegese e da interpretação da Bíblia na Idade Moderna (e também a história da teologia, das Igrejas e do pensamento político moderno), já há um bom tempo me dei conta de que os grandes problemas da exegese atual são, em grande parte, repercussões de uma série de questões que surgiram com o nascimento da modernidade. Sobre o que seja propriamente a modernidade, e em que consista a continuidade que ela representa, me parecem úteis as reflexões de Gregory, do ponto de vista da história da filosofia e das ideias, em seu livro *Speculum naturale*. O ponto fundamental é que as descontinuidades coexistem num mesmo tempo e lugar, não se sucedem uma à outra, como se o novo que nasce substitui o velho que, então, desaparece. Assim, a modernidade define uma guinada fundamental no modo de pensar, mas não a característica de uma época concebida temporalmente. O modo de pensar moderno coexiste com modos de pensar precedentes que, no correr dos séculos, não só permanecem (de vez para outra, obviamente, de maneira diversa), mas também podem ter a prevalência sobre aquilo que chamamos de moderno. No primeiro capítulo, recordei a opinião de Gregory, segundo a qual a constatação de que não é possível estabelecer cortes claros entre a época moderna e as épocas precedentes não pode levar à anulação da percepção da diversidade, da distância e da descontinuidade. Nessa reflexão de Gregory me parece fundamental que a modernidade não é uma época concebida temporalmente porque num mesmo momento podem coexistir dialeticamente posicionamentos até opostos. Gregory, porém, em seu livro, se limita a uma perspectiva da história das ideias e assim vê a modernidade do ponto de vista do modo de pensar. Mas, para mim, a modernidade é um conjunto de fatores que determinam a vida social e não apenas a especulação. Também a ciência moderna me interessa como prática, como modo de imaginar e ver o mundo, como um conjunto de mecanismos que transformam a vida social. Muitas vezes, os exegetas de hoje afirmam que a descoberta da dimensão escatológica da mensagem de Jesus remonta ao ambiente acadêmico alemão entre o final do século XIX e início do século XX, apontando como figura emblemática dessa descoberta Johann Weiss (1892). Na realidade, a natureza escatológica do conceito de reino de Deus de Jesus e a negação do poder político da Igreja são dois temas principais em torno dos quais se mantém a discussão político-teológica sobre Bíblia na era moderna. É no *Leviatã* de Hobbes que o reino de Deus anunciado por Jesus é apenas escatológico. Deus irá reinar apenas no final dos tempos, Jesus não exerce um poder régio e político e muito menos a Igreja, a qual não se identifica com o reino de Deus. Ela deve seguir o exemplo de Jesus, que não se manifestou como rei, mas como conselheiro, exortador, consolador[1]. A estreita dimensão entre dimensão escatológica do reino de Deus e crítica da suposta política das Igrejas que vamos encontrar em Hobbes volta a aparecer nos séculos posteriores e alcança até o século XX. Alguns capítulos fundamentais dessa discussão são, por exemplo, os escritos de John Toland e Thomas Chubb. Muitas vezes se afirma que a pesquisa sobre o assim chamado Jesus histórico se inicia

---

1. É no final que o Cristo terá junto com Deus uma função régia. Assim a dualidade entre poder eclesiástico e poder político estaria eliminada, segundo Hobbes. Deveria existir um único poder, o do soberano, que se exerce também sobre a religião. Mas o poder do soberano não é sagrado e não depende da Igreja.

com Hermann Samuel Reimarus (1694-1768), que teria sido o primeiro (no sétimo fragmento publicado póstumo por Gotthold Ephraim Lessing) a distinguir clara e sistematicamente a fisionomia histórica de Jesus da interpretação teológica que lhe deram os primeiros grupos de seguidores. Na realidade, a reconstrução da figura histórica de Jesus já se delineia no início do século XV[2]. Afirma-se não raro que a descoberta da judaicidade plena de Jesus seria uma conquista da exegese cristã do século XX[3]. Na realidade, a tomada de consciência de que Jesus foi um judeu que permaneceu totalmente dentro de sua cultura e religião (para usar um termo recente) já pode ser vista claramente no século XVI, não antes, e essa consciência, diversamente partilhada por pesquisadores cristãos e judeus, influencia constantemente a interpretação histórica da figura de Jesus na era moderna já nos séculos XVI e XVII. Os exemplos podem ser multiplicados. Em suma, os temas das pesquisas sobre Jesus são, de certo modo, os mesmos desde o início da Idade Moderna até hoje. Por isso, comecei a me perguntar se as razões dessa permanência do problema podem ser identificadas na estrutura cultural da modernidade. Apresento, assim, algumas hipóteses de pesquisa sobre uma série de problemas e questões mais do que soluções e respostas. Dado o enorme âmbito cronológico e temático, devo limitar-me a certos acenos. Vou deixar de lado completamente alguns aspectos, dando mais espaço aos que me parecem nem sempre ter merecido consideração suficiente, pelo menos dentro dos estudos cristãos.

Num artigo publicado em 2011[4] e depois reelaborado em 2013[5], procurei dois modelos heurísticos para explicar os fatores que levaram, desde o início da modernidade, a descobrir a fisionomia histórica de Jesus para além e contra as interpretações dogmáticas e teológicas das Igrejas antigas.

---

2. PESCE, M., *Per una ricerca storica su Gesù nei secoli XVI-XVIII. Prima di Hermann S. Reimarus*, in: *Annali di storia dell'esegesi*, 28,1 (2011) 433-464; ID., *The beginning of the historical research on Jesus in modern age*, in: HODGE, C. JOHNSON et al. (ed.), *The one who sows bountifully. Essays in honor of Stanley K. Stowers*, Atlanta (GA), Society of biblical Literature, 2013, 77-88.

3. Embora de forma marginal, reconhece-se que alguns pesquisadores judeus do século XX deram uma importante contribuição para essa descoberta. Alguns, inclusive, afirmam que ela remonta à assim chamada terceira onda de pesquisas sobre o Jesus histórico.

4. PESCE, *Per una ricerca storica su Gesù nei secoli XVI-XVIII*, op. cit.

5. PESCE, *The beginning of the historical research on Jesus in modern age*, op. cit.; ID., *The beginning of the historical research on Jesus in modern age*, in: DESTRO, A.; PESCE, M. (ed.), *Texts, practices, and groups. Multidisciplinary approaches to the history of Jesus followers in the first two centuries. First annual meeting of Bertinoro (2-4 october 2014)*, Turnhout, Brepols, 2016, 793-805.

O primeiro é o que vou chamar de paradigma de repetições de questões sistêmicas. A historiografia social francesa, caracterizada por sistemas sociais e sua longa permanência, me pareceu capaz de resolver pelo menos parte do problema da continuidade das temáticas sistêmicas sobre Jesus num longo período de tempo. Ela fornece a possibilidade de superar a visão de uma evolução histórica linear, por fases. Em qualquer época histórica, a permanência de uma multiplicidade de instituições e grupos em relação dialética e conflitual implica uma reprodução sistêmica contínua de uma série de questões às quais obviamente os vários grupos fornecem soluções diferentes e contrastantes. Essas questões podem ser chamadas de sistêmicas porque são geradas da estrutura de um sistema cultural. A presença cotidiana de instituições da Igreja católica numa multiplicidade de países, por exemplo, com seu enraizamento social e civil profundo e com uma rede de relações que podem influenciar instituições culturais e políticas, cria um ponto de referência polêmico contínuo, que reage às críticas com uma contínua produção intelectual e com intervenções políticas repressivas que condicionam não só os modos de expressão da produção intelectual, mas também eliminam os espaços de liberdade, provocando, por exemplo, emigrações e exílios. Um núcleo sistêmico de questões geralmente tende a reproduzir e continuar a fazer de conta que certas instituições permanecem ativas, influentes e duradouras na história, e continuam a reproduzir, defender e difundir as próprias exigências e soluções. Não se pode fazer uma história da evolução dos cristianismos na Idade Moderna sem levar em consideração as instituições. Uma pura história do pensamento ou da filosofia ou da teologia não seria adequada. Simplificando: as religiões não são inicialmente um conjunto de concepções. São, antes de tudo, dotadas de instituições que organizam a vida de grupos sociais muito amplos, os quais partilham um conjunto de práticas que regulam a vida individual e coletiva e, por fim, também uma visão do mundo, um conjunto de concepções e ideias (mas isso é apenas um terceiro elemento de um sistema religioso). Ademais, essas concepções constituem um conjunto de representações simbólicas que buscam explicar a realidade, e tem assim uma relação estreita com a organização da vida coletiva. A primeira tarefa que me impus foi ver qual terá sido a rede de instituições que se manteve na Idade Moderna, determinando o surgimento de temáticas sistêmicas. Levei em consideração os confrontos conflituais existentes entre diversas instituições intelectuais e acadêmicas da Idade Moderna e entre diversos grupos culturais e numericamente consistentes, que são a) as faculdades teológicas e as instituições católicas, b) as faculdades teológicas e as instituições protestantes, c) as instituições acadêmicas (mais ou menos) independentes, d) teólogos e pensadores judeus individuais que expressam os grupos hebraicos, e) pesquisadores individuais mais ou menos livres da tutela da Igreja e das instituições.

O segundo modelo explicativo que me pareceu útil leva em consideração também a dimensão da história cultural e traz à tona uma série de fatores que, a meu ver, levam (sobretudo em função de sua convergência) a focalizar inevitavelmente a diferença entre o que foi historicamente Jesus e o que pensaram dele as teologias cristãs sucessivas, interpretando-o e transformando-o. Esses elementos são o humanismo, o princípio protestante da transcendência da palavra de Deus sobre as sistematizações teológico-institucionais das Igrejas, o nascimento da ciência moderna, o escândalo produzido pelas guerras das religiões, o encontro com outras religiões e culturas, como resultado de descobertas geográficas e do colonialismo, um novo enquadramento político e uma nova teoria política, a presença de pensadores judeus na Europa, o nascimento de uma nova ciência da Antiguidade[6], o surgimento de uma nova formulação da iconografia cristã. Lançando mão desses dois paradigmas, o dos múltiplos fatores culturais e o do conflito entre instituições que gera uma série sistêmica de questões, procuro em seguida classificar uma série de propostas modernas de releitura da figura de Jesus do ponto de vista da reconstrução histórica: a) a exegese e a historiografia católica a partir da vida de Cristo de Barônio, descrita no início dos *Annales ecclesiastici*; b) uma interpretação que chamei de "naturalista" de Jesus em que busquei identificar com Pietro Pomponazzi e Giordano Bruno. Minha proposta aqui era ver na mudança do conceito de natureza a chave interpretativa que levava a interpretar Jesus de maneira nova; c) a interpretação hebraica de Jesus a partir de Isaac de Troki, que afirma a judaicidade de Jesus e sua pertença ao judaísmo; d) uma nova interpretação a partir das exigências da nova política e que vemos sobretudo na segunda parte do *Leviatã*, de Hobbes. Mas também a reconquista da figura histórica de Jesus (para além do dogma e das teologias tradicionais) está estreitamente ligada com a crítica das funções políticas da Igreja. A razão dessa conexão pode ser vista sobretudo nas obras de Thomas Woolston, John Toland e Thomas Chubb; e) a complexa constelação de reinterpretações de Jesus e da Igreja empreendida pelos chamados hereges, pela

---

6. Fumaroli, M., *Le retour à l'Antique. La guerre des goûts dans l'Europe des lumières*, in: Faroult, G.; Leribault, C.; Scherf, G. (ed.), *L'antiquité rêvée. Innovations et résistances au XVIIIᵉ siècle*, Paris, Gallimard-Louvre, 2010, 23-55.

reforma radical, pelos socinianos etc.; e f) uma visão crítica da figura de Jesus, uma condenação como que um sintoma do deslocamento substancial do cristianismo. Vi essa posição representada no *Tratado dos três impostores*, chegando a Jean Meslier e Paul-Henri Thiry, Barão de Holbach. Diferenciam-se dessa linha certamente os libertinos. Depois percebi que, graças à quantidade de estudos que se multiplicaram nesses anos na Itália[7], o quadro sintético de meus artigos de 2011 e 2013 deveria ser substancialmente integrado e modificado pela extrema importância da contribuição sobretudo daqueles assim chamados hereges[8], que não se identificavam com nenhuma Igreja, ou transitavam de uma à outra, como se não encontrassem espaço na estrutura institucional, mas também os socinianos, dos libertinos e dos indivíduos que não podem ser classificados num grupo apenas. A dúvida crítica sobre a divindade de Cristo e a reconstrução da sua figura histórica para além de sua teologização, uma leitura crítica dos evangelhos e dos textos bíblicos, o recurso a uma filosofia que está em contato mais ou menos direto com a nova ciência, e às vezes também tentativas de leituras histórico-religiosas comparativas, são elementos comuns a essa galáxia de personagens que desempenha um papel fundamental na descoberta da fisionomia histórica de Jesus, mesmo que nunca se tenha dedicado a essas obras que tenham por objeto exclusivo essa reconstrução. Quero acrescentar que nesses personagens me parece faltar uma percepção da judaicidade de Jesus. Pergunto-me as razões disso. Insisto no fato de que uma história da descoberta da fisionomia histórica de Jesus não pode ser feita sem levar em conta a existência da exegese e da interpretação católica, e das grandes Igrejas protestantes luteranas e calvinistas. Também os exegetas e os historiadores mais radicais no longo período que vai do século XVI até o fim do século XVIII (o que se aplica também para o período posterior) tiveram que se haver sempre com uma interpretação ortodoxa (católica ou protestante) da figura de Jesus e sempre tiveram que

---

7. Cf., por exemplo, Del Prete, A.; Ricci, S. (ed.), *Cristo nella filosofia dell'età moderna*, Firenze, Le Lettere, 2014; Schino, A. L., *Battaglie libertine. La vita e le opere di Gabriel Naudé*, Firenze, Le Lettere, 2014; Simonutti, L. (ed.), *Religious obedience and political resistance in the early modern world. Jewish, christian and islamic philosophers addressing the Bible*, Turnhout, Brepols, 2014; Priarolo, M.; Scribano, E. (ed.), *Le ragioni degli altri. Dissidenza religiosa e filosofia nell'età moderna*, Venezia, Edizioni di Ca'Foscari, 2017; Adinolfi, I.; Goisis, G. (ed.), *I volti moderni di Gesù. Arte, filosofia, storia*, Macerata, Quodlibet, 2013; Pesce, M., Recenti libri utili per la ridefinizione della figura storica di Gesù in età moderna, in: *Annali di storia dell'esegesi*, 33,2 (2016) 541-556.

8. Cantimori, D., *Eretici italiani del cinquecento*, Prosperi, A. (ed.), Torino, Einaudi, 1992.

considerar a força de repressão dessas instituições eclesiásticas. A interpretação majoritária da figura de Jesus não foi a dos livres pensadores, mas a dos teólogos ortodoxos oficiais. O esquema mais apto para compreender a situação cultural europeia é o de colocar cada autor e obra num conjunto de contraposições sistemáticas entre polos de oposição existentes temporalmente e relevantes geograficamente. *A vida de Cristo*, de Barônio, não pode ser compreendida sem as *Centúrias de Magdemburgo*. Noël Aubert de Versé, como aprendi de Fiormichele Benigni, não pode ser compreendido sem sua polêmica contra Wilhelm Bousset e Pierre Jurieu. Os deslocamentos de um Estado ao outro de tantos pensadores e teólogos não seria compreensível sem a pressão coerciviva das instituições, das quais se deve fugir para encontrar regiões pelo menos temporariamente dispostas ao acolhimento. Não é uma historiografia que insiste sobre a evolução linear de supostas tradições, que pudesse apresentar uma compreensão adequada, mas um esquema de conflitos sistêmicos necessários determinados pela permanência de algumas instituições dentro de certas regiões culturais. Um erro metodológico e de compreensão histórica que me parece enorme e, por isso, de todas aquelas histórias da exegese que só levam em conta uma linha, a crítica. Tomo dois exemplos como análise. A grande história das pesquisas sobre Jesus de Albert Schweitzer parece-me ser, hoje, por suas omissões, uma mistificação dos fatos históricos. Schweitzer se limita à pesquisa protestante crítica e não ortodoxa e ademais apenas na língua alemã. O ponto de partida e de chegada e a linha histórica por ele trilhada entre os dois pontos não correspondem à realidade e à complexidade dos processos históricos e dos diversos componentes que perfazem um arco temporal bem mais amplo, que se estendem por áreas geográfico-culturais bem mais vastas: da Lituânia à França, das ilhas britânicas à Itália. Os fatores culturais fundamentais do processo cognitivo moderno são ignorados, assim como a nova ciência, a contribuição hebraica, e a comparação histórico-religiosa. Entra no mesmo equívoco também a história da pesquisa exegética sobre o Novo Testamento, de Werner Georg Kümmel, do final dos anos de 1950. Os exegetas dos escritos protocristãos e os historiadores do primeiro cristianismo de hoje têm, ademais, uma formação cultural estreita e nem sequer estão em condições de perceber o caráter ilusório dessas reconstruções históricas.

Conforme eu ia lendo os estudos recentes sobre a interpretação da figura de Jesus na era moderna ou sobre exegetas individuais ou teólogos modernos, ia me dando conta de que a descoberta moderna da fisionomia histórica de Jesus servia também para uma redefinição mais geral do cristianismo e que isso era causado pelo impacto crítico da modernidade sobre o conjunto cultural tradicional, tanto da Antiguidade tardia quanto da Idade Média[9]. Um mecanismo heurístico que me parece muito útil hoje para compreender o impacto da modernidade sobre o cristianismo é o que chamo de paradigma da criação de um novo sistema simbólico. Como apresentei hipoteticamente no primeiro capítulo, todas as mudanças e tentativas de redefinição de uma multiplicidade de aspectos do cristianismo na era moderna poderiam ser interpretadas como o efeito, a consequência, a repercussão do crescimento de um novo sistema simbólico que se apoia em bases epistemológicas substancialmente novas e não sobre dados culturais tradicionais. Recentemente, a ocasião de um congresso no outono de 2015, em Chicago, comemorando os 400 anos do aniversário da redação da *Carta a Cristina*, de Galileu, me levou a abordar a questão do desencontro entre teologia católica e método científico galileano de um ponto de vista que me pareceu ser novo: o do mecanismo explicativo ou paradigma que define as bases cognitivas da certeza cultural. Trata-se de certo modo de um corolário ou do desenvolvimento do mecanismo explicativo precedente. Em todas as sociedades se dá necessariamente uma multiplicidade de dados culturais e absolutamente certos, sobre os quais se baseia grande parte da vida pessoal e coletiva, e é a isso que chamo de certeza cultural. Simplificando: os pilares basilares desse sistema simbólico cristão eram: a) a Bíblia cristianizada (isto é, subtraída aos judeus e cristologizada) que é chamada de Antigo Testamento com o acréscimo do Novo; b) a representação do cosmo sacro que consistia na cristianização da visão astronômica ptolomaica designando um lugar para a habitação de Deus, dos anjos e do homem, e, assim, para o paraíso e o inferno. A sua figuração medieval mais célebre vamos encontrá-la na *Divina Comédia*, de Dante Alighieri. É significativo que, ainda no ano de 1588, em sua primeira obra escrita, Galileu Galilei apresente uma mensuração espacial do inferno e do paraíso com base na astrologia ptolomaica à qual aderira; c) uma história universal dominada por Deus e pelo Cristo, considerado seu Alfa e seu Ômega; d) o poder político da Igreja, porque não se dá uma afirmação de um sistema simbólico global numa sociedade se quem elabora aquele sistema não tem poder coercitivo para difundi-lo, impô-lo e mantê-lo. Tudo isso se tornara

---

9. Não me parece ser suficiente uma perspectiva metodológica apenas. Já faz tempo que estou convencido de que é necessário haver diversos modelos heurísticos, obviamente, não para aplicá-los dedutivamente à realidade histórica, mas que devem ser úteis só para poder melhor analisá-la.

certeza cultural. A certeza cultural é bem diferente da certeza epistemológica sobre o que debatem as filosofias. É o conjunto das convicções tidas como absolutamente certas e verdadeiras numa determinada cultura. A minha hipótese é que seja verossímil a ideia de que a criação de novas bases epistemológicas produza certezas culturais alternativas às tradicionais com a consequência de conflitos entre os grupos que gradualmente criam sistemas simbólicos alternativos. Imagino a dogmática e depois a teologia cristã da Antiguidade tardia e medieval não tanto como um conjunto de conceitos, mas como uma tentativa de formação da base ontológica de todo um sistema simbólico, que procura explicar a totalidade do mundo, em sua história universal, em sua estrutura cósmica e na vida social individual e coletiva. Na minha hipótese, a teologia cristã foi produzida para substituir a visão do mundo da mitologia antiga, das religiões antigas, dos poemas homéricos e do teatro grego. Não se poderia agir nem pensar se não houvesse um imenso conjunto de dados culturais tidos como absolutamente certos. Temos certeza de que o Sol nasce e se põe, e isso separa a vida em noite e dia, em vigília e sono. Temos certeza de que uma boa semente irá gerar frutos em certas condições climáticas. Temos certeza de que a língua que usamos é compreendida pelos membros da própria família e do próprio grupo. Para cada ser humano que pertence a uma cultura particular existem, substancialmente, inúmeros extratos de certezas. Trata-se, antes de tudo, de a) conhecimentos relativos à natureza e à vida humana, mas também b) de práticas de vida cotidiana, de modos de reagir ao mundo circunstante, de mecanismos de organização do espaço e do tempo, e depois também c) de valores, de normas consuetudinárias, e, enfim, d) de conjuntos de conhecimentos tradicionais, de textos sagrados, de verdade, de lugares, objetos e imagens considerados sobrenaturais. Tudo isso que nos parece ser certo não é objeto de discussão para os que pertencem a um determinado grupo. Para poder colocar em dúvida e substituir alguma coisa seria necessário dispor de uma base alternativa de certeza cultural. O fato de que o sistema simbólico cristão aparenta ser uma certeza cultural e o fato de faltar uma base epistemológica alternativa significavam que as críticas ou as negações de qualquer aspecto do sistema simbólico cristão aparentasse ser o resultado de um equívoco e de heresia ou, ainda, como efeito de uma influência demoníaca. Me parece muito interessante que o conceito de heresia esteja estreitamente ligado com a falta de uma base epistemológica alternativa àquela do sistema simbólico tradicional. É por essa falta que as divergências doutrinais devem ser consideradas heresia e/ou fruto de influência demoníaca. O demônio acabou se tornando então um elemento sistêmico central, como demonstrou com precisão Gregory. A existência do demônio não é um fato secundário, mas um elemento essencial e até imprescindível da visão cristã. Qualquer reflexão baseada em princípios epistemológicos da modernidade deveria necessariamente erodir criticamente os princípios fundamentas da teologia cristã. Em suma, me parece que as inúmeras e sucessivas redefinições do cristianismo na Idade Moderna são o efeito necessário do impacto da modernidade sobre o sistema simbólico precedente[10].

---

10. Apresenta-nos aqui uma questão de método histórico que preciso explicitar, mesmo que de maneira muito sintética e elementar. Tullio Gregory, meu primeiro mestre, no Instituto de Filosofia da Unversiade de Roma, há praticamente meio século, com frequência provocava a que se evitassem as sínteses gerais, que ele chamava de perniciosas, se bem me lembro. Por muitos anos mantive-me firme nesse critério, procurando em minhas pesquisas compreender a multiplicidade dos fatores históricos que se entrecruzam num fenômeno particular, inclusive num segmento de texto. A historiografia italiana da era moderna, com a qual debati sucessivamente, a partir de um outro ponto de vista, asseverava a mesma premência de uma pesquisa histórica atenta à complexidade dos elementos particulares. Refiro-me sobretudo a Delio Cantimori. Mas, por mais perniciosos que possam ser, a visão sintética que abarca leques históricos muito amplos e os esquemas historiográficos gerais não só são inevitáveis, mas até necessários. É claro que não se trata de evitar a exigência epistemológica de um conhecimento histórico do particular. Ao contrário, é sempre necessário verificar como um esquema geral permite um conhecimento melhor dos fatos históricos que são sempre e necessariamente singulares. Trata-se de uma oscilação dialética e perpétua entre esquema geral e caso particular. Em todo caso, a consciência dos processos históricos globais sempre me pareceu necessária para alcançar um conhecimento adequado dos casos particulares. Por outro lado, enquanto o esquema geral deve ser sempre verificado, é necessário que ele surja sempre de um conhecimento profundo dos fenômenos particulares em sua complexidade. Mas há outra exigência teórica que leva a uma compreensão dos fatos religiosos individuais à luz de uma visão geral para se compreender épocas ou estruturas sistêmicas. Esse segundo motivo reside no fato de que toda e qualquer manifestação humana é sempre o resultado de forças sociais, históricas e evolutivas que arrastam indivíduos, grupos e sociedades inteiras. Cada um de nós não é apenas agente, mas está também em função dos processos culturais de longa duração. A minha proposta metodológica, nos dois ensaios sobre história da interpretação moderna de Jesus, se opõe tanto à ideia de que a pesquisa sobre Jesus histórico teria sido iniciada com H. S. Reimarus quanto à ideia de que essa pesquisa teria avançado por uma série de fases, uma sucedendo a outra, culminando na assim chamada terceira ou última leva de pesquisas sobre Jesus. Ao contrário, a história da pesquisa deve ser compreendida não à luz de um esquema da evolução histórica linear que avança por fases sucessivas, mas à luz de uma história social e de uma história cultural que conseguem trazer à luz estruturas temáticas e problemáticas de longa duração. É claro que se pode elaborar uma história do pensamento, uma história da teologia ou uma história da filosofia. Mas a evolução da filosofia e da teologia cristã não é um fenômeno autônomo que se desdobra por um impulso interno à elaboração das ideias. Ao contrário, trata-se da evolução de processos históricos, sociais e culturais. A especialização das disciplinas acadêmicas assegura certamente uma produção de nível científico. Com isso, permite que se descubra

Os fatores culturais que antes pareciam ser determinantes para uma nova postura de estudo e análise da figura de Jesus aparecem agora como manifestações diversas daquele surgir de um novo sistema simbólico da modernidade que se radica sobretudo em novos modos de conhecimento (o método filológico e histórico de um lado e o método científico de outro) e sobre uma nova organização política nacional e estadual com as suas justificações teóricas. Esses fatores, creio, não se apresentam todos juntos, pelo menos em certa medida, mas numa série de tomadas temporais sucessivas. Os pensadores individuais, teólogos ou exegetas são influenciados, em geral, apenas por alguns desses fatores e não por outros. É só num momento avançado da modernidade, e apenas em alguns ambientes da reflexão europeia sobre o cristianismo, que coexistem esses fatores. Os resultados dessa convergência parcial ou global dos diversos fatores sobre a redefinição do cristianismo são bastante diferenciados: via de regra chega-se apenas a uma redefinição parcial que vai se concentrar cada vez mais sobre aspectos diferentes (por exemplo, a *Carta a Cristina*, de Galileu, retira certeza cultural e validade cognitiva à Bíblia apenas no que se refere ao conhecimento da natureza, mas quer manter a normatividade no âmbito da fé e da moral). Em alguns casos, chega-se inclusive a uma recusa radical do cristianismo, como em Giordano Bruno ou no *Tratado dos três impostores* ou em certos pensadores iluministas. Mas não se deve pensar que tudo aconteça através de uma evolução progressiva que desemboca numa crítica cada vez mais radical. A refutação do cristianismo — pelo menos às vezes — que parece expresso em Giordano Bruno, já no final do século XVI, é completamente estranho às reformas luterana e calvinista contemporâneas e também aos expoentes da assim chamada reforma radical. E os pensadores que

---

aspectos da realidade que, sem essa especialização, teriam sido negligenciados, e até ignorados. Se não houvesse tido os estudos da heresia por parte dos historiadores modernos, dos historiadores da filosofia e dos historiadores das doutrinas políticas na Itália, grande parte da história religiosa europeia moderna teria sido ignorada, porque a história da teologia e a história das Igrejas, sendo substancialmente braços do sistema disciplinar das faculdades teológicas católicas e protestantes, negligenciam sistematicamente essa história. Os atuais estudos sobre o socinianismo, por exemplo, liderados por historiadores e historiadoras da filosofia, permitem descobrir a dimensão filosófica essencial dos exegetas e teólogos socinianos, o que não teria acontecido por parte dos historiadores modernos ou dos historiadores da teologia. De modo algum é minha intenção desvalorizar ou querer diminuir o esforço de análise das disciplinas especializadas particulares, que, ao contrário, acabam sendo fortalecidas. Apenas sinto a exigência de que as contribuições das disciplinas especializadas sejam retomadas dentro de uma visão globalista, de longa duração, em que são apontadas as forças históricas sociais e culturais que movem a evolução global da modernidade.

sucederam a Bruno, que de algum modo poderiam ser classificados como do grupo que exerce uma forte crítica ao cristianismo, adotam, na realidade, posições mais amenas. Não há uma evolução linear progressiva. É relevante refletir sobre o surgimento e a queda das propostas de redefinição do cristianismo, e não se deter apenas na descrição dos conteúdos doutrinais e das propostas práticas individuais de mudança. Trata-se de compreender o impacto sobre a vida social das propostas de redefinição e as razões de seu surgimento e queda. Ademais, o sucesso parcial ou o insucesso depende cada vez mais das situações histórico-políticas concretas e da sua colocação dentro de uma instituição estatal particular. A proposta de Bruno rui totalmente e acaba terminando em seu assassinato. Também a proposta de redefinição parcial de Galileu ruiu, como mostra a condenação da congregação do Índex de fevereiro de 1616 (que classifica o copernicanismo de heresia, embora em dois níveis diferentes) e a condenação de Galileu em 1632. O assassinato, a condenação e o cárcere (penso, por exemplo, nos últimos 10 anos de vida no cárcere de Christian Francken)[11] são a expressão simbólica clara de que em certas situações culturais, políticas e estatais não existe espaço físico para algumas redefinições do cristianismo. O sistema cultural as refuta e as cancela fisicamente. Isso se deve ao fato de que as instituições eclesiásticas permanecem longamente exercendo, inclusive, um poder político, mais ou menos direto. No sistema cultural da modernidade coexistem contemporaneamente os fluxos evolutivos de diversos grupos (católicos, protestantes, judeus, filósofos, livre pensadores etc.) conflitantes entre si e as instituições que vão conquistando um

---

11. Sobre Christian Francken, cf. BIAGIONI, M., Christian Francken e le origini cinquecentesche del trattato De tribus impostoribus, in: *Bruniana et Campanelliana*, 16 (2010) 237-246; ID., Christian Francken e la crisi intellettuale della Riforma, in: ID. (ed.), *Christian Francken. Opere a stampa*, Roma, Edizioni di Storia e Letteratura, 2014, 1-150; ID., *L'unicità della ragione. L'evoluzione del gesuita Christian Francken*, Firenze, Olschki, 2011; FIRPO, L., Christian Francken antitrinitario, in: *Bollettino della società di Studi Valdesi*, 78 (1959) 27-35; SZCZUCKI, L. Philosophie und Autorität. Der Fall Christian Francken, in: *Reformation und Frühaufklärung in Polen. Studien über den Sozinianismus und seinem Einfluss auf das westeuropäische Denken im 17. Jahrhundert*, Göttingen, Vandenhoeck & Ruprecht, 1977, 157-243; ID., Polish and transylvanian unitarianism in the second half of the 16th century, in: DÁN, R.; PIRNÁT, A. (ed.), *Antitrinitarianism in the second half of the 16th century*, Budapest, Akadémiai Kiadó, 1982, 215-230; SZCZUCKI, L., Una polemica sconosciuta tra Christian Francken e Simone Simoni, in: VASOLI, C.; MEROI, F.; SCAPPARONE, E. (ed.), *Humanistica*, Firenze, Olschki, 2004, 159-170; SIMON, J., *Die Religionsphilosophie Christian Franckens. Atheismus und radikale Reformation im frühneuzeitlichen Ostmitteleuropa*, Wiesbaden, Wolfenbütteler Forschungen, 2008; WIJACKA, J. *Christian Francken*, Baden-Baden, Bibliotheca Dissidentium, 1991, vol. 13.

poder cada vez maior têm a possibilidade de neutralizar a influência e a presença pública das outras. É compreensível, portanto, que a reforma radical insista não só em ideias, mas também em providências políticas práticas, aquelas que deveriam instalar um regime de tolerância. Aqui, suas posições vão confluir com as críticas ao poder político das Igrejas, como se vê, por exemplo, também na ocasião em que Locke intervém e elabora sua *Carta sobre a tolerância*.

O primeiro a aparecer é o fator do humanismo. Primeiramente, sua exigência de leitura dos textos na língua original pauta, desde o início do século XV, as pesquisas bíblicas, provocando uma renovação da compreensão dos conceitos evangélicos e bíblicos, em geral, à luz de uma análise filológica que os reconduz para a cultura hebraica e grega na qual foram produzidos. Mas é relevante também para o surgimento da historiografia humanista que põe fim ao método historiográfico medieval, que assumia a história bíblica como representação historiográfica crível a partir das origens, e se propõe como crítica das tradições míticas da fundação. A meu ver, o método histórico e filológico forma uma nova base epistemológica, alternativa às fontes de conhecimento que se baseiam na certeza cultural aceita por todos, enquanto — e é importante asseverar isso — é independente de dados culturais tradicionais. Há dois exemplos que sempre de novo aparecem nesse sentido. Antes de tudo, Lorenzo Valla (1407-1457)[12], emblemático, por ambos os aspectos, tanto por sua crítica filológica à Vulgata quanto pela sua crítica ao texto da doação de Constantino. O outro exemplo clássico é o de Erasmo (Rotterdam 1466/1469- Basileia 1536) e não é o único[13]. Menos citado que esses dois lugares comuns é um aspecto trazido à luz recentemente por Daniele Conti[14]. Ficino ganha um interesse extremo ao que me parece porque se propõe uma reforma da teologia cristã[15]. Nele se revela quase implicitamente uma sensibilidade em descobrir a fisionomia histórica de Jesus para além do dogma, distinguindo o homem Jesus da interpretação teológica das Igrejas antigas. Conti mostrou que, em seu confronto entre Cristo e Sócrates, "Ficino, antes de definir a vida de Sócrates

---

12. Cf. Del Prete, Ricci (ed.), *Cristo nella filosofia dell'età moderna*, op. cit.
13. Cf. Cottier, J.-F. La cristologia di Erasmo nelle parafrasi dei vangeli, in: Del Prete, Ricci (ed.), *Cristo nella filosofia dell'età moderna*, op. cit., 130-145.
14. Conti, D. Marsilio ficino tra Cristo e Socrate, in: Del Prete, Ricci (ed.), *Cristo nella filosofia dell'età moderna*, op. cit.
15. Sobre esse aspecto, cf. Lavenia, V. Una lunga Riforma? Il cristianesimo latino prima di Lutero, in: Prinzivalli, E. (ed.), *Storia del cristianesimo*, vol. 3, Roma, Carocci, 2015, 31-62.

como uma *confirmatio* do evangelho"[16], demonstra que foi o "Cristo a revestir-se dos traços [da] imagem de Sócrates enquanto filósofo civil"[17]. Em suma, trata-se de uma leitura histórica na qual Jesus é interpretado à luz de exemplos de grandes personalidades éticas do passado. Isso ocorre na carta de Ficino a Antonio Serafico, de 1457. Aqui Jesus "está no mesmo nível de Sócrates, simplesmente um sábio [...] não acompanhado de qualquer atributo que indique seu caráter divino"[18]. Mas Ficino parece não ter tido coragem de divulgar suas afirmações. Quando publicou a coletânea de suas cartas "cuidou para substituir o nome de Cristo pelos de Pitágoras e Platão"[19]. Um ato de dissimulação que revela a situação cultural de conflito entre questionamento humanista e histórico da figura de Jesus e de sua interpretação teológica e dogmática tradicional. A dissimulação é sinal de um conflito não resolvido e também da falta de um espaço público para a representação da nova interpretação. O espaço público é ocupado pela instituição eclesiástica e de sua visão do mundo. Por outro lado, é interessante notar que em Nicolau de Cusa (apesar de sua sensibilidade humanística) a distinção entre uma figura histórica de Jesus e a interpretação dogmática se torna algo impossível. Pietro Secchi mostrou como em Cusano o projeto de reforma da Igreja jamais coloca em oposição o Cristo e muito menos Jesus com a Igreja. A reforma da Igreja pressupõe o dogma cristológico: "Non circa aliam fidem neque alias formas quam a Christo capite et sanctis apostolis atque eorum successoribus ecclesiae rectoribus recipimus, inquirere necessitamus, tantum operam dare tenemur, ut [...] omnes Christiformes efficiamur"[20]. É evidente que a crítica da teologia medieval e o nascimento de um método de análise filológico e histórico são dois movimentos dialéticos e inseparáveis no humanismo, que contribuem para a criação de uma nova busca histórica sobre Jesus, baseada na leitura direta dos textos originais dos evangelhos, independentemente de pressupostos teológicos. Como é sabido, o surgimento e a evolução do método histórico moderno conhecem várias e complexas etapas que pautam progressivamente os estudos teológicos. Mas o impacto crítico voltado à teologia e ao dogma só se manifesta em certos casos e com diversos graus e nuances.

---

16. CONTI, *Marsilio Ficino tra Cristo e Socrate*, op. cit. 64.
17. ID., 65.
18. Ibid.
19. ID., 66.
20. SECHI, P., Note sulla cristologia di Cusano, in: DEL PRETE, RICCI (ed.), *Cristo nella filosofia dell'età moderna*, op. cit., 41-58 que cita (na p. 58) a *Reformatio generalis* de 1459 de Cusano.

Por mais de um século desde o início do século XV até a eclosão da Reforma, o impacto do método filológico e histórico sobre a visão tradicional do cristianismo vai se difundindo na Europa.

Quase um século depois do surgimento do humanismo, com a Reforma, surge o segundo fator, que, a partir de um outro ponto de vista bem distinto, irá criar uma redefinição do cristianismo. Trata-se da ideia protestante da descontinuidade entre teologia medieval e palavra de Deus. Empreguei a expressão teológica palavra de Deus e não Jesus, ou origens cristãs, porque teológico é o conceito reformado. Tudo que na tradição eclesiástica (teologia dogmática e instituições eclesiásticas) não é fiel à palavra de Deus, como é registrada no Novo Testamento, é submetido à crítica. Isso gera a necessidade de uma crítica contínua do sistema dogmático e institucional das Igrejas. Esse princípio da descontinuidade desencadeia uma forte busca e pesquisa pela fisionomia autêntica de Jesus para além das falsas representações teológicas sucessivas. A teologia católica que nasceu a partir do Concílio de Trento, segundo o qual a Sagrada Escritura (e, portanto, os evangelhos canônicos do Novo Testamento) não pode ser compreendida contrariamente às interpretações apresentadas pela Igreja católica e pelo "consenso unânime dos padres", opõe o princípio da continuidade da tradição ao da transcendência da palavra de Deus sobre essa, e traz à tona uma dinâmica tendencialmente contrária ou defensiva frente a uma pesquisa da fisionomia histórica de Jesus. No caso dos *Annales Ecclesiastici* (1588-1607), de Barônio, por exemplo, a reconstrução histórica da vida de Jesus que se encontra no início dessa obra estava diretamente em conflito com a representação protestante e esse conflito vai se estender por séculos. Mas, para a teologia protestante, a palavra de Deus se revela no Novo Testamento, cuja verdade e credibilidade histórica não pode assim ser colocada em dúvida. Como se dá para a teologia católica, o Novo Testamento é lido à luz do dogma cristológico dos concílios de Niceia e de Constantinopla. Pode-se e deve-se colocar em dúvida a tradição eclesiástica, mas não os aspectos principais das definições dogmáticas dos grandes concílios sobre a divindade e humanidade de Cristo[21]. Para colocar em dúvida a interpretação neotestamentária da figura histórica de Jesus é necessário afirmar uma crítica histórica que prescinde de um pressuposto de fé ou, então, um exame da Sagrada Escritura, que embora provindo da fé cristã admite a possibilidade de distinguir entre um núcleo de mensagem válido,

---

21. Cf. Buzzi, F., La cristologia tra teologia di scuola e la Riforma, in: Del Prete, Ricci (ed.), *Cristo nella filosofia dell'età moderna*, op. cit., 11-40.

revelado, de origem divina, e as interpretações e deformações que os textos presentes no Novo Testamento lhe dão. Em suma, abre-se uma dialética entre princípio humanista e princípio reformado de crítica à tradição eclesiástica, uma dialética que percorre constantemente de diversas maneiras e com graus diferenciados de crítica os séculos da modernidade, tanto no catolicismo, nas Igrejas da reforma, quanto na assim chamada reforma radical, inclusive o socinianismo e alguns pensadores e teólogos particulares. Os estudos de Cristina Pitassi, por exemplo, demonstraram amplamente a extrema diversificação dessa relação dialética entre pesquisa histórica e enquadramento dogmático[22]. Prodi defendeu que uma nova atenção à história humana, como lugar teológico, ou seja, como base essencial para a construção de uma teologia, poderia ser encontrada no tratado de Melchior Cano, *De Locis theologicis*. Ele chega a defender que o projeto de Cano seria "uma operação em nada diferente daquela que Galileu tentou de iniciar, cinquenta anos depois, no âmbito da ciência, com a apresentação dos dois livros pelos quais o homem pode atingir as verdades divinas: a Bíblia e a natureza"[23]. Na realidade, o conhecimento histórico, em Cano, aplicada à história da salvação, me parece limitada a fornecer apenas uma prova da verdade já estabelecida pela própria Igreja católica. Por exemplo, no segundo capítulo da parte XXI, do título *De historia humana in theologiam utilitate*[24], a história serve para demonstrar a credibilidade histórica da afirmação dos evangelhos de que houve trevas durante a crucificação de Jesus, contra Erasmo, que se tivesse tido algum conhecimento da história profana, teria compreendido a verdade dos evangelhos[25]. Não há qualquer possibilidade de ter um conhecimento criativo por parte da história humana com relação ao texto bíblico. Se as afirmações de Prodi[26] sobre a importância da história humana são válidas em relação à teologia, isso não se aplica quanto à Bíblia. Mas o ponto principal é que, em Cano, a figura histórica de Jesus não é um lugar teológico. Jesus entra, na verdade, no segundo lugar teológico, *De traditionibus apostolicis*[27]. Fundamental-

---

22. Pitassi, M. C. (ed.), *Le Christ entre orthodoxie et lumière. Actes du colloque tenu à Genève en août 1993*, Genève, Droz, 1994.

23. Prodi, P., La storia umana come luogo teologico, in: *Il regno attualità*, 20 (2008), 707.

24. Cano, M., *De loci theologiscislibri duodecim*, Leuven, Servatius Sassenus, 1564, 553-558.

25. Id., 556.

26. Ele remete a Luigi Firpo. Prodi, *La storia umana come luogo teologico*, op. cit., 708.

27. Plans, J. Belda (ed.), *De locis theologicis*, Madrid, Biblioteca de Autores Cristianos, 2006, 105 ss.

mente, os teólogos têm dificuldade de reconhecer que a figura histórica de Jesus é um lugar teológico, isto é, um ponto de referência fundamental para a mudança da Igreja. O ponto de referência principal para a teologia católica é, ao contrário, a Sagrada Escritura, a tradição, os dogmas: mas não a figura histórica de Jesus. O grande debate que se iniciou a partir do século XVI gira em redor da questão: é possível tomar a figura de Jesus e colocá-la na base de uma reforma da Igreja? Isso não é aceito pela maior parte da teologia católica. Trata-se de um problema teológico fundamental sem solução. Um primado gnosiológico do princípio da pesquisa histórica no núcleo dogmático central do cristianismo encontra grande dificuldade em formar raízes. O caso dos socinianos é bem característico para essa dificuldade. A partir desse ponto de vista, parecem-me claras as afirmações de Emanuela Scribano sobre o método exegético de Sozzini.

> A elaboração do *De Sacrae Scripturae Auctoritate* [...] remonta a 1580, e chegou a nós numa tradução latina editada no ano de 1588 (Sozzini, 1959). Trata-se do texto fundamental para compreender o racionalismo exegético peculiar de Fausto. A religião, segundo Sozzini, não está fundada na razão, mas na revelação e na fé; a razão é um instrumento indispensável para atinar com precisão, segundo as regras filológicas já experimentadas e teorizadas por Lorenzo Valle, a autenticidade e o significado das Sagradas Escrituras. Mas a razão, por suas próprias forças, não consegue acesso a qualquer verdade teológica: portanto jamais será possível verificar a revelação à luz de uma teologia natural que se pronuncie sob temas objeto da revelação[28].

É igualmente esclarecedora a afirmação de Scribano: "Fausto afirmava que Cristo tinha uma natureza apenas humana, mas que foi investido do poder de Deus e que foi por isso que se lhe votava um culto divino". A salvação dos homens não depende da morte de Cristo, mas de sua ressurreição, na qual se revela o poder de dar aos fiéis a vida eterna. Para Fausto não há nada mais pessoal do que a culpa e o mérito, para quem tanto a ideia de um pecado que implique toda a humanidade quanto a ideia de uma redenção do pecado operada por quem não foi manchado por qualquer culpa não faz qualquer sentido[29].

---

28. SCRIBANO, E., Fausto Sozzini, in: BIAGIONI, M.; DUNI, M.; FELICI, L. (ed.), *Fratelli d'Italia. Riformatori italiani nel cinquecento*, Torino, Claudiana, 2011, 133.

29. ID., 129.

Essa tese de Sozzino parece-me que implica uma leitura de não concordância de diversas passagens do Novo Testamento, que mantém apesar disso a inspiração divina. A leitura de não concordância do Novo Testamento privilegia alguns textos colocando nas sombras outros (por exemplo, 1Cor 15,3-5: "Cristo morreu por nossos pecados, segundo as Escrituras"). Essa leitura permite a crítica de certos aspectos do dogma cristológico (a dupla natureza, humana e divina), mas não anula a validade do Novo Testamento. As teses de Francesco Pucci (ora estudado por Biagioni e Giorgio Caravale), em certos pontos, são ainda mais radicais, pois excluem a necessidade de uma revelação divina e do pertencimento a uma Igreja para que o homem possa ser salvo. Nesse caso, em certos versículos, também a Sagrada Escritura tem um valor relativo.

7.1. Os hereges, os socinianos e a reforma radical

No seio dessa reflexão conjuntural, quero buscar compreender a posição e função daqueles pensadores teológicos, exegetas de textos bíblicos, mas também cristãos e homens ativos dentro da vida das Igrejas, que às vezes são chamados de hereges por todas as confissões cristãs. Entre esses, os socinianos. Primeiramente, classificar esses autores de hereges significa perder seu significado histórico, visto que sua função histórica não é de serem hereges de uma doutrina teológica. Parece-me que a razão é que não se trata de um fenômeno interno pertinente a uma evolução doutrinal de uma Igreja. Eles foram a expressão de uma tentativa de mensurar e reformular o cristianismo dentro da modernidade em todos os seus múltiplos aspectos: exegéticos, históricos, científico-epistemológicos, políticos, inter-religiosos. O conceito de heresia pressupõe um universo conhecido com uma única base epistemológica; o desvio dessa base só pode ser qualificado como heresia, erro ou efeito da influência demoníaca. Assim, encontro-me em completa sintonia com Giagioni quando escreve que:

> Por essas razões, na recente edição da *De statu primi hominis ante lapsum disputatio*, de Francesco Pucci e Fausto Sozzini (Roma, 2011), evita-se para os dois autores chamá-los de hereges. Nesse texto, mais do que em outras obras teologicamente controversas da época, fica evidente como a extensão do argumento não é redutível a perspectivas confessionais, mais ainda, como nas disputas do século XVI, através da linguagem da teologia, foram enfrentadas questões que hoje não podem ser ligadas com outros campos do saber. Através da perspectiva teológica, foram discutidos

> princípios que depois começaram a fazer parte da consciência europeia da Idade Moderna, como o valor da tolerância, a ideia da dignidade do indivíduo e da positividade de sua natureza material, inclusive o direito à dúvida e à diversidade, a questão do princípio de verdade, a licitude do ateísmo [...]. Os debates religiosos no século XVI representam o espaço comum em que se entrelaçaram e enfrentaram as ideias. Isso atravessou Igrejas e instituições, mas certamente não se exaure na história das Igrejas e das instituições, e por isso que sua reconstrução segundo uma perspectiva confessional nada mais é que um processo de empobrecimento. [...] os diversos Pucci, Sozzini, Biandrata, Curione, Gribaldi, Renato, Ochino etc. foram antes verdadeiros reformadores, livres-pensadores, dissidentes, intérpretes radicais de expectativas amplamente partilhadas[30].

Creio que não podem ser interpretados como desvios dentro de uma confissão e, por isso, não devem ser definidos como hereges. São certamente reformadores, porque procuram mensurar o cristianismo de sua época à luz de um cristianismo originário supostamente mais puro, mas talvez sejam, acima de tudo, "intérpretes radicais de expectativas amplamente partilhadas". Procuro ampliar depois o critério interpretativo e me pergunto se também esse grupo de personagens não é a expressão e a função do impacto da criação do novo sistema simbólico moderno sobre o sistema simbólico cristão da Antiguidade tardia e medieval. Esses personagens são os pioneiros de princípios epistemológicos e bases cognitivas da modernidade e necessariamente terão impacto crítico sobre as formas do cristianismo contemporâneo a eles que, ao contrário, misturaram o cristianismo com visões já arcaizadas. Mas também são representantes de exigências éticas, de percepções do humano, de valores positivos que surgiram na modernidade. Penso em More e Erasmo. A modernidade não é apenas um conjunto de exigências epistemológicas (histórico-filológicas e científicas) ou de novos enquadramentos políticos. É igualmente manifestação de valores humanos positivos e novos. Ademais, nem tudo é coerente na modernidade e os sistemas culturais modernos são expressão também de fatores contraditórios e conflitivos entre si. A recente reflexão antropológica sobre a identidade e sobre sistemas sociais nos tornou sensíveis à não unidade dos sistemas, à sua complexidade, conflitualidade, abertura e porosidade (Jean-Loup Amselle, Néstor García Canclini, Homi K. Bhadha, Francesco

---

30. Biagioni, M., Eretici o riformatori? Alcune considerazioni storiografiche, in: *Bruniana e Campanelliana*, 17 (2011) 534-535.

Remotti). A partir de uma primeira sondagem num campo vastíssimo de personagens, obras e literatura relativa, me parece que também os socinianos seja um dos grupos que exerceu amplamente essa crítica, lançando mão certamente da exegese histórica da Escritura e do humanismo erasmiano, mas também apelando a uma fonte independente de conhecimento, fundamentada na nova filosofia. Os estudos italianos recentes têm insistido largamente nessa dimensão filosófica do socinianismo. Um projeto de pesquisa dirigido por Scribano tomou como ponto central a dimensão filosófica do socinianismo, buscando inserir a galáxia dos autores socinianos no contexto dos debates filosóficos da Idade Moderna. Uma série conspícua de estudos parciais, de edições de textos, de interpretações globais já foram publicadas nesse contexto[31]. Limito-me aqui a fazer referência, por exemplo, ao livro de Elisa Angelini, que introduz amplamente as *Annotationes in meditationes metaphysicas Renati des Cartis*, de Johannes Ludwig Wolzogen[32], que fala "sobre os socinianos com a metafísica cartesiana" e de "uma inspiração filosófica do socinianismo"[33]. Também Benigni, em sua introdução a *L'impie convaincu*, de Aubert de Versé, destaca amplamente a centralidade absoluta da reflexão filosófica do autor. No cartesianismo, as instâncias da nova ciência se fazem presentes. Se compreendi bem, esse uso da filosofia é um dos critérios interpretativos fundamentais que levam a distinguir entre o primeiro e o segundo socinianismo. A meu ver, a guinada estaria na utilização de uma filosofia que leva em consideração a nova ciência. Um exemplo da relação entre unitarianismo e socinianismo com a ciência moderna foi apresentado por Joseph Priestley (1733-1804), um célebre químico[34], filósofo e teólogo unitariano e sociniano. Como escreve Ferdinando Abbri,

---

31. ADINOLFI, GOISIS (ed.), *I volti moderni de Gesù*, op. cit.; DEL PRETE, RICCI (ed.), *Cristo nella filosofia dell'età moderna*, op. cit.; SCHINO, A. L., *Battaglie libertine. La vita e le opere di Gabriel Naudé*, Firenze, Le Lettere, 2014; SIMONUTI, L. (ed.), *Religious obedience and political resistance in the early modern world. Jewish, christian and islamic philosophers addressing the Bible*, Turnhout, Brepols, 2014; DE CASTRO, I. OROBIO, *Prevenciones divinas contra la vana idolatría de las gentes*, vol. I, SILVERA, M. (ed.), Firenze, Olschki, 2013; DE VERSÉ, N. A., *L'impie convaincu ou dissertation contre Spinoza*, BENIGNI, F. (ed.), Roma, Edizioni di Storia e Letteratura, 2015; BIAGIONI (ed.), *Christian Francken*, op. cit.

32. WOLZOGEN, J. L., *Annotationes in meditationes metaphysicas Renati des Cartis*, Roma, Edizioni di Storia e Letteratura, 2012.

33. ID., IX.

34. Por exemplo, KUHN, T., *The structure of scientific revolutions*, Chicago (II), Chicago University Press, 1966, 53-60. O texto examina sua função na descoberta do oxigênio.

uma verdadeira e própria teoria sistemática da matéria era a de Joseph Priestley […] que fazia parte de um sistema teológico voltado a afirmar um cristianismo racional, sociniano, fundado no unitarianismo, ou seja, estava colocada num contexto perigoso que não era aconselhável acenar na Itália: o Priestley eletrólogo, amigo de Volta e de Giovanni Fabbroni, descobridor de regiões, praticante de química, era celebre na Itália, mas ao preço de ignorar o Priestley teólogo, filósofo e historiador. Não é por acaso que o padre Ruggero Boscovich ficou muito preocupado quando compreendeu que a teoria da matéria de Priestley tinha analogia com a sua teoria dos pontos de força, e procurou deixar clara sua distância filosófica do dissidente inglês[35].

Além dos estudos filosófico-teológicos, Priestley é também autor de obras importantes sobre história da Igreja em que estampa uma imagem unitariana da Igreja primitiva. Penso na obra *An history of early opinions concerning Jesus Christ, compiled from original writers, proving that the Christian church was at first unitarian*[36]. É particularmente importante a atenção à judaicidade de Jesus que, a meu ver, é um aspecto central da redefinição do cristianismo na Idade Moderna. Como escreveu Robert E. Schofield:

> Já há tempo, ele pensava em escrever aos judeus e em julho de 1786 terminara as *Lettere agli ebrei*, que deveriam ser redigidas em inglês e depois traduzidas em hebraico. Diferentemente do impactante e impudente desafio do pastor […] suíço J. K. Lavater a Moses Mendelssohn em 1769, Priestley não se voltava tanto a converter os judeus mas a eliminar os obstáculos inúteis que impediam uma convergência entre um cristianismo purificado e um judaísmo iluminado. Voltadas aos herdeiros das promessas de Deus, ao "seu povo específico", as cartas defendem que a missão de Cristo é perfeitamente compatível com a fé hebraica. Judeus e cristãos verdadeiros tinham em comum artigos de fé (basta ver a sua *Storia della corruzione del cristianesimo*, e a sua *Storia delle prime concezioni riguardanti Gesù Cristo*). O Novo Testamento representava a realização da profecia iniciada no Antigo Testamento[37].

---

35. Abbri, F., La struttura della materia, in: Sironi, G.; Conti, A.; Danieli, G. A. (ed.), *Il sapere scientifico in Italia nel secolo dei lumi*, Venezia, Istituto Veneto di Scienze, Lettere ed Arti, 2015, 52.

36. Priestley, J., *An history of early opinions concerning Jesus Christ, compiled from original writers, proving that the christian church was at first unitarian*, Birmingham, Pearson and Rollason, 1786.

37. Schofield, R. E., *The enlightnment of Joseph Priestley. A study of his life and work from 1733 to 1773*, University Park (PA), Pen State University Press, 1997, 210.

A função crítica essencial que exerce a filosofia na redefinição do cristianismo fica bem clara no socinianismo. E isso a partir de diversos pontos de vista. Muitas concepções básicas da religião são criticadas: Deus, a natureza da criação material, a certeza das concepções religiosas e de seus fundamentos, o próprio conceito de fé, a natureza da religião. Só posso me restringir aqui a exemplos isolados, tomados pelos autores que os estudos italianos trouxeram à luz recentemente.

Um novo salto cognitivo que se verifica depois do humanismo e da Reforma consiste no nascimento da ciência moderna[38]. O ponto em que concentro o foco de atenção é a criação de uma nova base epistemológica que prescinde completamente da cultura tradicional e de suas certezas culturais, porque se baseia no estudo científico da natureza examinada não apenas com os meros cinco sentidos, mas com instrumentos científicos e depois comprovada matematicamente[39]. Mas é aqui que começa a ficar clara a diversidade sistêmica da modernidade. O novo sistema simbólico que nasce na sequência da nova astronomia não nasce como, e não consiste em, um momento dialético relacionado aos saberes tradicionais, mas como um ato fundante que se baseia em procedimentos analíticos de porções de natureza mensuráveis e analisáveis com instrumentos científicos (e não com os puros sentidos naturais). Estamos diante de uma nova criação cognitiva tanto em seu objeto quanto em seu método de análise, em condições de construir um edifício cultural completamente novo sem

---

38. Continuo pensando que o principal sinal da distância e da descontinuidade marcado pela modernidade, com relação às épocas e aos modos antigos de conhecimento e organização da vida, é o aparecimento da ciência moderna e de seu método científico de análise da natureza. O emblema dessa passagem é o método científico teorizado e praticado por Galileu Galilei. Pesce, M., *L'ermeneutica biblica di Galileo e le due strade della teologia cristiana*, Roma, Edizioni di Storia e Letteratura, 2005, 1-7, 103-116.

39. Com essa, inaugura-se a possibilidade de uma nova base epistemológica alternativa que provoca a crise da visão de mundo tradicional, herdada de tempos mais remotos e consagrada pela Antiguidade clássica e pelo cristianismo antigo e medieval. É o método científico que representa o grande ponto de guinada da modernidade. Galileu afirma ter encontrado a base para um novo conhecimento absolutamente certo e indubitável. Essa base apresenta-se no método experimental, que analisa a natureza com base em dois fatores convergentes: as experiências sensatas e as demonstrações necessárias. As experiências sensatas não estão fundamentadas nos cinco sentidos, de que é dotado o corpo humano, mas em instrumentos científicos que permitem ultrapassar e corrigir as experiências sensoriais comuns. As demonstrações necessárias são necessárias justo porque se baseiam em procedimentos matemáticos. De modo que as conclusões a que se chega pelo método científico para Galileu são absolutamente certas. O método científico, portanto, não se baseia em algum dado que provenha das opiniões comuns tradicionais. Não se baseia em dados culturais da tradição.

fundamentar-se em dados tradicionais[40]. Entre suas consequências, o heliocentrismo comportava também uma crítica fundamental do valor teológico da Bíblia, porque não só a localização do inferno e do paraíso tornavam-se matéria impossível de definir, mas também porque se tornava algo impossível a descida aos infernos e a ascensão ao céu de Jesus Cristo, como vem demonstrado a partir das implicações cristológicas do assim chamado segundo processo contra Galileu Galilei em 1632-1633 (cf., por exemplo, a ascensão de Jesus ao céu)[41]. O copernicanismo impunha necessariamente à teologia cristã (e não sempre apenas à católica) uma série enorme de questões que têm, no mínimo, três aspectos diferentes: a) qual é a natureza da verdade da Bíblia e da revelação cristã; b) qual é a ligação do credo cristão com a astronomia antiga; c) qual é a relação entre cristianismo e cultura. Colocava-se o problema de uma reforma radical da teologia que não é enfrentada pelas Igrejas católica e protestante. A busca dessas motivações nos põe em contato com um dos aspectos mais interessantes do impacto da modernidade sobre o cristianismo. Mas existe também um segundo aspecto. A extraordinária relevância da *Carta a Cristina*, de Galileu, está no fato de que ele teve coragem e a capacidade intelectual de reexaminar a partir do fundo o valor daquilo que é a base fundamental da cultura cristã: a Bíblia. Galileu não nega a verdade e a importância da Bíblia (isso seria uma heresia), mas a limita a um único âmbito, o da fé e da moral[42].

---

40. No final do século XVI, como já se dera também muito tempo antes, a adesão à visão ptolomaica do universo significava também a adesão a uma visão cosmológica na qual todas as concepções bíblico-cristãs haviam sido inseridas coerentemente. Essa visão cosmológica não era apenas nem primariamente uma teoria científica, mas uma visão sagrada e coerente do cosmo na qual o cristianismo se colocava organicamente, preenchendo assim a função de ser uma visão completa do universo. Dessa síntese globalista que implica a questão existencial, histórica e cristã do homem dentro de um corpo que vai do inferno ao paraíso, Dante foi uma expressão poética sublime, que logo se tornou objeto de reflexão e comentários. *A divina comédia* é uma das representações mais influentes do sistema simbólico cristão antigo.

41. Pesce, *L'ermeneutica biblica di Galileo e le due strade della teologia cristiana*, op. cit.

42. Galileu não coloca problema de como se pode e se deve interpretar a Bíblia para poder interpretá-la corretamente na teologia. A ideia de que a teologia deva respeitar os cânones epistemológicos da nova ciência lhe é totalmente estranha. No interpretar da Bíblia, a teologia está totalmente independente do método científico e pode proceder como bem entender. Estamos longe da tentativa, por exemplo, de Hobbes, de fornecer uma interpretação correta da Bíblia. Hobbes interveio diretamente na exegese bíblica, mostrando os verdadeiros autores dos livros bíblicos, indicando qual deveria ser o sentido dos conceitos bíblicos como Espírito Santo, Reino de Deus e Igreja. Galileu não teve o mesmo posicionamento de filósofos de orientação cartesiana como Ludwig Meyer, que propunham em 1666 uma her-

No campo da ciência, ao contrário, a Bíblia não tem valor algum. Também a teologia já não tem uma competência universal. Em suma, a certeza cultural da Escritura se limita em dois aspectos: nos argumentos (visto relacionar-se apenas com fé, costumes, salvação) e no modo de conhecimento (porque sob sua autoridade não pode incidir o que pode ser demonstrado cientificamente). A razão dessa limitação de validade da Bíblia está no fato de que, no que se refere ao conhecimento da natureza, possui uma base epistemológica incerta. Ano após ano, por longos séculos a ciência moderna aumenta os saberes tradicionais substituindo as antigas concepções astronômicas, geológicas, médicas, e de ciência natural em geral, dando-lhe um novo saber continuamente em atrito inevitável com as concepções da teologia[43]. Pouco a pouco a Bíblia vai desaparecendo como depósito de certezas culturais[44]. Mas é preciso lembrar que o cosmo sagrado medieval continuou por séculos a representar uma certeza cultural para milhões de pessoas, porque as ortodoxias teológicas católicas e protestantes impediram que a nova imagem do mundo, com suas consequências teológicas, se difundisse entre a população. A *vexata quaestio*, da interpretação a ser dada à carta de 1615, do cardeal Bellarmino a Foscarini, sobre a necessidade de aceitar o heliocentrismo, apenas como hipótese e não como realidade ontológica, é considerada, a meu ver, a partir de um novo ponto de vista. Bellarmino defende a Bíblia como certeza cultural, como fundamento de um universo simbólico tradicional, no qual toda a visão teológica cristã tem sua colocação, como têm sua colocação própria os poderes da Igreja sobre a sociedade[45].

---

menêutica filosófica voltada a uma correta interpretação da Bíblia (cf. PREUS, J. S., *Spinoza and the Irrelevance of the Bible*, Cambridge, Cambridge University Press, 2001, 34-66).

43. Cf. PESCE, *L'ermeneutica biblica di Galileo e le due strade della teologia cristiana*, op. cit.

44. Um livro como o de PEAT, F. DAVID, *From certainty to uncertainty. The story of science and ideas in the twentieth century*, Washington DC, Joseph Henry Press, 2002, mostra que também a convicção de que a ciência possa chegar à certeza foi criticada pela própria evolução científica. Mas isso não demonstra que os saberes tradicionais tenham, por isso, reconquistado a certeza perdida.

45. Como já se disse antes, no parágrafo 1.3.1, parece-me poder concordar com o que escrevia muitos anos atrás Jaspers. A ciência "produziu uma ruptura profunda no curso da história humana". Mas Jaspers sabia do fato de que a ciência introduz efetivamente uma mudança radical e epocal, que não envolve toda a massa humana, a não ser com a produção técnica que deriva da ciência: "são poucos os homens que têm plena consciência" dessa guinada epocal, "enquanto a maioria dos homens continua a viver nas formas de pensamento pré-científico, mesmo lançando mão dos produtos da ciência".

A ciência coexiste com o sistema simbólico da sociedade difundido entre a população. É aqui que nasce o ponto fundamental de onde surge uma série de questões. As grandes massas e também grande parte da classe dirigente das sociedades modernas continuam a utilizar uma explicação da realidade que encontra sua base na representação fornecida pelo sistema simbólico tradicional, substancialmente forjado pelo cristianismo na Antiguidade e na Idade Média.

Um quarto fator (que atua antes da Reforma, mas que vai se afirmando lentamente na reflexão teológica na consciência europeia) consiste na tomada de consciência da existência de novas religiões na sequência de descoberta das Américas e depois das conquistas colonialistas. O encontro com outras culturas, que já se deu diversas vezes na Europa medieval, a partir do século XV, se torna um fenômeno, quantitativa e qualitativamente diferente, imponente e novo. Os diversos cristianismos (seja o católico ou os da Reforma) foram forçados a tomar nota, pela primeira vez, de maneira massiva e contínua, da existência de antiquíssimas civilizações que se desenvolveram nas Américas e na Ásia, sem qualquer influência direta do cristianismo. A conquista colonial — comercial, econômica e política — das Américas, da Ásia e da África foi acompanhada de uma tentativa de conquista missionária, de conversão ao cristianismo, de populações que pertenciam a culturas muito diferentes, e acompanhada igualmente de uma tentativa sistemática de introdução do sistema simbólico cristão para substituir o das diversas populações convertidas. Também nesse caso a análise histórica e a expansão religiosa das Igrejas tomam a função de transformação cultural que trilham um caminho inverso. É sabido igualmente que a expansão missionária (que caminhava lado a lado com a comercial e política ou era precedente, paralela ou independente dela) produziu as primeiras grandes tentativas de compreensão etnográfica das culturas não europeias[46]. Nos séculos XVI, XVII e XVIII, os missionários — não só os jesuítas — foram estudando sistematicamente as línguas, as culturas e os sistemas religiosos das populações aos quais se dedicavam. Pode-se discutir amplamente se os estudos linguísticos e etnográficos dos

---

46. Cf. alguns dos volumes sobre os missionários jesuítas na série editada por Michela Catto: D'Arelli, F.; Ricci, M., *L'altro e diverso mondo della Cina,* Milano, Il Sole 24 ore, 2014; Passavanti, M., *Ippolito desideri. Un gesuita tra i lama del Tibet,* Milano, Il sole 24 ore, 2014; Ferlan, C., *José De Acosta. Missionario, scienziato, umanista,* Milano, Il sole 24 ore, 2014; Gasbarro, N., *Joseph-François Lafitan. Il viaggio della vita,* Milano, Il sole 24 ore, 2014; Motta, F., *Roberto Bellarmino. Teologia e potere nella controriforma,* Brescia, Morcelliana, 2005; Mongini, G., *Ignazio di Loyola (1491-1556),* Milano, Il sole 24 ore, 2014.

missionários cristãos são, na verdade, o primeiro fruto das ciências antropológicas modernas e de ciência das religiões[47].

A reflexão europeia , desde o final do século XV, inicia um processo comparativo que leva ao surgimento, no século XVII, de uma nova ciência, a história das religiões comparadas, como recordou recentemente Stroumsa[48]. Nesse clima surge a exigência de colocar a figura religiosa de Jesus num quadro religioso comparado, que permite visualizar semelhanças e diferenças. Estamos diante da possibilidade de relativizar a figura de Jesus. Mas não posso tomar em consideração esse aspecto, mesmo que sua existência seja determinante. É preciso lembrar apenas que essa exigência comparativa, que nasceu da expansão colonial e das descobertas geográficas, se entrelaça e se sobrepõe a uma outra tendência comparativa que já existia anteriormente. Já a proposta de Pomponazzi de classificar Jesus numa categoria de agentes religiosos[49], que ele constrói baseado numa análise comparada de um conjunto de religiões, é um sintoma relevante de um método de pesquisa que vai ser muito usado posteriormente em alguns ambientes do pensamento europeu. Pomponazzi, por exemplo, apresentava na *Apologia* II,7, 12-19[50], no *De incantationibus* (1517), sobretudo no décimo capítulo da obra[51], uma visão filosófica segundo a qual todos os fenômenos proféticos e todos os grandes personagens fundadores de religiões, inclusive Jesus, seriam fruto de uma influência cósmica que provoca o nascimento de profetas, toda vez que a situação histórica dá sinais de degeneração e decadência. Pomponazzi não nega a superioridade da religião cristã e de Jesus sobre os demais profetas, nem a sua divindade. Mas não pode deixar de propor uma classificação conceitual na qual Jesus é inserido numa categoria geral de *Homines perfecti*. Ademais, Jesus é reduzido à categoria dos profetas, que são todos *Homini divini*[52]. O cristianismo é visto como um fenômeno semelhante ao das outras religiões e, além disso, é fornecida uma explicação geral do surgimento das religiões que explica também o

---

47. Cf. STROUMSA, G. G. *A new science. The discovery of religion in the age of reason*, Cambridge (MA), Harvard University Press, 2010, que avalia positivamente a contribuição dos missionários cristãos na formação de uma futura ciência das religiões.

48. Ibid.

49. POMPONAZZI, P., *Apologia*, COMPAGNI, V. PERRONI (ed.), Firenze, Olschki, 2011, 232-234; ID., *De incantationibus*, COMPAGNI, V. PERRONI (ed.), Firenze, Olschki, 2011, LXII-LXXI.

50. POMPONAZZI, *Apologia*, op. cit., 233-244.

51. Edição aos cuidados de V. Perrone Compagni, a qual tem mostrado como as teorias do *De incantationibus* (p. LXIII) foram antecipadas no *Apologia* (II,7,12-16).

52. Sobre isso tudo, cf. os estudos de Perrone Compagni.

cristianismo. O conceito de *Homines perfecti*, no qual Jesus é enquadrado, a explicação da profecia e a teoria geral sobre o surgimento das religiões tornam o pensamento de Pomponazzi, de certo modo, num precursor de uma história geral das religiões. Essa tendência interpretativa de tipo naturalista se manifestará por diversas vezes durante os séculos XVI e XVII, sem ser fundamentalmente influenciada pelo esquema da Reforma de uma origem do cristianismo em oposição à Igreja posterior. Mas é preciso asseverar logo que nenhuma dessas duas correntes coloca em dúvida a validade histórica dos textos evangélicos. É sua interpretação que se modifica. Mas raramente se questiona uma oposição entre uma figura histórica de Jesus e suas representações evangélicas. O *Tratado dos três impostores*[53] é um outro elemento emblemático de uma crítica ao cristianismo que nasce de um confronto entre os fundadores de diversas religiões (cristianismo, islã e judaísmo), mas com um confronto que se estende à religião indiana e à chinesa. A data do *Tratado* é claramente objeto de controvérsia. Biagioni lança a hipótese da origem já no século XVI[54] e localiza as temáticas em Francken. No *De incertitudine religionis christianae*, Francken contrapõe a certeza da matemática e da geometria à incerteza cognitiva da religião:

---

53. O *De tribus impostoribus* latino foi impresso em 1753 por Straub com uma indicação de data falsa de impressão de 1598 (reimpresso por Gerhard Bartsch, Berlim, 1960; Berlim, Wolfgang Gericke, 1982). Cf. TOTARO, P., Da Antonio Magliabechi a Philip von Stosch. Varia fortuna del "De tribus impostoribus" e do "Esprit de Spinoza", in: CANONE, E. (ed.), *Bibliothecae selectae. Da Cusano a Leopardi*, Firenze, Olschki, 1993, 377-417. Sobre o tratado cf. sobretudo CHARLES,-DAUBERT, F. (ed.), *Le "traité des trois impostuers" et l'"Esprit de Spinoza". Philosophie clandestine entre 1678 et 1768. Textes présentés et édités*, Oxford, Voltaire Foundation, 1999; ANONIMO, *Trattato dei tre impostori. La vita e lo spirito del Signor Benedetto de Spinoza (Traité des trois imposteurs o Esprit de Spinoza)*, BERTI, S. (ed.), prefácio de R. H. Popkin, Torino, Einaudi, 1994; ANONIMO, *I tre impostori. Mosè, Jesú, Maometto. Introduzione, commento e cura di Germana Ernst. Traduzione di Luigi Alfinito con testo latino a fronte*, Napoli, La scuola Pitagorica, 2009; GUERCI, L. (ed.), *Il celebre e raro trattato de' tre impostori (1798)*, Alexandria, Edizioni dell'Orso, 1996; MINOIS, G., *Il libro maledetto. L'incredibile storia del trattato dei tre profeti impostori*, Milano, Rizzoli, 2010; SPINOZA, B., *Trattato dei tre impostori. Mosè, Gesù, Maometto*, prefácio de P. Odifreddi, Prato, Piano B, 2009 (essa última tradução é aproximativa). O livro já havia sido traduzido para o italiano na segunda metade do século XIX: são indicadas duas edições com o mesmo título e, estranhamente, dois editores distintos que não pude consultar pessoalmente: D'Orbach (Barão de), *Mosé, Gesù, Maometto, con aggiunte alla Vita di Gesù di Renan*, Livorno, Rossi, s./d., ou então ID., *Mosè, Gesù, Maometto, con aggiunte alla vita di Gesù di Renan*, Milano, Editore Francesco Scorza, 1863.

54. BIAGIONI, *Christian Francken e le origini cinquecentesche del trattato De tribus impostoribus*, op. cit.; ID., Christian Francken Sceptical. A reply to József Simon, in: *Bruniana et Campanelliana*, 19 (2013) 178-185.

Os fundamentos da religião "sive turcica, sive judaica, sive christiana" [...], sendo todos eles incertos, podem ser desmentidos por religiões igualmente prováveis. Daqui nascem os inúmeros dissensos entre as diversas confissões, quer dizer, o que parece indubitável a alguns é considerado falso para os outros. Vemos uma conclusão análoga no *De tribos impostoribus*: o europeu nega o fundamento das religiões não cristãs com a mesma superficialidade empregada pelos outros que negam a sua. Todos usam revelações específicas para confirmar seu próprio credo. Mas nenhuma é segura. Desde os oráculos pagãos "iam risit antiquitas", aos escritos de Moisés se contrapõe o Alcorão e a esses ainda se contrapõe as coletâneas dos Vedas e dos Brâmanes ou os textos dos chineses. A ausência de um critério seguro de verdade tira das religiões qualquer pretensão de conhecimento, deixando-lhes apenas uma função exclusivamente política[55].

Em suma, uma comparação histórico-religiosa estaria presente também no socinianismo em função de uma crítica das religiões. O confronto entre as três religiões vai prosseguir também na Idade Moderna, mesmo que acompanhado e até relativizado pelos confrontos que nascem do encontro com outras culturas, como testemunha, por exemplo, o confronto entre Jesus e Confúcio no jesuíta Matteo Ricci, recentemente estudado por Catto[56]. A antropologia cultural e a ciência das religiões, porém, só puderam surgir depois, quando se alcançou a percepção da diferença e autonomia das culturas e religiões estudadas, e quando a religião cristã é submetida aos mesmos métodos de análise, sem pressupor uma superioridade cristã e abandonando uma visão evolucionista-teleológica da história das religiões e das culturas que culminam no cristianismo. Aqui vamos encontrar de fato a novidade representada por essas duas ciências modernas, quando se formaram sobretudo no século XIX: o fato que as culturas e religiões das Américas, da África e da Ásia, diferentes do cristianismo, eram vistas como independentes e autônomas, como sistemas culturais irredutíveis entre si. Cai por terra a ideia de uma derivação unitária de todas as religiões e culturas de uma única linhagem, como continuava a crer, ao contrário, a teologia cristã com base tanto nos primeiros onze capítulos do livro bíblico do Gênesis quanto nas visões teológicas pelas quais uma revelação divina primordial teria sido concedida nos tempos mais remotos aos vários

---

55. BIAGIONI, *Christian Francken e le origini cinquecentesche del trattato De tribus impostoribus*, op. cit., 243.
56. CATTO, M., Confucio in Europa e Gesù in Cina, in: *Annali di storia dell'esegesi*, 31,1 (2014) 191-201.

povos, fazendo com que todos convergissem depois rumo à plenitude da verdade do cristianismo. Essa ideia de uma evolução unitária foi sendo substituída por um novo paradigma de uma multiplicidade de surgimentos e evoluções ou desenvolvimentos independentes, sem qualquer subordinação hierárquica. Uma nova representação global do gênero humano, de suas culturas e de suas religiões nascia independente do cristianismo e por mérito da pesquisa etnológica e das religiões.

Um quinto fator consiste nos conflitos e nas guerras de religião que caracterizam a Europa desde as primeiras décadas do século XVI até a metade do século XVII. É nesse clima que surge a exigência — pelo menos dentro de um grupo de intelectuais fortemente críticos e inovadores — de uma crítica radical das tradições religiosas e de um método de análise racional dos fatos religiosos para além dos contrastes teológicos e dogmáticos inconciliáveis e insolúveis das várias Igrejas, em que todas pretendem ter a posse da verdade absoluta, condenando as demais. A pluralidade das Igrejas em uma Europa já quase fraturada e sempre mais diferenciada em múltiplas Igrejas cristãs expõe ineluctavelmente o problema de métodos de análise das Sagradas Escrituras e das origens cristãs que prescindem das diferenças teológicas e de seus *a priori* dogmáticos. É nesse contexto que surge uma nova exigência de uma exegese histórica dos textos bíblicos e de uma visão histórica renovada de Jesus para além dos contrastes irredutíveis entre as Igrejas. E uma vez que as teologias dogmáticas em conflito não podiam encontrar um acordo sobre a mensagem de Jesus, e suas contraposições geravam conflitos bélicos, só uma exegese histórica independente de pressupostos confessionais poderia pretender reconstruir uma imagem do primeiro cristianismo e de Jesus aceitável no seio da *république des lettres*.

Um sexto fator está no surgimento de novas formas políticas europeias. São muitos os fatores dessa nova organização política da Europa, que culmina na elaboração das diversas Declarações dos Direitos Humanos de cada ser humano individual (da Virgínia à Pensilvânia até a França entre 1775 a 1789) e leva à arquitetura estadual baseada nas constituições. O rompimento da Europa cristã sancionado pelos acordos de 1555 e a formação do Estado moderno em suas diversas manifestações nacionais obrigam as teologias das diversas Igrejas e a reflexão teórica sobre poder político a revisar as concepções dos poderes e das funções das Igrejas no âmbito político. A divisão em duas seções do *Leviatã* de Hobbes (as primeiras duas partes filosófico-políticas e as partes terceira e quarta, teológico-políticas) é uma expressão emblemática da necessidade de coordenar os poderes políticos com os inelimináveis poderes efetivos das Igrejas. Depois se verifica também uma guinada cultural de grandes dimensões (que, como tal, teve extrema dificuldade de afirmar-se na prática, mesmo sendo antecipada na reflexão politológica do século XVII), a da desvinculação da origem do poder de uma fonte sagrada, a qual acarretava também o fim da justificação do poder político indireto por parte da Igreja. Essa desvinculação aparece claramente na reflexão teológico-política desde Hobbes, Locke até Toland[57]. Mas uma coisa são as formulações de alguns teóricos, outra coisa é a práxis política efetiva, em que o poder político das Igrejas continuava a exercer-se obrigando as diversas experiências políticas nacionais a elaborar sistemas de convivência entre poder político e poder eclesiástico: a *potestas indirecta in temporalibus*, adotada pela Igreja católica e os inúmeros sistemas diversos como o *Ius circa sacra*, o erastianismo etc.[58]. Em tudo isso, o que me parece importante ressaltar é que a reflexão politológica, a partir do século XVI, vai se tornar um dos lugares privilegiados não só para a renovação da interpretação da Sagrada Escritura e da função de Jesus como distinta da função da Igreja, mas sobretudo para redefinir a função do cristianismo e das religiões em relação à política. Em suma, a reflexão teórica sobre poder político torna-se um dos lugares primordiais da redefinição moderna do cristianismo. O fato de que no *Leviatã* de Hobbes e no *Tratado teológico-político* de Espinosa se encontram algumas ideias teológicas e interpretações da figura de Jesus mais estimulantes não passa da ponta do *iceberg* de uma vasta abordagem teológico-política. Anna Lisa Schino, num artigo que me parece muito importante, ressaltou bem a guinada que implicam as obras políticas de Hobbes para uma mudança da interpretação da figura de Jesus de política para não política. Schino

---

57. Minha hipótese é que foi somente no século XVII que essa relação sistêmica entre o sagrado, o poder do soberano e território se desfez. A verdadeira detentora do sagrado sobre a terra, que na concepção cristã é a Igreja, tende assim a ser reduzida a uma associação voluntária privada de poder político e de domínio territorial. O poder do soberano é desvinculado da sacralização que lhe concedia a Igreja. A fertilidade da terra e do povo é desvinculada do poder do soberano e também do poder eclesiástico. A *Carta sobre a tolerância*, de John Locke, elabora uma teoria da natureza das Igrejas, para a qual elas não passam de associações livres, dentro do Estado, sem necessidade de um domínio temporal. Deus não se mostra mais como uma força sagrada que exerce um domínio territorial sobre a terra, confiado a um soberano e a um povo ou a uma Igreja que o represente no mundo (cf. acima, cap. 1).

58. Sobre tudo isso, cf. Motta, F., Politica e religione. Dal confessionalismo alla secolarizzazione, in: Lavenia, V. (ed.), *Storia del cristianesimo*, vol. III: *L'età moderna (secoli XVI-XVIII)*, Roma, Carocci, 2015, 351-378.

ressaltou, por exemplo, como o anônimo autor do *Theophrastus redivivus* relata o horóscopo de Cristo, de Cardano, para mostrar

> Que a natureza de Cristo foi constituída do mesmo modo que a dos demais homens e que se lhe atribuiu a mesma lei e a mesma condição [...]. Mas se o Cristo é reduzido a um âmbito puramente humano, enquanto é uma personalidade de capacidade excepcional, um mago, um legislador, mas não o deus encarnado, minora a revelação e desmorona a intervenção direta de Deus na história, de cujo desdobramento efetivo depende a possibilidade de admitir uma religião privilegiada, depende a possibilidade de demonstrar a verdade do cristianismo com relação às demais religiões [...]. A humanização de Cristo, mago e legislador como foi Moisés para os judeus, cancela o fundamento transcendente da religião cristã para afirmar a natureza absolutamente homogênea, *e política*, de todos os credos[59].

Biagioni pode escrever que "no pensamento de Francken vemos retornar insistentemente a ideia de que a religião só existe em função de sua natureza política"[60]. Em Hobbes diminui a necessidade de dar um fundamento mitológico transcendente às religiões para assegurar sua função de mantenedora da ordem política. Schino mostra como o libertino Naudé passa pela visão renascentista da função política das religiões e pela naturalização da figura de Jesus e, enfim, ser tocado em 1642 pela visão expressa por Hobbes no *De cive*.

> Nas páginas de Hobbes, o Cristo já não é mais, junto com Moisés, o fundador de uma *lex* com forte validade política, é antes um mestre de moralidade que se volta [...] a toda a humanidade para ensinar a via da salvação[61].

Assim, a mudança da conceição de uma função essencialmente política da religião implicava uma mudança na interpretação das figuras de Jesus e de Moisés. Hobbes "colocara em crise — escreve Schino — a concepção segundo a qual sem religião não pode haver sociedade humana e o respeito da lei, pois sem Deus tudo seria permitido, e o povo não teria freios"[62]. É nesse contexto, como já apontei, que se afirma a natureza

---

59. Schino, A. L., La fine del mito del legislator. La trasformazzione delle figure di Mosè e di Cristo a metà del XVIII secolo, in: *Annali di storia dell'esegesi*, 32,2 (2015) 518, grifos meus.
60. Biagioni, *Christian Francken e le origini cinquecentesche*, op. cit., 214.
61. Schino, *La fine del mito del legislator*, op. cit., 509-524.
62. Id., 523.

essencialmente escatológica do reino de Deus anunciado por Jesus, isto é, bem antes do final do século XIX e do livro de Johannes Weiss, *Die Predigt Jesu vom Reich Gottes* (1892).

Um sétimo fator — um dos mais importantes — consiste no surgimento dentro da cultura douta da Europa de uma presença hebraica que impõe a exigência de uma leitura hebraica da Bíblia e de uma interpretação hebraica de Jesus. Com Isaac di Troki, um judeu caraíta, com seu *Rafforzamento della fede* (1593), afirma-se isso claramente a partir do final do século XVI[63]. Com base exegética, a obra refuta a interpretação cristã, cristológica, da Bíblia hebraica (que os cristãos chamam de Antigo Testamento). Depois, na segunda parte, mostra como as interpretações oferecidas pelo Novo Testamento de passagens da Bíblia hebraica estão equivocadas. Em conclusão, Jesus não queria fundar uma nova lei, mas ater-se à de Moisés. Esse judeu caraíta busca restituir aos judeus o próprio texto sagrado mostrando a não credibilidade da interpretação cristã que, dando aos textos um sentido alegórico e cristológico, subtraía realmente a Bíblia aos judeus, privando-os de sua base legitimamente e tomando-a para si. Essa não é apenas uma operação exegética, mas uma operação que tem um significado e um objetivo cultural em sentido lato. Busca legitimar a presença hebraica na sociedade da época e a restituir aos judeus a sua identidade e seu texto sagrado. Mas busca redefinir também a identidade cristã, atribuindo-lhe um mero papel regional e não universal na Europa. A própria figura de Jesus não legitima o atual ordenamento cristão. Subtrai-se aos cristãos tanto Jesus quanto a própria Bíblia. Não mais Antigo Testamento orientado necessariamente rumo a um Novo Testamento e a uma mudança necessária do judaísmo em cristianismo, mas Bíblia hebraica, texto sagrado de um povo que poderia e deveria coexistir em pé de igualdade com outros na sociedade europeia. Como sublinhou Myriam Silvera, retomando as afirmações de Benzion Netanyahu[64], no final do século XIV se deu uma guinada nos tratados hebraicos de discussão do cristianismo. Surge um novo gênero de controvérsia que, ao invés de se limitar a uma posição defensiva, "se esforça em demonstrar não a verdade do judaísmo, mas a falsidade do cristianismo"[65]. O judeu se coloca "como um proprietário

---

63. Troki, I. bem Abraham, *Faith strengthened*, introduction by T. Weiss-Rosmarin, trad. de M. Mocatta, New York, Kav, 1970.
64. Netanyahu, B., *The marranos of Spain. From the late 14th to the eraly 16th century*, New York, American Academy for Jewish Research, 1966.
65. Castro, Orobio de, *Prevenciones divinas contra la vana idolatría de las gentes*, op. cit., XXVII-XXVIII.

que luta contra um usurpador"[66]. Isso é certamente verdadeiro no caso de Isaac de Troki. O desafio é radical. O posicionamento de Isaac a respeito de Jesus é diferente do de Isaac Oróbio. Ele afirma que Jesus jamais quis fundar uma nova lei, mas apenas convidou a que se respeite a lei de Moisés. Estamos, portanto, diante de um Jesus judeu, que respeita a lei hebraica. Isaac Oróbio, ao contrário, responsabiliza Jesus de "ter afastado os judeus da lei de Moisés"[67]. Isaac de Troki assevera sua reivindicação não baseado numa interpretação talmúdica, mas com base em uma exegese bíblica de tipo historiográfico (Isaac, no mais, é caraíta). A Bíblia, justo por seu caráter hebraico, desmente a interpretação cristã, retirando do cristianismo um de seus fundamentos. O fato de que a interpretação judaica se estenda também à figura de Jesus exigiria por parte dos cristãos uma redefinição de seu fundamento, uma nova compreensão sobre bases históricas e filológicas tanto do texto fundante da Bíblia cristã (Antigo e Novo Testamentos) quanto da própria figura de Jesus e da relação das Igrejas com essa figura. Mas isso exigiria a aceitação de uma interpretação histórico-filológica dos textos bíblicos que prescinda da impostação dogmática e teológica cristã tradicional[68]. A obra se encaixa no círculo da cultura rigorosamente hebraica e será sucessivamente usada por pensadores como Voltaire ou o barão de Holbach[69]. Cristiana Facchini chamou minha atenção por diversas vezes sobre a importância de Leone Modena[70] no século XVII para

---

66. ID., XXIX. Aqui Silvera cita GOMES, J. PINHARANDA, História da filosofia portuguesa, vol. I: *A filosofia hebraico-portuguesa*, Porto, Lello et Hirmao, 1981, 299.

67. SILVERA, M., in: CASTRO, OROBIO DE, *Prevenciones divinas contra la vana idolatría de las gentes*, op. cit., XXXIV, 135 e 140, nota 1.

68. Ainda hoje, certos setores da teologia voltam a defender a teoria da unidade dos dois testamentos, a interpretação cristológica da Bíblia hebraica e pretendendo negar o nome da Bíblia hebraica para cristianizar o texto-base da religião hebraica com o nome de Antigo Testamento, como já vimos antes (cap. 2).

69. R. H. Popkin mostrou a influência do *Chizzuk Emunah* de Isaac di Troki, por exemplo, no tratado teológico do século XVIII, de ENGLISH, G. B., *The grounds of christianity examined, by comparing the new testament with the old*, Boston (MA), printed for the Author, 1813. Popkin reeditou o tratado de English em *Disputing christianity. The 400-year-old debite over Rabbi Isaac Ben Abraham of Troki's classic arguments*, New York, Humanity Books, 2007.

70. FACCHINI, C., Il Gesù di Leon Modena. Per una storia materiale e urbana del Magen ve-herev di Leon Modena, in: *Annali di storia dell'esegesi*, 35 (2018) 163-187; ID., Una insinuante modernità Su Leone Modena e il seicento ebraico in Italia. Rassegna di studi, in: *Annali di storia dell'esegesi*, 19, 2 (2002) 467-497; ID., The city, the ghetto and two books. Venice and jewish early modernity, in: ID., *Modernity and the cities of the jews*, in: "Quest. Issues in contemporary jewish history", 2 (2011) 11,44; ID., Religious polemics and "regimes of historicity". Interpreting the magen ve-herev of Leon Modena, in: DESTRO, A.; PESCE, M., (ed.), *From Jesus to christian origins. Second annual meeting of bertinoro (1-4 october,*

a reconquista da hebraicidade de Jesus (penso sobretudo na obra *Magen wa-Herev*), e Stroumsa asseverou a relação de dependência de Richard Simon de Leone[71]. Junto com Espinosa, como já apontei no primeiro capítulo[72], deparamos com outros pensadores e teólogos judeus importantes no período que vai de 1680 a 1750. Entre eles, encontra-se Oróbio, que já mencionei, com suas *Prevenciones divinas contra la vana idolatría de las gentes*, de 1670. Paganini elencou algumas das principais teses exegéticas e historiográficas que implicam uma revisão da interpretação cristã de Jesus e das origens cristãs:

> A identificação de Jesus com o Messias, a atribuição ao Sinédrio e, portanto, às autoridades hebraicas da responsabilidade pela sua condenação, a ideia que a lei de Moisés teria sido substituída pela pregação de Cristo, a doutrina do pecado original, a tese de que a diáspora teria sido consequência da recusa de converter-se ao cristianismo[73].

Paganini assevera também os dois pontos diversos de influência da obra de Oróbio. Em primeiro lugar, ela tem como objetivo convencer os judeus convertidos ao cristianismo a retornar ao judaísmo. Depois, torna-se "um fermento potente da cultura radical, clandestina e iluminista"[74]. Essa utilização em duas fases se deu também para o *Chizzunk Emunah*, de Isaac de Troki. Essa diferença temporal significa que a influência na cultura europeia só teria acontecido posteriormente, e que a contribuição hebraica não se faz sentir logo na redefinição do cristianismo da primeira era moderna. O fato de que os judeus tenham entrado como um polo independente na discussão do significado da figura de Jesus[75] explica, na minha

---

2015), Turnhout, Brepols, 2018; Leon Modena, the historical Jesus, and renaissance venice, *Journal for the study of the historical Jesus*. Cf. também Dobos, K. D., The impact of the conversos on jewish polemical activity in baroque Italy. Was Yehuda Aryeh me-Modena's Magen we-herev destined for a converso audience?, in: *Annali di storia dell'esegesi*, 33 (2016) 413-434. Cf. também Guetta, A., Leone Modena's Magen wa-herev as an anti-catholic apologia, in: *Jewish studies quarterly*, 7 (2000) 296-318.

71. Stroumsa, G. G.; Le Brun, J., *Les juifs présentés aux chrétiens. Textes de Léon de Modena et de Richard Simon, introduits et commentés*, Paris, Les Belles Lettres, 1998.
72. Cf., supra, 1.3.4.
73. Paganini, *Orobio e i suoi lettori dall'ebraismo all'illuminismo*, op. cit., VI.
74. Ibid. Por exemplo, no ano 1770 é publicado em Londres e atribuído a Orobio *Israel Vengé. Exposition naturelle des prophéties hébraïques que les chrétiens appliquent à Jésus, leur prétendu Messie*, cf., supra, 63 (cf. Paganini, *Orobio e i suou lettori dall'ebraismo all'illuminismo*, op. cit., XIV).
75. Cf. Popkin, R. H., Jewish anti-christian arguments as a source of irreligion from the seventeenth to the early nineteenth century, in: Hunter, M.; Muslow, M.; Popkin, R.

opinião, a tentativa — que vimos por diversas vezes — de atribuir a um escritor judeu inventado uma interpretação hebraica de Jesus que não se tem a coragem de apresentar o próprio nome. Tome-se como exemplo os *Discorsi sui miracoli del nostro Salvatore*, de Woolston, de 1729, em que o autor reporta longos trechos de uma pretensa carta enviada por um rabino judeu sem nome[76], ou o fato de que o barão de Holbach atribui a um certo salvador judeu, que provavelmente jamais existiu, a elaboração de um escrito que ele incorporara em seu tratado. O mesmo mecanismo pode ser encontrado no caso das *Dissertations sur le Messie où l'on preuve qu'il n'est pas encore venu, et que suivant les promesses des profetes qui l'ont annoncé aux israelites, ils l'attendent avec raison*, publicadas em Londres em 1770[77]. A obra reelabora diversas partes das *Prevenciones divinas*, de Oróbio, mas na introdução, redigida por um não judeu que decide "dirigir-se aos rabinos para sua instrução, […] não sendo instruído na língua hebraica"[78]. Diferentemente de Popkin e de Adam Sutcliffe[79], quero sublinhar a importância da contribuição hebraica não só para o assim chamado surgimento do ceticismo ou para a relação com o iluminismo, mas também para uma redefinição da teologia cristã e do próprio cristianismo. Os judeus estavam conquistando pela primeira vez, embora com grande dificuldade e iniciando em geral com uma comunicação clandestina, um lugar próprio e autônomo na cultura europeia[80]. Na situação que está nascendo na era

---

H. (ed.), *Atheism from the reformation to the enlightenment*, Leiden, Brill, 2004, 33-50. Cf. também Id., Some unresolved questions in the history of scepticism. The role of jewish anti-christian arguments in the rise of skepticism in regard to religion, in: Id., *The third force in seventeenth century thought*, Leiden, Brill, 1991, 222-245), entretanto, Popkin está focado em um problema diferente do meu: a mim interessa verificar como a contribuição dos judeus tenha influenciado em determinada visão histórica de Jesus, e não se isso tenha reforçado ou não uma atitude anticristã entre os intelectuais tendencialmente ateus, que é uma questão pela qual não me interesso.

76. Woolston, T., *Six discours sur les miracles de Notre Sauveteur. Deux traductions manuscrites du XVIIIe siècle dont une de Mme du Châtelet*, Trapnel, William (ed.), Paris, Honoré Champion, 2001, 287-311, 360-376.

77. Esse tema também chamou a atenção de Ginzburg, C., Inner dialogues. The jew as Devil's advocate, in: *Proceedings of the Israel Academy of Sciences and Humanities*, VIII (2014), disponível em: https://www.youtube.com/watch?v=qBoX6hi-7XQ (acesso em: jun. 2018).

78. Paganini, *Orobio e i suoi lettori dall'ebraismo all'illuminismo*, op. cit., XIV-XV.

79. Sutcliffe, A., Judaism in the anti-religious thought of the clandestine french early enlightenment, in: *Journal of the history of ideas*, 64 (2003) 97-117; Id., *Judaism and enlightment*, Cambridge, Cambridge University Press, 2013.

80. Facchini, C., The immortal traveler. How historiography saved judaism, in: Mulsow, M.; Rüpke, J. (ed.), Creating religions by historiography, *Archiv für religionsgeschichte*,

moderna, os judeus podem repropor aos cristãos o fato realmente inicial da história cristã, isto é, que o cristianismo não é o *Verus Israel* porque esse é representado apenas pelos judeus. A Bíblia hebraica é um fato hebraico e não cristão, Jesus é um judeu e não um cristão.

7.2. Uma reflexão final

Parece-me claro que há inúmeros motivos pelos quais o conjunto da teologia tradicional está em crise. A Sagrada Escritura torna-se critério de crítica porque, em alguns casos, se mostra ausente da teologia tradicional e do dogma (que não são mais considerados chaves de interpretação necessária). A filologia e o método historiográfico tornam-se a base epistemológica nova, que só se torna em critério crítico de interpretação da Sagrada Escritura em alguns casos específicos. A filosofia é usada como critério de verdade com a qual se deve questionar sobre temas comuns da teologia e do dogma. Mas a filosofia é bastante influenciada pela nova ciência, que coloca em crise não só a literatura teológica e o dogma, mas também a filosofia tradicional, sobretudo a filosofia aristotélica e platônica. A esses quatro fatores se acrescenta depois uma perspectiva hebraica e o comparatismo religioso. A dialética entre princípio filosófico e método histórico, por um lado, e a suposta revelação divina, depositada na Sagrada Escritura, por outro, se prolongam incessantemente na era moderna, sem levar a uma vitória de nenhum dos dois lados, no sentido de que a aplicação do princípio filológico historiográfico não pode ser freada, mas a suposta revelação divina do texto sagrado tampouco poderá ser renunciada pelas Igrejas. O avançar da história das religiões, da sociologia e da antropologia leva aos poucos para uma visão comparativa, na qual o cristianismo se mostra como uma das religiões do planeta, podendo ser analisado e compreendido com base em categorias tiradas não da teologia, mas do exercício de análise e da classificação das ciências históricas e sociais. Mas a modernidade apresenta igualmente uma visão do mundo, um sistema simbólico construído baseado em pesquisa científica que aos poucos vai envolvendo todos os aspectos da natureza, da astronomia à física, passando pela química, a ciência da terra e todo e qualquer aspecto do corpo humano, com

---

20 (2018) 111-134; ID., Judaism. An inquiry into the historical discourse, in: OTTO, B. C.; RAU, S.; RÜPKE, J. (ed.) *History and religion. Narrating a religious past*, Berlim, de Gruyter, 2015, 371-392 (Religionsgeschichtliche Versuche und Vorarbeiten, 68); ID., *The city, the ghetto and two books*, op. cit.

a fisiologia e a nova medicina como um processo irrefreável que irá chegar ao estudo científico do cérebro e, portanto, da mente humana. Também nesses dois casos as diversas instituições cristãs estarão forçadas a um processo contínuo de dialética, de oposição, mas igualmente de redefinição. Mas a modernidade apresenta também soluções práticas e políticas que são as da tolerância, isto é, a admissão da coexistência necessária dos dois posicionamentos e de grupos contrapostos, sem que um lado pretenda excluir o outro da convivência civil através de medidas coercitivas e repressivas. Assim a proposta sociniana de tolerância acabará sendo aceita. Mas a prática da tolerância, justamente por basear-se no reconhecimento da legitimidade da existência das instituições da Igreja, permite a perpetuação, nas sociedades tolerantes, de sua dogmática, de sua visão de mundo e de seu sistema simbólico que pretende ser global em todos os aspectos da realidade. Quando uma das Igrejas consegue influenciar a maioria da população, sobretudo onde a concorrência com as demais Igrejas é mínima ou marginal, é inevitável que a tolerância seja colocada em discussão ou que se lhe imponha limites mais ou menos decisivos.

Índice onomástico

Abbri, F. 245-246
Abraão 24, 34, 61, 103
Adinolfi, I. 231, 245
Adrien, M. 56
Agostinho de Hipona 23, 25, 28, 44, 115-116, 141, 171, 178-179, 191
Alberigo, G. 149-150
Alfinito, L. 252
Alfonso Maria de Liguori 82, 91
Ambrósio de Milão 23, 27, 189, 191
Amselle, J. L. 244
Angelini, E. 245
Arcari, L. 78
Aristóteles 50, 117
Arnold, G. 91
Assmann, J. 149
Aubert de Versé, N. 232, 245

Backus, I. 76, 81, 86-87, 89
Baeck, L. 214
Barônio, C. 44, 86, 230, 232, 240
Barth, K. 219
Bartsch, G. 252
Bary, B. 182
Bauer, W. 79

Baumann, G. 80
Bayle, P. 13, 90, 196
Beatrice, P. F. 180, 193, 195, 198
Bellarmino, R. 41, 99, 103-104, 119, 127, 249-250
Benigni, R. 232, 245
Berigardo, C. 130
Bermejo, F. 15
Bhabha, H. K. 209
Biagioni, M. 237, 242-245, 252-253, 256
Biandrata, G. 244
Blanchetière, F. 167
Blumenkranz, B. 167, 173
Bori, P. C. 56, 148, 152, 167, 222
Bossuet, J. B. 44, 67
Boulliau, I. 124
Bovon, F. 77
Boyarin, D. 79
Brown, R. E. 69
Bruno, G. 13, 230, 236-237
Bucciantini, M. 96
Bultmann, R. 219
Burkert, W. 192
Büttgen, P. 76, 81, 86-87

Buzzi, F. 240

Calígula 163
Calmet, A. 44, 115
Calovius, A. 132
Cameron, R. 77
Cammarota, M. 96
Campanella, T. 125-128
Canclini, N. G. 244
Canella, T. 148-149
Cano, M. 241, 252
Cantimori, D. 231, 235
Caravaggio (Michelangelo Merisi) 44-45
Caravale, G. 243
Cardoso, I. 39, 144
Carile, A. 152, 173, 175, 187
Carli, A. 108, 115, 120, 130-131
Caspar, M. 115
Cassani, A. 148
Cassio Dioni, L. 161
Cassiodoro (Flavius Magnus Aurelius Cassiodorus) 14, 56-66, 148, 152, 157, 164, 166-167, 171, 173-174, 176, 178-188, 191-192, 199
Castelli, B. 97, 101-105, 118-119, 127, 129, 138
Castelli, D. 71
Castellion, S. 87-89
Catto, M. 250, 253
Cavour, C. Benso, conde de 50
Charles-Daubert, F. 252
Charlesworth, J. 52
Chenu, M. 25
Chubb, T. 42-44, 227, 230
Clemente de Alexandria 157, 195
Cocchini, F. 55-56
Cohen, H. 214
Connerton, P. 27
Conti, D. 238-239, 246
Cottier, J. 238
Coyne, G. V. 96

Crombie, A. C. 120
Curione, C. S. 244
Cusano, N. 150, 239, 252

Damanti, A. 96
Dante Alighieri 31, 233, 248
Del Prete, A. 231, 238-240, 245
Della Mirandola, P. 125, 152
Delle Colombe, L. 124
Destro, A. 9-10, 17, 21, 25, 50, 72, 77-78, 162, 200, 228, 258
Dini, G. 102, 118, 127
Dobos, K. D. 259
Dodd, C. H. 53
Donald, M. 19, 132

Eisenstadt, S. N. 72
Elias 24
Eliseu 24
English, G. B. 71, 121, 258
Erasmo de Rotterdam 238, 241, 244
Ester 24
Eusébio de Cesareia 59, 192
Evans, C. E. 53

Fabbroni, G. 246
Facchini, C. 201, 258, 260
Favaro, A. 99, 108, 115, 120, 130-131
Felice, D. 148, 152
Ferlan, C. 250
Ferorelli, N. 167
Ferrone, V. 115, 122
Feselius, P. 112-114
Feyerabend, P. K. 96
Ficino, M. 152, 238-239
Fílon de Alexandria 51, 55
Filoramo, G. 12, 23, 27, 43, 150, 201
Finocchiaro, M. A. 96, 98, 100
Firpo, G. 157
Firpo, L. 150, 237, 241
Firpo, M. 73, 152

Fishbane, M. 52
Fitzmyer, J. A. 51
Flávio Josefo 50-51, 148, 152-166
Formstecher, S. 214
Foscarini, P. A. 103, 109-111, 115, 121-122, 125, 127, 249
Francken, C. 237, 245, 252-253, 256
Frankel, Z. 214
Fridh, A. J. 166-167, 170
Fumaroli, M. 230

Galilei, G. 29, 41, 96-130, 133, 137-138, 140-143, 233, 236-237, 241, 247-249
Galli, C. 96
Galluzzi, P. 96
Gandhi, M. K. 222
Garriba, D. 77
Gasbarro, N. 250
Gassendi, P. 118-119, 126-127, 137-143
Gauguin, P. 44-46
Geertz, C. 18
Gericke, W. 252
Ginzburg, C. 260
Giolitti, G. 50
Girieud, P. 46
Goisis, G. 231, 245
Gomes, J. P. 258
Goudriaan, A. 76
Gousset, J. 70
Gregory, T. 19-20, 226-227, 235
Guerci, L. 252
Guericke, O. von 132
Guetta, A. 259
Guicciardini, P. 99-101
Guthke, K. S. 101-102, 127

Hadas-Lebel, M. 154
Hageneder, O. 76
Halbertal, M. 153
Harnack, A. von 219
Hegel, G. W. F. 208, 219

Heller, M. 96
Henze, M. 52
Herzl, T. 215
Hipólito 195
Hirsch, S. R. 214
Hobbes, T. 13, 41-44, 129, 131, 227, 230, 248, 254-256
Holbach, M. 43, 70, 231, 258, 260
Hunter, M. 259
Hvalvik, R. 54

Inchofer, M. 102, 107-108, 125, 133-137
Irineu de Lion 195
Isaac de Troki 38, 70, 230, 257-259
Isaías 24, 71, 78

Jacqueline, B. 97
Jaspers, K. 22, 29-31, 249
Jedin, H. 86-87
Jeremias 24, 52, 178
Jó 24, 113, 118-119, 121
João Batista 44-45
Jonas 24
Jones, F. S. 78
Jossa, G. 154
Josué 103, 107-108, 146
József, Simon 252
Judite 24
Juster, J. 167
Justiniano, I. 25, 57, 176, 181, 185
Justino de Nápoles 53-54, 79-80, 82-83

Kant, I. 50, 219
Kepler, J. 41, 109-115, 121-122, 131-133, 144
Kierkegaard, S. 50, 219
King, K. L. 78
King, M. L. 220-221
Krautschick, S. 167-168, 171-172, 174, 176
Kuhn, T. 96, 245
Kümmel, W. G. 232

Lampe, P. 79, 91
Lansberg, F. 130-131
Lavater, J. K. 246
Lavenia, V. 238, 255
Leanza, S. 167, 173
Le Boulluec, A. 79
Le Brun, J. 76, 168, 259
Lecler, J. 179
LeClerc, J. 13
Leibniz, G. W. von 76, 89-90
Lessing, G. E. 228
Lettieri, G. 23
Limor, O. 167, 169
Lindberg, D. C. 96
Lizzi Testa, R. 27
Locke, J. 33, 35, 42-44, 176, 189, 206, 238, 255
Lotman, J. M. 154
Lourdaux, W. 76
Lugaresi, L. 26, 167
Luongo, G. 148, 152
Lupieri, E. F. 29

Maisano, R. 189-190
Marcus, R. 159, 163
Markschies, C. 25
Marx, K. 50
Matteo Flaccio Illirico 86
Mazza, M. 167, 178, 183
Mazzota, B. 145
McCarthy, J. P. 29
McKim, D. K. 132-133
Mendelssohn, M. 246
Menozzi, D. 12
Merlo, G. G. 84-85
Meroi, F. 237
Mersenne, M. 117, 120, 125-126, 131
Meslier, J. 231
Meyer, L. 249
Migliario, E. 154
Miller, M. P. 77
Mimouni, S. C. 150

Minois, G. 252
Modena, L. 72, 258-259
Moisés 24, 38, 52-55, 59, 138, 253, 256-259
Mommsen, T. 167
Monaci, A. 55
Mongini, G. 250
Moraldi, L. 159
More, T. 150-152, 164, 244
Morin, J.-B. 118-119, 124, 130-131, 140-141
Mosheim, J. L. 90
Motta, F. 104, 250, 255
Muhammad Abduh 223
Muratori, L. A. 122-123
Muslow, M. 259

Nahmanide, R. 144
Nardi, C. 55
Neher, A. 143-144
Netanyahu, B. 257
Neusner, J. 148
Newton, I. 41, 129
Nicolai, H. 132
Nicolau de Damasco 163
Noé 21, 24, 153
Norelli, E. 12, 76
Novak, D. 153
Numbers, R. L. 96

Ochino, B. 244
Odifreddi, P. 252
O'Donnell, J. J. 177, 183
Orígenes 28, 55-56
Orobio de Castro, I. 39, 71, 245, 257-260
Otranto, G. 27
Otto, B. 132, 261

Padovese, L. 162
Paganini, G. 39, 259-260
Parente, F. 155
Pascal, B. 44

Paschoud, F. 180
Passavanti, M. 250
Paulo de Tarso 42, 51, 77, 80, 92-94, 135
Peat, F. D. 249
Penna, R. 21
Perrone Compagni, V. 251
Perrone, L. 55
Pesce, M. 9-10, 12, 15, 21, 25, 27, 29, 42, 50, 54, 72, 77-78, 80, 96, 98, 115-116, 127, 148, 152, 162, 167, 198, 200, 228, 231, 247-249, 258
Petitmengin, P. 87
Picotti, B. 180-181
Pilhofer, P. 21
Pirnát, A. 237
Pitassi, M. C. 241
Pizzolato, L. F. 55
Platão 50, 239
Plutarco 110
Pomponazzi, P. 230, 251-252
Popkin, R. H. 71, 252, 258-260
Potestà, G. 12, 150
Pouderon, B. 76, 81, 87
Preus, J. S. 249
Priarolo, M. 231
Priestley, J. 245-246
Prinzivalli, E. 12, 20, 26, 238
Prodi, P. 19-20, 22, 241
Prosperi, A. 231
Pucci, F. 243-244

Rabello, A. M. 167
Ratzinger, J. 96
Rau, S. 261
Rauschenberg, R. 44, 46
Reimarus, H. S. 15, 42, 228, 235
Remotti, F. 245
Reventlow, H. G. 69
Revillard, E. 25
Reydellet, M. 175
Ricca, P. 219-220
Ricci, M. 250, 253

Ricci, S. 231, 238-240, 245
Riccioli, G. B. 121, 124, 129, 133, 137, 140
Rogers, J. B. 132-133
Rossi, P. 41, 252
Ruggini, L. 167, 170
Rüpke, J. 201, 260-261

Saitta, B. 167, 169
Salusbury, T. 115, 121
Sardella, T. 180-181
Scapparone, E. 237
Scheuchzer, J. J. 108, 145-146
Schino, A. L. 231, 245, 255-256
Schleiermacher, F. 219
Schofield, R. E. 246
Schweitzer, A. 232
Scribano, E. 231, 242, 245
Secchi, P. 239
Sêneca 109
Sharf, A. 167
Sheils, W. J. 180
Sievers, J. 155
Silvera, M. 39, 245, 257-258
Símaco, Quinto Aurélio 27, 180, 187-189
Simon, J. 237, 252
Simon, M. 167
Simon, R. 67, 259
Simonetti, M. 12, 20-21, 26, 59, 167, 185
Simonutti, L. 231
Sirago, V. 173
Skarsaune, O. 54
Smallwood, B. M. 167
Sócrates 238-239
Söderblom, N. 220
Sordi, M. 190, 192, 196-197
Sozzini, F. 13, 242-244
Spinoza, B. 88, 245, 249, 252
Stroumsa, G. G. 12, 28, 37, 72, 153, 167, 169, 194, 198-199, 251, 259

Sutcliffe, A. 260
Szczucki, L. 237

Tanzarella, S. 77
Temístio 152, 189-191
Teodato 148, 188
Teodorico 57, 148, 152, 166, 168-174, 177, 179-186
Teodósio 25, 174
Tertuliano (Quinto Sétimo Florente) 157, 164, 193-195, 198-199
Tescari, O. 194
Thomasius, C. 89-90
Tillich, P. 219
Toland, J. 42-44, 227, 230, 255
Tolstói, L. 222
Totaro, P. 252
Troeltsch, E. 11
Turretin, F. 132

Urciuoli, E. R. 25

Valla, L. 238
Vanderspoel, J. 189, 191
Vasoli, C. 237
Verhelst, D. 76
Vian, G. 12
Viscido, L. 167
Vlačic, M. 86

Voetius, G. 132
Volta, A. 246
Voltaire (François-Marie Arouet) 70, 252, 258

Wagenseil, J. C. 70
Weber, K. E. M. 11, 72
Weiss-Rosmarin, T. 38, 70, 257
Weiss, J. 227, 257
White, T. 131
Wikgren, A. 159, 163
Wilken, R. 168
Wilkins, J. 122, 125, 131
Wise, M. 214
Wittich, Ch. 121, 132
Wolfram, H. 176, 185
Wolzogen, J. L. 245
Woolston, T. 230, 260

Yerushalmi, Y. H. 39, 144

Zacharias, H. D. 53, 214
Zamagni, G. 25
Zeinski, J. 96
Zenger, E. 12
Zimmermann, O. J. 166, 174
Zinner, E. 123, 132
Zúñiga, D. L. de 118-119, 121

Edições Loyola

editoração impressão acabamento
Rua 1822 n° 341 – Ipiranga
04216-000 São Paulo, SP
T 55 11 3385 8500/8501, 2063 4275
www.loyola.com.br